KB142685

실종아동등 찾기

홍성삼 지음

21세기사

이 책은 대학생들의 실종아동찾기 프로젝트를 위한 교재로 구상하고 서술하였다. 가천대학교 경찰행정학과 학생들이 실종아동등의 예방과 추적수사를 위한 법제도를 학습하고 실제 P-실무프로젝트를 통해 장기실종자 가족들에게 지원을 하는 과정에 필요한 내용들을 위주로 정리하여 서술하였다.

실종자는 가족이나 보호자의 노력만으로는 찾기가 힘들고, 찾는 사람들의 경제적 및 정신적 부담은 크며, 시간이 갈수록 점점 찾을 가능성도 줄어든다. 장기실종되는 사람은 범죄의 희생자가 되거나 행방불명자로 가족이나 사회의 보호를 받지 못할 뿐 아니라 교육을 받지 못하게 된다. 나아가 사회에 적응하지 못하거나 성장이 지체되는 등 인간으로서 누려야 할 다양한 권리를 누리지 못하게 된다.

국가는 실종자를 찾기 위한 제도를 운영하고 있으며, 조속한 발견과 안전한 복귀를 위한 책무가 국가에게 부과되어 있다. 이를 위해 제정된 아동복지법은 아동이 건강하게 출생하여 행복하고 안전하게 자랄 수 있도록 아동의 복지를 보장하고 있다. 또한, 2005년 실종아동등의 보호 및 지원에 관한 법률을 제정하여 실종아동등을 국가책임으로 보호하고 복귀를 지원하도록 하였다. 당시 실종아동과 장애실종자가 발생하고, 실종아동 등의 귀가가 장기화되는 경우 가정의 해체 등 심각한 문제가 초래되고 있었다. 따라서 아동 등의 실종으로 인한 본인 및 그 가족의 신체적·정신적·경제적 고통을 제거하고, 가정해체에 따른 사회적·국가적 손실을 방지하며, 아동 등의 실종예방과 실종아동 등의 복귀 및 복귀 후 지원 등을 위하여 국가 차원에서 체계적이고 실종예방과 효율적인 실종아동등 추적수사 시스템을 마련하였다.

보건복지부의 2021년 실태조사에 따르면, 미취학 아동의 경우 1시간 내 약 70%, 3시간 이내 83%가 발견되고, 초등학생의 경우 하루 안에 약 80%가 발견되었다. 그러나 48시간 안에 발견하더라도 그 위험성이 낮은 것은 아니다. 상습가출과 장기가출은 식비와 숙소를 위한 재원 등을 마련하기 위한 범죄의 연루 가능성이 있으며 이러한 범죄는 가출팸이라는 집단형태로 행해지고 있어 범죄행위의 강도에 따라 사법적 개입이 이루어지기도 한다. 국가의 실종아동 예방과 추적수사가 작동은 하고 있지만 완전하지는 못하며 제도의 효과적인 운영이 중요하다.

이 책이 나오도록 해준 가천대학교에 진심으로 감사드린다. 출판을 맡아준 21세기사와 꼼꼼하게 교정을 해준 가족에게도 마음 깊은 곳에서 고마움을 전한다. 완벽하지는 않지만 실무프로젝트를 수행하는데 필요한 기본적인 자료로 활용되어 장기실종자를 조속히 발견하고 복귀를 돕는데 실질적으로 기여하기를 바란다.

CONTENTS

PART

01

서 론

실종아동의 의의

1. 실종의 개념 정의

종적을 잃어 간 곳이나 생사를 알 수 없게 된 것을 실종(失踪)이라고 한다. 소재나 행방, 생사여부를 알 수 없게 된 상태인 것이다. 영어에서는 'missing'이라고 하고 있다. 실종의 발생원인이 강제력이 수반된 경우 강제실종(enforced disappearence)라고 한다.

유사한 다른 말로는 행방불명이 있으며, 간 곳이 불명확한 상태를 의미한다. 실종되는 것은 종적을 잃어 간 곳이나 생사를 알 수 없게 되는 것을 말한다.

실종자는 실종된 사람을 말하며, 법률상으로는 법원에서 실종선고를 받은 사람을 가리킨다. 민법 제27조(실종의 선고)에 따라 법원은 실종선고를 한다. ①부재자의 생사가 5년간 분명하지 아니한 때에는 법원은 이해관계인이나 검사의 청구에 의하여 실종선고를 하여야 한다. ②전지에 임한 자, 침몰한 선박 중에 있던 자, 추락한 항공기 중에 있던 자 기타 사망의 원인이 될 위난을 당한 자의 생사가 전쟁종지 후 또는 선박의 침몰, 항공기의 추락 기타 위난이 종료한 후 1년간 분명하지 아니한 때에도 실종선고를 한다. 민법 제28조(실종선고의 효과)에 의하면, 실종선고를 받은 자는 전조의 기간이 만료한 때에 사망한 것으로 본다.

민법 제29조(실종선고의 취소)에 따라 법원은 실종선고를 취소할 수 있는데, ①실종자의 생존한 사실 또는 전조의 규정과 상이한 때에 사망한 사실의 증명이 있으면 법원은 본인, 이해관계인 또는 검사의 청구에 의하여 실종선고를 취소하여야 한다. 그러나 실종선고 후 그 취소전에 선의로 한 행위의 효력에 영향을 미치지 아니한다. ②실종선고의 취소가 있을 때에 실종의 선고를 직접 원인으로 하여 재산을 취득한 자가 선의인 경우에는 그 받은 이익이 현존하는 한도에서 반환할 의무가 있고 악의인 경우에는 그 받은 이익에 이자를 붙여서 반환하고 손해가 있으면 이를 배상하여야 한다. 또한 민법 제30조(동시사망)는 2인 이상이 동일한 위난으로 사망한 경우에는 동시에 사망한 것으로 추정한다.

2. 실종아동등의 개념

1) 아동

일반적으로 사전적 의미에서 '아동'은 나이가 적은 아이, 대개 유치원에 다니는 나이로부터 사춘기 전의 아이를 이른다.

법률상 아동의 의미는 아동복지법 제3조에서 정하고 있으며, '아동'은 18세 미만의 사람을 이르는 말이다.

2) 실종아동등

실종아동등의 보호 및 지원에 관한 법률 제2조에서 '아동등'이란 다음 범위에 해당하는 사람을 말한다. 아동 외에 장애인과 치매환자를 포함하고 있다.

가목. 실종 당시 18세 미만인 아동

나목.「장애인복지법」제2조의 장애인 중 지적장애인, 자폐성 장애인 또는 정신장애인

장애인복지법
[시행 2022. 2. 18.] [법률 제18417호, 2021. 8. 17., 일부개정] 제2조(장애인의 정의 등) ① "장애인"이란 신체적·정신적 장애로 오랫동안 일상생활이나 사회생활에서 상당한 제약을 받는 자를 말한다. ② 이 법을 적용받는 장애인은 제1항에 따른 장애인 중 다음 각호의 어느 하나에 해당하는 장애가 있는 자로서 대통령령으로 정하는 장애의 종류 및 기준에 해당하는 자를 말한다. 1. "신체적 장애"란 주요 외부 신체 기능의 장애, 내부기관의 장애 등을 말한다. 2. "정신적 장애"란 발달장애 또는 정신 질환으로 발생하는 장애를 말한다.

다목.「치매관리법」제2조 제2호의 치매환자

치매관리법
[시행 2021. 6. 30.] [법률 제17795호, 2020. 12. 29., 일부개정] 제2조(정의) 이 법에서 사용하는 용어의 뜻은 다음과 같다. 〈개정 2018.6.12, 2020.12.29〉 2. "치매환자"란 치매로 인한 임상적 특징이 나타나는 사람으로서 의사 또는 한의사로부터 치매로 진단받은 사람을 말한다.

실종아동등의 보호 및 지원에 관한 법률 제2조에서 '실종아동등'이란 약취(略取)·유인(誘引) 또는 유기(遺棄)되거나 사고를 당하거나 가출하거나 길을 잃는 등의 사유로 인하여 보호자로부터 이탈(離脫)된 아동등을 말한다.

"보호자"란 친권자, 후견인이나 그 밖에 다른 법률에 따라 아동등을 보호하거나 부양할 의무가 있는 사람을 말한다. 보호시설의 장 또는 종사자는 제외한다. 여기서 "보호시설"이란 「사회복지사업법」 제2조 제4호에 따른 사회복지시설 및 인가·신고 등이 없이 아동등을 보호하는 시설로서 사회복지시설에 준하는 시설을 말한다. 사회복지시설은 사회복지사업을 할 목적으로 설치된 시설을 말하며, "사회복지사업"이란 법률에 따른 보호·선도(善導) 또는 복지에 관한 사업과 사회복지상담, 직업지원, 무료 숙박, 지역사회복지, 의료복지, 재가복지(在家福祉), 사회복지관 운영, 정신질환자 및 한센병력자의 사회복귀에 관한 사업 등 각종 복지사업과 이와 관련된 자원봉사활동 및 복지시설의 운영 또는 지원을 목적으로 하는 사업을 말한다.

3. 가출 및 단순가출

가출은 집을 나가는 것을 의미한다. 무단으로 가출하는 것은 부모나 보호자로부터 아무런 허가를 받지 않거나 부모나 보호자에게 행방을 알림이 없이 가출하는 것을 말한다. 대부분 경찰이나 관계기관에 가출 신고를 하는 상황에서 가출은 집을 나가서 상당 기간 찾지 못하고 있는 상태를 말한다. 가출인은 성인이 집에서 나가 상당기간 동안 돌아오지 않고 있는 사람을 말한다.

단순가출이라는 용어를 쓰는 경우가 경찰이나 언론보도에서 자주 등장하는데, 단순가출은 경찰이나 수사기관에서 볼 때 가출인이 어떤 범죄나 사고 등의 관련성 의심이 없는 가출한 상태를 말한다. 만약 가출인이 어떤 범죄나 사고와 연관되어 가출이 이루어졌다는 의심이 들면 단순가출이 아니라 실종으로 추정하고 수사단계로 진행하게 된다.

경찰에서는 신고를 접수할 때 신고내용이나 정황을 객관적으로 판단하여 가출이 단순가출이 아니라 범죄 관련성 위험이 있다고 의심이 들면 탐문, 수색, 추적을 하여 보고, 필요한 경우 수사절차를 진행한다.

CHAPTER

02 국가의 책무

실종된 아동이나 장애인, 치매노인 등이 발생하면, 가족들은 생업을 뒤로하고 찾아나서서 찾기까지 정신적 및 경제적 고통을 겪게 된다. 모든 국민의 안전을 책임지는 국가는 실종자의 각종 위해로부터의 빠른 탈출과 가정으로의 복귀, 안전한 생활과 성장을 보장하여야 할 의무가 있다. 실종아동등의 보호 및 지원에 관한 법률에 의해 국가는 실종아동을 예방하고 보호지원하기 위한 정책을 수립하고 시행하도록 하고 있다. 주된 책임은 보건복지부와 경찰, 지방자치단체에게 주어지고 있다.

1. 보건복지부장관

보건복지부장관은 실종아동등의 발생예방, 조속한 발견·복귀와 복귀 후 사회 적응을 위하여 다음 사항을 시행하여야 한다.
① 실종아동등을 위한 정책 수립 및 시행
② 실종아동등과 관련한 실태조사 및 연구
③ 실종아동등의 발생예방을 위한 연구·교육 및 홍보
④ 정보연계시스템 및 데이터베이스의 구축·운영
⑤ 실종아동등의 가족지원
⑥ 실종아동등의 복귀 후 사회 적응을 위한 상담 및 치료 서비스 제공
⑦ 그 밖에 실종아동등의 보호 및 지원에 필요한 사항
보건복지부장관은 업무를 「아동복지법」 제10조의2에 따른 아동권리보장원 및 대통령령으로 정하는 법인·단체(아동권리보장원 등)에 많은 사무를 위탁하여 시행하고 있다.

2. 경찰청장

경찰청장은 실종아동등의 조속한 발견과 복귀를 위하여 다음 사항을 시행하여야 한다.
① 실종아동등에 대한 신고체계의 구축 및 운영
② 실종아동등의 발견을 위한 수색 및 수사
③ 유전자검사대상물의 채취
④ 그 밖에 실종아동등의 발견을 위하여 필요한 사항

3. 아동정책조정위원회

「아동복지법」 제10조에 따른 아동정책조정위원회는 제1항의 보건복지부장관의 책무와 제2항의 경찰청장의 책무 등 실종아동등과 관련한 국가의 책무수행을 종합·조정한다. 아동의 권리증진과 건강한 출생 및 성장을 위하여 종합적인 아동정책을 수립하고 관계 부처의 의견을 조정하며 그 정책의 이행을 감독하고 평가하기 위하여 국무총리 소속으로 아동정책조정위원회를 두고 있다.

4. 실종아동의 날과 실종아동주간

실종아동등에 대한 사회적 책임을 환기하고 아동의 실종을 예방하기 위하여 매년 5월 25일을 실종아동의 날로 하고, 실종아동의 날부터 1주간을 실종아동주간으로 정하고 있다. 국가와 지방자치단체는 실종아동의 날과 실종아동주간의 취지에 적합한 행사와 교육·홍보사업을 실시하고 있다.

5. 아동권리보장원 실종아동찾기 사업

국가의 실종아동찾기 업무는 보건복지부 소관 업무로 되어 있고 경찰청, 정부기관, 협력단체, 지방자치단체 등이 참여하며, 실종아동찾기, 추적 및 수사, 지원업무 수탁 또는 지원업무를 수행하고 있다.

보건복지부의 아동권리보장원은 실제 업무수행을 위해 실종아동전문기관을 두고 업무를 관장하고 있다. 2005년 5월 「실종아동등의 보호 및 지원에 관한 법률」이 제정됨에 따라 아동권리보장원이 보건복지부로부터 실종아동전문기관을 수탁받아 실종아동등의 보호 및 지원 사업을 수행하고 있다. 실종아동전문기관은 실종아동등과 관련된 실태조사 및 연구사업, 발생예방을 위한 연구·교육 및 홍보, 실종아동등 관련 데이터베이스 구축·운영, 실종아동등의 가족지원 및 복귀 후 적응을 위한 상담 및 치료서비스를 제공하고 있다. 예를 들면, 다음과 같은 사업들을 하고 있다.[1]

---

1)   https://www.missingchild.or.kr/CMSPage/CMSPage.cshtml 2022.7.31.

1) 실종아동등의 가족지원 사업

- 가족지지, 가족상담
- 복귀가족의 사후적응 상담
- 전문상담기관과의 협력체계 구축
- 전단제작·상담및 의료비·가족활동비 등 지원
- 만남과 희망 가족프로그램 및 간담회 진행

2) 시설보호아동등의 신상카드 접수 및 열람

- 입소경위, 발생사유, 신체특성, 장애유무, 착의사항 등을 기록한 신상카드(사진부착)접수
- 나이별, 연도별, 시설별로 분류하여 검색 가능한 데이터베이스 구축

3) 실종예방사업

- 실종·유괴 예방 방문교육(전문활동가 방문교육 "초록이와 꼭꼭이", 손인형극, 막대인형극)
- 실종·유괴 예방 온라인 교육
- 실종·유괴 예방 교사 교육
- 실종·유괴 예방 콘텐츠 개발 및 보급
- 실종·유괴 예방 캠페인

그림 1 아동권리보장원 실종아동찾기 전단자료 예(2019-4호 실종아동등 정보 포스터)

* 출처: https://www.missingchild.or.kr/CMSBoard/MC210.cshtml 2022.7.31.

4) 홍보사업

- 실종아동 및 실종장애인 사진홍보
- 실종아동의 날 기념행사
- 방송, 신문 등 국내 메이저 채널을 통한 실종사업 홍보
- SNS(Social Network Service), 어플리케이션을 통한 실종 사업 홍보
- 공익광고 등 실종 관련 각종 영상 제작 및 송출

5) 연구·조사사업

- 실종아동등 가족지원사업 연구 및 조사
- 실종아동등 예방 컨텐츠 연구

6) 협력체계구축

- 경찰청과 연계한 보호시설 일제점검 참여
- 관계기관의 정기적인 간담회
- 국외기관과의 협력·교류 : 미국 NCMEC등 외국기관의 사업 벤치마킹

7) 실종아동찾기 사업 체계

실제 실종아동이 발생할 경우 가족등이 신고를 하게 된다. 신고는 경찰청 실종아동찾기센터로 하면 되고, 경찰청 실종아동찾기센터는 신고접수 및 통계자료 제공업무를 실종아동전문기관과 협력하고 있다.

주민들이 요보호아동을 제보를 하는 경우에는 경찰서 지구대나 파출소에서 접수하여 탐문수색 절차를 거쳐 발견하면 아동을 가족에게 인계하게 된다.

실종아동으로서 지원이 필요한 아동에 대해서는 지원 상담을 거쳐 시군구나 보호시설 등에 의뢰를 하고 상담, 의료지원 부모활동비 지원, 전단 제작 지원 등 여러 가지 도움을 주도록 하고 있다.

실종아동찾기 사업 체계의 대략적 내용과 절차는 다음 그림과 같다.[2]

---

2) https://www.missingchild.or.kr/CMSPage/CMSPage.cshtml 2022.7.31.

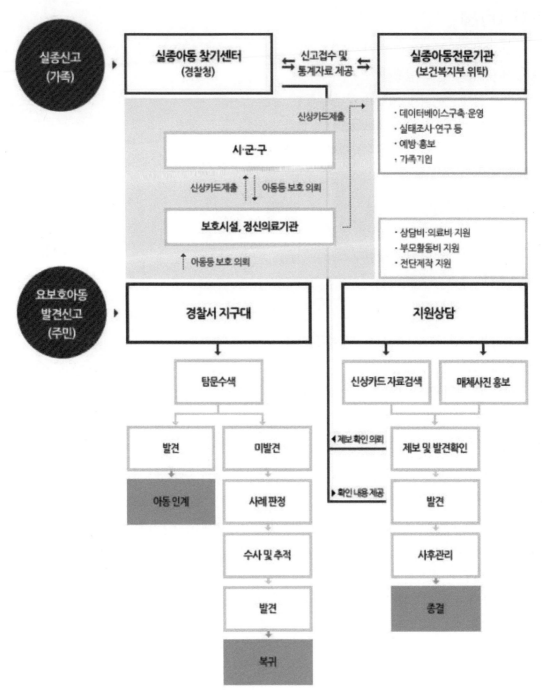

그림 2 **아동권리보장원 실종아동찾기 사업 체계**

*출처: https://www.missingchild.or.kr/CMSPage/CMSPage.cshtml 2022.7.31.

03 실종아동등의 실태

1. 실종아동등 추세

　우리나라는 경찰청과 보건복지부 아동권리보장원 실종아동전문센터에서 실종아동등 신고접수 및 처리현황 공개를 통해 실종아동등 신속 발견을 위한 범국민적 관심 제고 및 신고 유도와 더불어 실종예방 경각심 고취를 하고 있다. 통계에 사용되는 실종아동등이란 용어는 약취, 유인, 유기, 사고, 가출, 길을 잃는 사유 등으로 보호자로부터 이탈된 아동등(18세미만 아동/지적·자폐성·정신장애인/치매환자)을 말한다. 경찰청은 매년 실종자 정보시스템에 신고접수된 실종아동등을 입력하여 통계를 생산하고 있다. 담당 부서는 경찰청 생활안전국 아동청소년과이다.

　통계청 e-나라 지표를 통해 공개된 자료를 보면, 실종아동등의 신고접수 건수는 실종자 정보시스템에 입력된 찾는 아동등의 건수를 말하며, 증감을 반복하고 크게 줄어들지는 않고 있다.

　증감 추이를 2011년부터 연도별로 보면 다음과 같다. 2013. 6. 4. 실종아동등의 보호 및 지원에 관한 법률 개정으로 실종아동의 범위가 실종 당시 14세 미만에서 실종 당시 18세 미만으로 확대되고, 치매환자가 추가되었다. 이에 개정법을 소급 적용하여 2011년~2012년 통계를 재산출 변경하였다.[3]

　'11년 43,080건 → '12년 42,169건(2.1%감소) → '13년 38,695건(8.2%감소) → '14년 37,522건(3.0%감소) → '15년 36,785건(2.0%감소) → '16년 38,281건(4.1%증가) → '17년 38,789건(1.3%증가) → '18년 42,992건(10.8%증가) → '19년 42,390건(1.4%감소) → '20년 38,496건(-9.2%) → '21년 41,122건(+6.8%)으로 증감을 보여주고 있다.

　2017년부터의 접수, 해제, 미해제 통계를 보면 최근에 미해제는 적은 수치로 나타나고 있다. 미해제 통계는 최근 사건일수록 상대적으로 많으며, 지속적인 추적/발견을 통해 '21년 미발견자도 향후 감소할 것으로 예상된다.

---

3)　http://125.60.51.142/potal/main/EachDtlPageDetail.do?idx_cd=1610&param=003 2022.4.29.

표 1 **통계표: 실종아동등 신고접수 및 처리현황** (단위: 건)

		2017	2018	2019	2020	2021
총계	접수	38,789	42,992	42,390	38,496	41,122
	해제	38,839	42,908	42,251	38,426	40,987
	미해제	12	13	26	26	127
아동	접수	19,956	21,980	21,551	19,146	21,379
	해제	19,991	21,011	21,412	19,054	21,257
	미해제	4	4	8	13	79
지적·자폐성·정신장애인 (연령불문)	접수	8,525	8,881	8,360	7,078	7,166
	해제	8,536	8,873	8,353	7,089	7,168
	미해제	2	7	15	10	33
치매환자 (연령불문)	접수	10,308	12,131	12,479	12,272	12,577
	해제	10,312	12,124	12,486	12,283	12,562
	미해제	6	2	3	3	15

*출처: 경찰청 내부행정자료[4]

---

4) http://125.60.51.142/potal/main/EachDtlPageDetail.do?idx_cd=1610&param=003 2022.4.29. e-나라 지표 지표조회 상세.

[통계 해설 주석]

* 2013. 6. 4 실종아동등의 보호 및 지원에 관한 법률 개정으로 실종아동의 범위가 실종 당시 14세 미만에서 실종 당시 18세 미만으로 확대되고 치매환자가 추가되어, 2011~2012년 통계자료는 개정법을 적용하여 산출함.
* 실종아동등이란? 실종 당시 18세 미만 아동, 지적·자폐성·정신장애인, 치매환자
* 미해제 현황은 2021. 12. 31. 기준임
* 접수: 발생 연도와 무관하며, 과거 발생 건에 대한 당해연도 접수 건을 포함(例: '17년에 발생하였으나 '21년에 접수 → '21년 접수로 계산)
* 해제: 접수연도와 무관하며, 과거 접수 건에 대한 당해연도 해제 건을 포함하고 있어 접수건 보다 많을 수 있음(例: '17년에 접수하였으나 '21년에 해제 → '21년 해제로 계산)
* 미해제: 계속해서 추적·수사 중인 사건으로, 접수연도와 관계없이 실종 발생 당해연도 기준으로 산출(例: '17년에 발생하였으나 '21년에 접수 → '17년 미해제로 계산)
* 미해제 통계는 최근 사건일수록 상대적으로 많으며, 지속적인 추적·발견을 통해 '21년 미해제자도 향후 감소할 것으로 예상됨

2. 실종아동의 실태

「실종아동등의 보호 및 지원에 관한 법률」 제3조 2항에 따르면 국가의 책임으로 실종아동 등과 관련한 실태조사 및 연구를 하도록 하고 있다.[5] 이에 의거하여 보건복지부에서 실태조사를 하고 있으며, 2015년과 2021년에 조사한 '실종아동 실태조사 연구'를 바탕으로 실종아동의 실태를 정리하여 보면, 아직 장기실종자들에 대한 문제가 심각함을 알 수 있다.

1) 찾을 가능성

보건복지부에서 2015년 조사한 "실종아동 실태조사 연구"[6]는 실종아동의 실태에 대한 실증적 연구로 2014년 1월 1일부터 2015년 5월 31일까지 경찰청에 실종 신고로 접수된 실종아동등으로 전체 52,418명 중, 18세 미만 아동 31,538명의 경찰청 DB 분석을 하였다. 데이터 내용은 성별, 실종 시 연령, 실종일, 실종지역, 발생 동기, 발견 방법, 실종기간, 해제 여부 총 7개로 구성되었다.

조사 결과 18세 미만 실종아동 현황을 살펴보면 성별은 남자보다 여자가 많으며, 연령은 중고등학생이 전체의 65.1%를 차지하였다. 2014년부터 접수된 2012년 이전 접수 건은 1932년부터 2012년까지 다양하게 분포되어 있으며, 2012년 이전에 실종되었던 아동 중 미발견은 106명(21.41%), 2014년에 실종되었던 아동 중 발견 건은 22,313명으로 99.8% 아동이 발견되어 최근 실종된 아동들의 발견율은 매우 높게 나타났다. 실종 월은 2014년에 실종된 아동을 분석한 결과 5월이 제일 높았으며 6월, 8월, 9월 순으로 실종이 많이 나타났다. 실종지역은 아동 인구 대비 부산이 8%로 가장 높았다. 실종 발생 원인은 길을 잃음이 가장 높았으며, 가정문제, 교우관계, 상습가출 순으로 나타났다. 실종 발견 방법은 수사가 가장 높았으며, 탐문수색, 자진귀가, 부모(가족)순으로 나타났다. 실종아동이 발견되기까지 소요된 시간은 실종 후 1시간 내에 발견되는 경우가 7,277명(23.5%)으로 가장 높았으며, 1일 이내 실종기간은 68.7%이며, 30일 이내 실종기간은 96.2%로 대부분 한 달 내에 발견되고 있었다. 18세 미만 발견 여부는 99.2% 발견, 0.8% 미발견으로 나타나, 예상보다 발견율이 높게 나타나고 있었다.

2021년 실태조사에 따르면, 미취학 아동의 경우 1시간 내 약 70%, 3시간 이내 83%가 발견되고, 초등학생의 경우 하루 안에 약 80%가 발견되었다. 그러나 48시간 안에 발견하더라도 그 위험성이 낮은 것은 아니다. 상습가출과 장기가출은 식비와 숙소를 위한 재원 등을 마련하기 위한 범죄의 연루 가능성과 이러한 범죄는 가출팸이라는 집단형태로 행해지고 있어 범죄행위의 강도에 따라 사법적 개

---

5) 보건복지부(2021) 실종아동 실태조사 연구, I쪽.
6) 보건복지부(2015). 실종아동 실태조사 연구, viii - ix쪽.
   https://www.missingchild.or.kr/CMSBoard/MC120.cshtml 2022.4.30.

입이 이루어지고 있으며, 현재 우리나라는 소년법상의 통고제도를 시행하고 있으나 보호관찰 청소년 중 재범률이 12.8%이기에 소년범들의 보호관찰 제도의 효과를 확신하는 데 한계가 있음을 시사하고 있다.[7]

또한, 2021년 실태조사에서 연령에 따른 실종기간의 차이를 살펴본 결과, 미취학아동은 359.95시간, 초등학생은 33.04시간, 중고등학생은 74.78시간, 성인은 88.73시간으로 나타났으며 네 집단의 평균 차이에 대한 F값이 185.337로 통계적으로 유의한 것으로 나타났다.[8]

2) 찾기 어려운 이유

실종아동가족들은 찾기 활동의 현실적 어려움이 겹쳐지면서 찾기 노력이 힘들어지게 된다. 뿐만 아니라, 심리정서적, 경제적, 관계적 측면에서 다양한 문제와 욕구들을 발생시키고 있다.

보건복지부 2015년 "실종아동 실태조사 연구"[9]에 따르면, 보호시설에 대한 수색 활동 시 경찰과 시설의 미온적 태도, 지방에 소재한 시설의 시간적·물리적 접근의 어려움, 찾기활동에 소요되는 비용에 대한 지원 부족으로 인해 찾기활동에 상당한 어려움을 겪고 있는 것으로 나타났다. 장기실종아동 부모들에게 찾기 활동은 죽기 전까지는 멈출 수 없는 '끝없는 고통'이며, 실종 자녀를 끝내 찾을 수 없을지도 모른다는 절망과 그래도 언젠가는 만날 수 있을 것이라는 희망을 오가는 일종의 '희망고문'을 겪고 있었다. 또한, 장기실종아동부모들은 암, 마비증상 및 통증 등의 신체적 질환뿐만 아니라 자살충동, 알코올 의존, 우울증, 헛소리 등과 같은 다양한 정신적 질환에 시달리고 있는 것으로 나타났다. 나아가 경찰은 초동수사의 중요성을 인식하고 있지만, 장기실종아동의 수색은 인력의 부족과 인력의 잦은 변화로 한계가 있다고 하고 있고, 배회감지기에 대한 불신, 앰버경보나 코드아담 및 스마트 APPS 활용으로 과학적 찾기의 필요성 등도 보고되었다.

또한, 2021년 실태조사에서 상습가출 아동·청소년의 실종 발견 방법을 살펴보면 탐문수색 21,630명(28.5%), 수사 18,566명(24.5%), 자진귀가 15,282명(20.1%) 순으로 나타나 실종 초기 단계의 탐문만으로는 28% 정도의 찾기 효과를 보이고 있고, 탐문으로 찾지 못하고 수사해서 찾은 경우가 24%나 되어 수사의 중요성도 크다고 하겠다.[10]

---

7) 보건복지부(2021) 실종아동 실태조사 연구, iv 쪽.
8) 보건복지부(2021) 실종아동 실태조사 연구, viii 쪽.
9) 보건복지부(2015). 실종아동 실태조사 연구, x- xii 쪽.
    https://www.missingchild.or.kr/CMSBoard/MC120.cshtml 2022.4.30.
10) 보건복지부(2021) 실종아동 실태조사 연구, x 쪽.

2021년 실태조사에서 경찰관들의 면담 결과를 보면, '효율적 찾기 및 예방'에 대해 찾기의 가장 핵심은 제보였으며, 교통수단을 이용한 빠른 동선 파악이 중요한데 효율적·효과적으로 사용되지 못하고 있다고 하였고, 보호자의 관심이 효율적인 찾기에 절대적으로 요구된다고 주장하였다. 예방을 위해 특히 반복 실종의 경우는 보호자의 책임 인식이 필요하며 코드아담제도(실종아동등 조기발견지침)의 적극 활용도 중요하다고 하고 있다.[11]

3. 장기실종 실태

지난 2004년부터 국내에서 유전자 대조를 통해 가족을 되찾은 아동만 무려 360여 명에 달한다고 한다. 아동 보호시설에 입소한 무연고 아동과 장기실종아동 가족의 유전자를 비교한 결과다. 경찰은 해외입양자들까지 유전자 등록 시스템을 확대하였다. 그리하여 실종아동의 가족들 기대도 더 커졌다. 유전자 등록 시스템을 통해 해외 입양됐던 아들과 어머니가 30년 만에 만나기도 했다. 장기실종아동은 대부분 그 아이들이 어렸을 때 실종되었기 때문에 얼굴이나 신체의 모습이 많이 변화하여 오랜 세월이 지난 다음 발견하기는 쉽지가 않다. 여러 가지 찾을만한 단서가 없기 때문이다. 좋은 방법은 유전자를 검사하는 방법을 이용해보는 것이다. 2020년에 10년 이상 가족 품으로 돌아오지 못하고 있는 장기실종아동은 598명에 달한다고 한다.[12]

2021년 실태조사에서 지난 3년간 미발견 실종아동등은 총 424명(0.5%)으로 실종아동을 찾기 위한 다방면의 노력과 찾기 기술의 발전이 있음에도 불구하고 지속적으로 발견하지 못하는 실종아동등이 존재하고 있다. 미발견 실종아동등의 일반적 현황을 살펴보면, 18세 미만 아동이 369명(87.0%), 지적장애인이 55명(13.0%)으로 나타났다. 성별은 남자가 157명(37.2%), 여자 265명(62.8%)으로 여자가 더 많이 나타났다. 연령은 미취학아동이 249명, 초등학생 66명, 중고등학생 63명 순으로 나타나 미취학아동이 매우 많다. 미발견 실종아동등의 실종 연도를 살펴보면 2016년 이전이 371명(87.5%)으로 5년 이상 실종이 대부분의 비중을 차지하고 있다.[13]

4. 실종아동찾기협회 통계자료

실종아동찾기협회는 실종자가족들이 참여하여 실종자를 찾는데 도움을 주는 활동을 하는 사단법인이다. 실종아동찾기협회는 실종아동 인권에 대한 가치 인식의 확산, 실종아동을 찾기 위한 수색 수사활동 및 홍보활동, 실종아동의 예방을 위한 교육 활동, 실종 가족들의 경제적, 심리적, 신체적 문제점

---

11) 보건복지부(2021) 실종아동 실태조사 연구, xiii 쪽.
12) https://mn.kbs.co.kr/news/view.do?ncd=4440679 2022.4.29. [뉴스 따라잡기] 10년 이상 장기실종 아동 600명
      가까이…끝나지 않는 고통. 입력 2020.05.07. (08:33)수정 2020.05.07. (09:00)
13) 보건복지부(2021) 실종아동 실태조사 연구, ix 쪽.

을 이해하고 함께 나누기 위해서 활동을 하고 있다. 홈페이지에 장기실종자를 포함한 실종아동등의 사진과 인적사항, 홍보물 등을 게시하고 검색서비스도 제공한다. 그런데 여기에 실종아동등검색 대상자는 855명으로 나오고 있다(2022.4.30. 현재).[14]

그림 3 **실종아동찾기협회 실종아동등 검색 화면 2022.4.30.**

실종아동찾기협회의 검색대상 수치는 협회의 접수상황에 따라 변화하고 있으며, 경찰의 실종아동등 검색대상자보다 훨씬 많다. 경찰청의 안전Dream센터 즉, 아동여성장애인 경찰지원센터에서 검색 가능한 대상자는 231명(2022.4.30. 현재)이며,[15] 실종아동찾기협회의 검색대상자보다 적다. 실종아동찾기협회에 신고하는 사례는 경찰에 신고한 실종자보다 범위가 더 넓기 때문에 나타나는 현상으로 보인다.

---

14) http://www.fmca.kr/menu01/index.php?mode=sub01 2022.4.30. 주소 : 서울 양천구 오목로 198 -1(4층) 사단법인실종아동찾기협회 전화 : 02)774-0182 | Fax : 02-794-0182 대표이메일 : fmca@fmca.kr copyright (c)2010 사단법인 실종아동찾기협회
15) https://www.safe182.go.kr/home/lcm/lcmMssList.do?rptDscd=2 2022.4.30.

그림 4 **경찰청 안전Dream 2022.4.30. 실종아동등 검색 화면**

5. 가족들의 요구

보건복지부 실종아동전문기관(2015)이 실종자 가족들을 대상으로 실종가족욕구조사[16]에 의하면, 실종자 가족들에게 가장 필요한 지원은 1순위 기준 '실종아동전문기관의 실종가족 지원 확대(42.4%)'로 나타났으며, 그 외 '위치추적단말기(GPS) 지원(19.2%)', '경찰의 수색 수사 확대 및 강화(17.9%)', 'DNA(개인유전자정보)채취 확대(11.9%)', '언론(신문, 방송)에 노출 확대(8.6%)' 순으로 조사되었다.[17]

실종아동가족에 대한 지원 서비스의 필요 여부에 대해서 거의 대부분의 서비스에 대해 '필요하다'고 평가하는 것으로 나타났다. 세부 서비스별로는 '활동비 지원(92.7%)', '사진홍보(90.1%)', '의료비지원(90.1%)', '일제수색 협조(89.4%)', '홍보물품 지원(88.1%)', '상담서비스(87.4%)'에 대해 응답자의 85% 이상이 해당 서비스가 필요하다고 평가하였으며, '프로그램 지원'에 대해서도 거의 80%에 가까운 79.5%가 필요하다고 평가하였다.[18]

각각의 지원 서비스의 확대 필요 여부에 대해서 거의 대부분의 서비스에 대해 '필요하다'고 평가하는 것으로 나타났다. 세부 서비스별로는 '활동비 지원(92.7%)', '의료비지원(92.1%)', '일제수색 협조(91.4%)', '사진홍보(88.7%)', '홍보물품 지원(87.4%)', '상담서비스(83.4%)', '프로그램 지원(80.8%)'에 대해 응답자의 80% 이상이 해당 서비스가 필요하다고 평가한 것으로 나타났다.[19]

실종 가족은 경찰보다 실종아동전문기관에서 의사 표현을 더 자유롭게 하는 것으로 나타났으며 프로그램 지원(가족특강, 자조모임, 한마음 캠프 등), 직원 상담 서비스, 전단지/현수막 등 홍보물품 지원 등 현재 실종아동전문기관에서 제공하는 서비스에 대해서는 보통 수준 이상으로 만족하고 있는 것으로 나타났다. 다만 만족도 평균 점수가 보통으로 낮은 이유는 아직까지 실종가족을 찾지 못했기 때문이지, 해당 지원 자체에 대해 크게 불만족 하는 것은 아닌 것으로 파악되었다.[20]

경찰 등 기관과의 협업시 실종아동전문기관이 적극적으로 가족들의 의사를 대변해 주는 역할을 수행할 필요가 있는 것으로 조사되었다. 일제 수색의 경우 만족한다의 비율이 50%로 낮은 비율로 나왔다. 일제 수색 등 타 기관과 협업시 실종자 가족들이 법이나 제도에 대해 잘 알지 못하여 대응하지 못하거나 커뮤니케이션이 되지 않는 부분에 대해 기관에서 적극적으로 지원해주는 것이 필요하다.[21]

2021년 실태조사에서 장기실종자 가족들의 '찾기 과정 시스템에 대한 생각'은 담당 경찰과의 상담 과정이 불편하고 어수선해서 아쉬움을 표현하거나 경찰들의 관심과 배려에 고마움을 표하는 참여자도

---

16) 보건복지부 실종아동전문기관(2015). 2015실종가족욕구조사 결과보고서, 239쪽.
17) https://www.missingchild.or.kr/CMSBoard/MC120.cshtml 2022.4.29. 아동권리보장원 홈페이지 학술자료
18) 보건복지부 실종아동전문기관(2015). 2015실종가족욕구조사 결과보고서, 242쪽.
19) 보건복지부 실종아동전문기관(2015). 2015실종가족욕구조사 결과보고서, 244쪽.
20) 보건복지부 실종아동전문기관(2015). 2015실종가족욕구조사 결과보고서, 247쪽.
21) 보건복지부 실종아동전문기관(2015). 2015실종가족욕구조사 결과보고서, 248쪽.

있었다. 그리고 실종이나 입양 관련 상담을 전담해 줄 상담 전문인력과 유전자검사 후 진행 과정 안내가 필요하다고 하였다. 실종아동전문센터에 대해서 잘 모르고 있었다. 찾기 과정에서의 어려움으로는 정보 부족과 거절에 대한 두려움이 동시에 존재하고 있었다.[22]

6. 실종아동등 착취와 인권 보호 필요성

실종행위에 의해 침해되는 권리[23]는 유엔의 강제실종위원회의 팩트분석 자료를 보면 상세히 알 수 있다. 유엔이 분석한 결과 실종행위가 발생하면 실종된 피해자뿐만 아니라 가족과 피해자의 가까운 친척, 지인 등이 함께 경제적, 심리적, 문화적 고통을 받는다. 강제실종이 아닌 비자발적 실종의 경우에도 권리침해와 고통은 유사하다고 할 수 있다.

강제실종은 세계인권선언에 명시된 권리, 인권에 관한 국제규약, 기타 주요 규약에 담겨 있는 광범위한 인권을 침해한다. 실종과정에서 다음과 같은 시민적 또는 정치적 권리가 침해될 수 있다.

- 법 앞에 사람으로 인정받을 권리
- 개인의 자유와 안전에 대한 권리
- 고문 및 기타 잔혹한 행위, 비인간적이거나 굴욕적인 대우 또는 처벌을 당하지 않을 권리
- 실종자가 사망한 경우 생명권
- 신원에 대한 권리
- 공정한 재판과 사법적 보장을 받을 권리
- 배상 및 보상을 포함하여 효과적 구제를 받을 권리
- 실종상황에 대한 진실을 알 권리

실종은 또한 국제협약은 아니지만 심각한 국제적 성문규범 위반을 수반할 수 있다. 예를 들면, UN 경제사회회의에서 승인한 수감자 처우를 위한 최소표준(1957년), 법집행관 행동강령(1979년 승인), 모든 형태의 구금 또는 수감 상태에 있는 모든 사람 보호를 위한 원칙(1988년 승인) 등을 위반하는 것이다.

또한 실종은 일반적으로 다양한 경제, 사회 및 문화 권리를 침해한다. 또한, 강제실종은 특히 가족 구성원이 그러한 권리를 향유하는 데 부정적인 영향을 미친다. 가족의 주요 생계원의 부재로 인해, 특히 덜 부유한 지역의 가족들이 심각한 곤경에 처하게 되며, 위에서 열거한 경제, 사회, 문화 권리에 관한 국제규약에 열거된 수많은 권리실현이 불가능해진다. 예를 들면, 다음과 같은 권리를 실현할 수 없다.

---

22) 보건복지부(2021) 실종아동 실태조사 연구, xvi 쪽.
23) https://www.ohchr.org/sites/default/files/2021-08/FactSheet6Rev3.pdf 2022.4.28. 3-4쪽.

- 가족을 보호하고 지원할 권리
- 적절한 생활 수준에 대한 권리
- 건강에 대한 권리
- 교육을 받을 권리

일반적으로 실종에 수반되는 심각한 경제적 어려움의 짐은 여성이 가장 많이 지게 되고, 가족의 실종을 해결하기 위한 투쟁의 최전선에서 가장 빈번하게 싸우는 것도 여성들이다. 이러한 능력으로 그들은 위협, 박해 및 보복에 시달린다. 여성 자신이 실종의 직접적인 피해자일 때, 성적 및 기타 형태의 폭력에 특히 취약하다. 아동도 직간접적으로 피해자가 될 수 있다. 아동의 실종은 UN아동권리협약 여러 조항에 대한 명백한 위반이며, 아동의 신원에 대한 권리의 침해가 된다. 부모의 실종으로 인한 상실도 심각한 아동 인권 침해에 해당한다.

04 실종아동찾기 글로벌 표준 모델

국제실종아동센터(ICMEC) 소개

1. 기관 소개

'실종 및 착취된 아동을 위한 국제센터(ICMEC: International Centre for Missing & Exploited Children, 약칭으로는 '국제실종아동센터'로 부르기로 한다.)'는 아동이 착취, 성적학대 또는 실종 등 위험으로부터 안전하게 자랄 수 있는 세상을 지향한다. 지난 20년 동안 ICMEC는 120개 이상의 국가에서 활동하며 어린이를 위한 더 안전한 세상을 만들기 위해 노력하고 있다.[24] 1999년 4월, ICMEC는 세계 어린이들의 최선의 이익을 대표하고 전 세계적으로 시행될 최고 수준의 아동보호 표준을 권장하는 국제 NGO로 활동하기 위해 설립되었다.

본부는 미국 버지니아주 알렉산드리아에 있다.[25] 호주, 브라질 및 싱가포르의 지역 대표사무소를 통해 지역 및 지역의 요구에 대응하고 맞춤형 프로그램을 개발하며 사명에 대한 인식을 높여가고 있다.

---

[24] https://www.icmec.org/about/ 2022.5.19.
[25] International Centre for Missing & Exploited Children 주소는 다음과 같다.
2318 Mill Road, Suite 1010
Alexandria, VA 22314
+1 703 837 6313 (phone)
+1 703 549 4504 (fax)
information@icmec.org

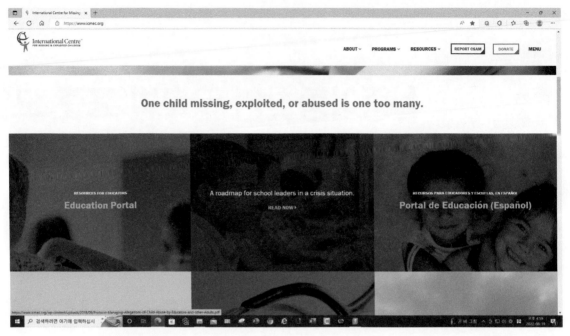

그림 5 '국제실종아동센터(ICMEC: International Centre for Missing & Exploited Children)'
*출처: https://www.icmec.org/ 2022.8.19.

2. 글로벌 실종아동 센터

실종아동에 대한 전 세계에서의 검색을 지원한다. 또한, 정부, 법집행기관, NGO 및 가족에게 예방에 관한 자료를 제공하고, 아동이 실종된 경우 취해야 할 적절한 조치를 제공함으로써 전 세계 아동이 실종되지 않도록 노력하고 있다. 이를 위해 '글로벌 실종아동 센터'를 운영하고 있다.[26] 이 센터는 정부, 법집행기관, NGO 및 가족에게 예방에 관한 자료를 제공하고 있다. 실종아동 통계 분석, 글로벌 실종아동 네트워크 운영, 신속한 긴급 아동 경보, 글로벌 실종아동 연구, 국제 실종아동의 날 운영, 실종아동 사진 유포, 실종 예방 및 대응을 위해 예방을 위한 팁과 자녀가 실종된 경우 취해야 할 조치를 담은 아동안전수칙 자료 제공, 교육포털 운영 등을 하고 있다.

---

26) https://www.icmec.org/global-missing-childrens-center/ 2022.5.19.

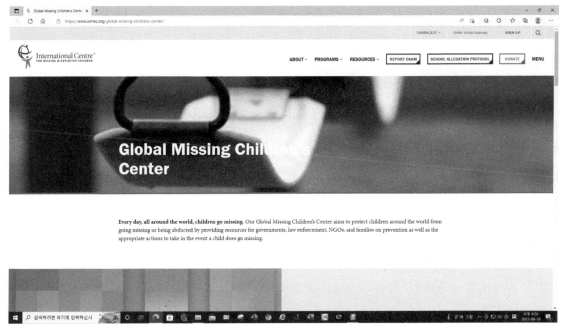

그림 6 ICMEC가 운영하는 글로벌 실종아동 센터 홈페이지

*출처: https://www.icmec.org/global-missing-childrens-center/ 2022.8.19.

1. 실종아동찾기 글로벌 표준 도입

2015년 8월, '국제실종아동센터(ICMEC)'는 실종아동 등록, 관리, 조사 및 실종 아동 사건 해결에 있어 전 세계적으로 표준화된 접근방식의 중요성을 인식하여 첫 번째 '모델 실종아동찾기 프레임워크(Model Missing Child Framework[27])'를 발표했고, 2019년에 업데이트되었다. 실종아동찾기 프레임워크는 강력하고 다면적인 국가 실종아동 전략을 개략적으로 설명하고 입법 조항, 정책, 관행, 시스템, 메커니즘, 도구 및 기타 주요 이니셔티브를 포함하고 있다. 이는 아동이 실종되었을 때 국제 사회가 대응하는 방식을 바꾸는 모범 사례로써 중요한 단계를 포괄적으로 보여주고 있다.[28]

---

27) https://www.icmec.org/model-missing-child-framework/ 2022.5.21.
28) https://www.icmec.org/wp-content/uploads/2020/02/Model-Missing-Child-Framework.pdf 2022.5.21.

실종아동찾기 프레임워크가 UN 아동권리협약과 같은 다른 아동보호 메커니즘과 함께 구현된다면, 아동 성 착취 및 인신매매로부터 아동을 보호하는 글로벌 커뮤니티의 다음과 같은 능력을 높이는 데 도움을 주고 있다.

1) 성폭력을 포함한 폭력, 착취 및 인신매매로부터 아동을 보호할 수 있는 지역사회의 능력 향상에 기여한다.
2) 학대 근절에 관한 '유엔 지속 가능한 개발' 목표 달성을 지원하다 특히, 착취, 인신매매, 아동에 대한 모든 형태의 폭력 및 고문의 송식에도 기여한다.
3) 세계보건기구(WHO)의 폭력 근절을 위한 전략에 기여한다. 특히, 법의 집행 핵심지표(즉, 법률 및 정책, 법률 인식, 법률 및 정책 프레임워크) 향상에 기여한다.

실종아동은 다양한 종류의 아동보호 위반행위에 취약하므로 모든 국가의 국가아동보호전략에 포함되어야 한다고 권고하고 있으며, 이 프레임워크를 적용하고 있는 국가는 알바니아, 과테말라, 아르헨티나, 자메이카, 콜롬비아, 케냐, 도미니카 공화국, 에콰도르, 스페인, 그리스, 대만, 한국 등이 있다.

2. 실종아동찾기 모델 프레임워크

1) 주요 개념 정의

이 실종아동찾기 글로벌 표준에서 사용하고 있는 프레임워크 체계에서 중요한 것은 다음과 같다. 우선 이 프레임워크에서 사용하고 있는 용어의 정의는 다음과 같다.

(1) '실종아동' 개념 정의

국가 차원에서 명확한 정의를 설정하여 실종아동 신고 및 조사와 관련된 내부 절차를 지원하게 한다. 이 프레임 워크에서 제안한 "실종아동"에 대한 정의는 "18세 미만의 사람 중 행방을 알 수 없는 사람"이다.

각국에는 많은 다른 유형의 실종아동 사례가 있으며, 유형이 다르고, 즉각적인 대응이 필요하다. 따라서 국가가 다양한 사건들을 조사 가능하도록 정책을 구현하는 방법을 구상하는 것이 중요하다. 예를 들면, 다음과 같은 것들이 있다.

① 위험한 가출 Endangered Runaway
   부모 또는 법적 보호자 허락 없이 집을 비운 아이
② 가족 납치 Family Abduction
   양육권 및 다른 부모 또는 가족의 방문권을 제한하는 자녀의 부모, 다른 가족 구성원, 후견인, 또는 그들의 대리인 등에 의한 아동 데려가기, 보유, 숨김

③ 비가족 납치 Non-Family Abduction

　　가족이 아닌 다른 사람이 강제 및 무단으로 아이를 데려가기

④ 잃어버림, 부상 또는 기타 실종 Lost, Injured, or Otherwise Missing

　　아동 실종 원인을 판단하기 어려운 경우

⑤ 유기 또는 동반되지 않은 미성년자 Abandoned or Unaccompanied Minor

　　보호자 허가 없이 혼자 여행하는 사람, 긴급 상황으로 분리된 사람, 난민 상황에 있는 사람, 버려졌거나 그렇지 않으면 어른의 보살핌 없이 남겨진 사람을 포함하여 법적 책임이 있는 어른과 동행하지 않는 어린이

　여기에 열거된 실종의 유형 목록은 현재 완전하지 않다. 국가별로 다르며 지역적 요구와 상황에 따라 개발되어야 한다. 예를 들어 라틴아메리카에서는 역사적 사건으로 인해, 많은 국가에서 1970년대 말에 정치/시민적 불안상황에서 사라진 아동을 실종아동으로 언급하기도 한다. 캐리비안 지역이나 아시아에서는 우선적 관심이 허리케인이나 지진과 같은 자연재해 결과 실종된 아동들에게 주어지고 있다.

2) 신고 시스템 요건

　국가는 대중이 실종아동을 쉽게 신고하고 사건에 대해 계속 정보를 제공할 수 있는 장소에 신고제도를 마련해야 한다.

　신고 시스템은 아동이 도움이 필요한 때 전화하기에 안전한 장소여야 하며, 실종에 대한 교육홍보물을 비치하고 안내를 해야 한다.

　전담 무료전화 핫라인 또는 법집행기관 또는 담당 수사기관과 협력하여 관리되는 간단한 웹 사이트를 통해 수행할 수도 있다.

　실종아동 신고 접수대기 시간이 없어야 하며, 표준화된 접수 양식을 사용하여 실종아동 신고를 모두 기록해야 한다. 또한, 실종아동 신고자나, 도움이나 지원을 요청하는 아동에 대한 보호 정책을 마련해야 한다.

　신고접수 기관은 신고하는 정보의 비밀성을 유지해야 하며, 공개로 아동을 위험에 빠뜨리지 말아야 한다. 그러나 아동의 최대이익을 최우선으로 하면서, 신고 정보는 NGO와 담당 수사 기관 간에 공유해야 한다.

　신고 시스템의 성공에는 장기적인 지속 가능성이 가장 중요하며 처음부터 고려해야 한다. 핫라인이든 웹사이트이든지 무관하게 신고 시스템은 민관협력모델에 기반을 둔 모델이 현재의 기술과 자원에 더 많은 접근성을 제공하고 신고 시스템을 유지하게 해준다.

　신고 시스템이 실행되면, 실종아동 조사의 성공에 대한 대중 지원의 중요성을 강조하는 인식 제고 캠페인을 위한 플랫폼으로 사용할 수 있다.

이를 위해 신고 시스템은 중요한 다음 요건을 갖추어야 한다.

- 24시간 365일 운영
- 무료로 운영
- 아동과 어른이 모두 접근 가능
- 적절하게 훈련받은 요원 배치

3) 수사

(1) 즉각적인 대응

아동이 실종된 것으로 보고되면 시간이 가장 중요하다. 아동이 실종되었을 때, 아동의 삶의 배경의 문제 또는 나타난 이슈에 따라서 다음과 같은 대응이 중요하다. 잘 조율되고 효율적인 대응을 하여야 한다.

미국에서 수행된 연구에 따르면 735건의 실종아동 살인 사건에서 사망한 어린이의 76.2%가 실종 후 3시간 이내에 살해된 것으로 분석되었다.[29] 이러한 맥락에서 실종아동의 신고를 즉시 접수하고 정책 또는 관행적으로 대기기간을 두지 말아야 한다. 신고접수는 즉시 해야 하고, 조사를 지체없이 시작해야 한다.

많은 국가에서 시간 지연이 발생하지 않도록 정책과 법률을 변경했다. 실종아동이 이전에 실종된 것으로 믿어지는 경우에도, 역시나 다른 범죄나 피해와 함께 성적 학대 및 착취의 위험이 있다. 실종된 동안 아동이 겪는 피해의 위험이 증가하므로 시간을 낭비하지 않는 것이 중요하다.

(2) 대응 및 조사 절차

실종아동 신고를 접수하는 모든 기관(법 집행 기관 또는 NGO)은 대응 및 조사 정책 또는 표준 운영 절차, 내부 사례 관리 시스템의 사용을 포함한 다음과 같은 절차를 마련해야 한다. 다만, 여기에 한정되지는 않는다. 필수 인력은 이러한 대응 및 절차에 대해 정기적으로 교육을 받아야 한다.

① 즉각적인 조치를 포함한 실종아동 신고접수
② 용의자, 가족, 친구 및 목격자 인터뷰 조사
③ 위험 평가 실시
④ 조사전략 개발
⑤ 실종아동을 찾는 데 필요한 자원을 확인

---

29) Washington State Attorney General's Office, Case Management for Missing Children Homicide Investigation 7, 13, May 2006, at
http://www.atg.wa.gov/child-abduction-murder-research. (last visited July 18, 2019)

⑥ 실종아동을 누구에게 알릴지 결정(내부 및 외부에)
⑦ 법의학적 증거 수집 및 관리
⑧ 해외에서 실종된 아동을 위한 특별절차 마련
⑨ 공개적으로 정보를 발령하는 방법과 시기 결정
⑩ 미디어 참여 관리
⑪ 발견한 후 아동을 인터뷰하여 아동이 어디에 있고 무슨 일이 일어났는지 확인

실종아동의 신고 및 조사를 위한 정책 및 절차를 개발할 때, 아동이 위험에 처해 있다는 가정에 따라 결정되는 대응 방법을 결정하는 것이 매우 중요하다. 법 집행 기관은 실종아동 신고접수를 거부해서는 안 된다. 또한, 수사에 즉시 착수해야 한다. 그것은 아동의 연령, 인종 또는 성별 또는 실종상황과 무관하게 이루어져야 한다. 따라서 모든 형사 및 조사관은 실종아동 신고를 처리하는 방법(즉, 용의자, 가족, 이웃, 친구를 찾고 어떤 질문을 해야 하는지)을 교육받아야 하며, 전문수사팀을 즉시 이용할 수 있어야 한다.

조사 대응의 일환으로 체계적이고 구체적인 위험 평가가 이루어져야 한다. 사건의 심각성과 시급성을 잘 이해하여 자원의 우선순위를 정하고 대응 속도를 조정해야 한다. 개인 상황, 환경 문제 및 법 집행 기관의 초기 대응을 통해 얻은 정보에 기초한 세밀한 위험 평가서는 매우 가치 있는 도구이다.

각각의 실종아동 조사는 고유하고 서로 다른 위험 요소를 나타내기 때문에, 조사 전반에 걸쳐 위험 평가를 수행하는 것이 중요하다. 실종아동 사건 조사에서 두 가지 위험 평가가 중요하다. 두 가지 위험 평가는 실종아동 사건을 조사하면서 새로운 정보가 밝혀지면 재평가가 필요한 지속적인 프로세스이다. 첫 번째 평가는 실종아동에 대한 신고를 받은 즉시 아동의 즉각적인 위험 수준을 효과적으로 결정하는 것이다. 두 번째 평가는 공개적 경보 등 호소가 적절하고 실종아동의 회복을 도울 수 있는지 결정하는 것이다. 두 위험 평가 모두에서 '아동의 최선의 이익(the best interest of the child)'이 우선되어야 한다.

(3) 가족 및 아동 지원

실종아동 발견을 위한 활동에서 실종아동은 모든 성공적인 국가적 대응의 중심에 있다. 그러나 더 많은 사람들이 아이의 실종에 영향을 받는다. 실종아동의 가족에 대한 조사 중 또는 조사 후의 지원과 실종아동이 발견된 후의 지원시스템을 만들어 두는 것이 중요하다.

실종아동 사건은 부모나 보호자에게 가장 스트레스가 크고 정서적인 사건 중 하나가 될 수 있다. 아동에게 일어난 일을 알지 못하는 등 상황의 불확실성으로 인한 고통을 간과하거나 과소평가해서는 안 된다.

또한, 실종아동을 신고할 때 신고인이 법 집행 기관에 연락하는 것이 처음이라서 질문과 답변, 그리

고 전체적 처리 과정에 익숙하지 않을 수 있다. 따라서 초기 보고를 받는 모든 기관은 침착함을 유지하는 것이 중요하며, 부모나 보호자에게 앞으로 진행된 일과 어떻게 신고자가 도움을 주는지를 명확하게 단계적으로 설명해줘야 한다. 접수기관은 조사과정을 설명하고 지원을 제공하기 위해서 부모나 보호자와 협력하는 전담 가족 연락담당관이 필요한지 평가하기를 원할 수 있다.

가족 연락담당관은 부모/보호자와 협력하는 방법에 대한 구체적인 교육을 받아야 한다. 조사 전반에 걸쳐 가족을 지원하고, 질문에 답변하고, 실종아동을 발견하는 데 도움이 될 수 있는 정보를 수집한다. 가족 연락 담당자를 두는 것도 조사에 도움이 될 수 있다. 가족의 역동성과 실종아동의 가능한 이유에 대한 더 깊은 통찰력을 얻을 수 있기 때문이다. 가족 연락담당관이 특별한 경우에 적합하지 않다고 판단되는 경우, 가족을 위한 법집행기관 내에 명확한 연락지점이 있어야 한다.

실종아동이 발견되면, 그 실종이유뿐만 아니라, 아동이 실종된 동안 무슨 일이 일어났는지 알아보아야 한다. 이 질문은 법 집행자 및 관련자들이 아동에 대한 특별 지원의 필요성 평가뿐만 아니라, 아동이 다시 실종될 가능성을 평가하는 데 도움이 된다. 아동의 반응도 아동이 어디에 살아야 하고 누가 후견인이 되어야 하는지 결정에 도움이 될 수 있다.

발견된 아동과의 모든 대화, 토론, 그리고 면담은 중립적인 환경과 예단이나 편견이 없이 이루어져야 한다. 이것은 아동이 그동안 일어난 일에 대한 정보를 편안하게 공유할 수 있도록 경찰관이 신뢰를 얻는 데 도움이 된다.

(4) 실종아동 조사 및 보호 관련 기관 간의 공식 협약

실종아동을 포함한 아동보호 문제의 복잡성을 감안할 때, 이해 관계자 접근이 조정될 필요가 있다. 기관 간의 공식 협약이 도움이 될 수 있다. 협약을 통해, 각 조직의 역할과 책임을 명확히 하고, 협업을 촉진하고, 노력의 중복을 없애기 위한 각 기관 또는 조직의 관할권 및 의무부여, 포괄적이고 효과적인 대응을 보장하는 것이다.

이러한 공식 협약에는 정부 기관, 검사, 법집행기관, 아동과 함께 일하거나 아동의 권리를 옹호하는 NGO 및 민간 부문 파트너가 포함되어야 한다.

협약은 정기적으로 검토되고 업데이트되어야 하며, 관련된 새로운 이해 관계자를 포함시키고, 예방, 수색, 조사, 발견을 위한 내용을 규정해야 한다. 그들 기관 간 정보공유를 하는 것도 중요하다.

4) 등록

(1) 실종아동 및 미발견 아동 종합DB 구축

실종아동을 포함한 미발견 아동 등록부는 실종아동 조사에 매우 유용하다고 알려져 있다. 특히 해외까지 아동이 여행하는 상황이기 때문에 특히 중요하다. 여러 국가에서 실종아동 정보를 추적할 수 있어야 한다. 기존 국가 범죄기록 데이터베이스에 저장하거나 국가 중앙집중식 등록부를 구축하고, 법집행기관이 실종 신고된 모든 아동을 가능한 한 빨리 입력하면, 다른 법 집행관은 그 정보에 접근할 수 있고 관할지역을 입력할 수 있다.

국가 중앙 등록부는 모든 법집행기관에서 액세스할 수 있어야 한다. 이민 및 국경 기관도 포함되어야 한다. 유럽에서 셴겐협약 국가는 셴겐 정보시스템(SIS)에 접속할 수 있게 되면, 회원국은 아동 납치 예방경보를 할 수도 있다.[30]

(2) 사건관리 시스템 구축

사건관리시스템은 실종아동 사건을 처리하는 모든 기관(법집행기관 또는 NGO) 업무에 중요한 요소이다. 좋은 사건관리 시스템은 조사 중인 사건의 수, 각 사건을 담당하는 사람 등의 정보, 어떤 조사 조치가 취해졌고, 어떤 기관에서 취했는지를 추적할 수 있어야 한다. 그러한 시스템은 반복 사건(아동이 여러 번 실종된 경우)과 아동의 가능한 행방을 파악하고, 적절한 개입방법을 확인해 아동이 다시 실종될 가능성을 줄여준다. 장기실종 사건의 경우, 모든 사건 정보를 중앙집중화하는 사건관리시스템은 조사과정에서 모든 미흡한 추적부분이나 수사절차 또는 새로운 방법을 확인할 수 있다. 사건관리시스템은 정보 충돌을 해소하기 위해 다중 기관 액세스를 허용하는 기능을 포함할 수도 있다.

국가기관이 다음 사항을 포함하는 적절한 사건관리시스템을 유지하는 것이 가장 중요하다. 모든 분야에 걸친 조정을 보장하고 최소한의 혼란 또는 노력의 중복을 피하게 한다. 또한, 필수 정보를 조사와 관련된 모든 부서, 기관 및 조직이 접근하게 한다. 사건을 처리하는 모든 사람이 동일한 정보에 액세스할 수 있어야 한다. 사건관리시스템에는 다음 사항이 포함되는 것이 바람직하다.

- "실종아동"의 정의에 따른 사건 분류
- 실종아동에 관한 정보, 실종아동의 상황에 관한 모든 관련 정보, 수행된 수색, 아동과 함께 있을 수 있는 사람, 아동이 있을 수 있는 주소
- 구금상태에 대한 정보
- 고아원, 보호소, 어린이집, 영안실, 기타 관련 기관
- 사건정보 및 조사가 업데이트되는 필수 재확인 기간
- 아동의 시각적 식별이 불가능한 경우 상호 참조를 위한 실종아동 및 가족의 DNA, 지문, 치과기록 등 생체정보. DNA 검사는 장기실종아동사건을 해결하는 데 매우 유용하다. 이러한 유형의 사건은 새로운 증거를 찾기 어렵고 증인의 증언은 시간이 지남에 따라 신뢰성이 떨어질 수 있어서 해결하기 어려운 경우가 많다.

---

30) Schengen Visa Info, EP votes for Schengen Information System upgrade, at https://www.schengenvisainfo.com/news/ep-votes-for ㅂsch 2022.5.21.

CHAPTER 04 실종아동찾기 글로벌 표준 모델 **35**

- 미디어 활동
- 사건에 관련된 다른 이해 관계자의 세부 사항 등.

사건관리시스템에 접근할 수 있는 모든 직원이 시스템에 정보를 올바르게 입력하고 정보를 검색하도록 훈련받아야 한다.

5) 출입국 요건 규정

국가가 국경을 넘는 여행에 관한 명확하고 포괄적인 규정을 갖는 것이 중요하다. 아동과 함께 하는 입국 및 출국 절차는 잠재적인 납치 또는 인신매매를 예방하고 억제하며, 시스템을 우회하려는 사람들에 대한 민사 및 형사상의 처벌과 관련되어 있어야 한다. 이 절차에는 성인과의 관계에 대한 서류, 여행을 승인하는 법적 보호자의 서면, 또는 공증된 허가, 그리고 미성년자 여권 신청 시 서명 및 실제 물리적 실재의 이중 요건(캐나다, 루마니아 및 남아프리카 공화국에서 채택)을 포함할 수 있다.

법적 보호자는 부모의 자녀 납치를 차단하기 위해, 자녀의 양육을 제한하기로 하는 법원의 결정이 필요한지 결정할 수 있다.

출입국 관련 항목이 포함된 데이터베이스는 법 집행에 귀중한 도구가 될 수 있다.

6) 공개 경보(public notification) 시스템 구축

사회 공동체의 참여는 실종아동찾기 과정에서 중요한 단계다. 실종아동의 정보를 공개하여 국민들이 참여하는 전략은 실종아동찾기를 수행하는 중요한 방법이며 수색이나 수사와 별도로 또는 서로 결합하여 사용할 수 있다. 방법은 사건의 세부 사항 및 사용 가능한 자원에 따라 다르며 관련 법률이 적용되어야 한다. 이러한 전략을 사용하기 위해서는 적용기준, 기관 및 이해 관계자의 책임 등이 체계화되어 있고 사전 승인된 계획이 있어야 한다.

(1) 사진 전파시스템 구축

실종아동 사건을 처리하는 각 기관은 찾을 확률을 높이기 위해 다양한 이해 관계자에게 실종아동 사진 및 인상착의 정보를 전파할 수 있는 수단이 있어야 한다. 일부는 법 집행 기관들에게만 전파하기도 하고 국민이 제보하도록 공개하여 전파할 수도 있다.

모든 실종아동 사건이 공개되는 것은 아니다. 그러나 사진 전파 시 신속한 대응을 위해 필요한 양식과 절차를 마련하고, 모든 것을 갖추는 것이 훨씬 더 효율적이다. 국민의 참여 방법과 시기를 결정할 때 다음 요소를 고려하는 것이 바람직하다.

① 보호자 동의받기

전파하기 전에 아동의 보호자 또는 적절한 기관의 동의를 받아야 한다. 법 집행 기관이 전파가 실종아동찾기에 필수적이라면 생략할 수 있다.

② **실종아동의 위험 평가**

정보의 배포가 실종아동에 대한 위험을 증가시키는 것인지 결정할 필요가 있다.

③ **아동의 안전 및 개인정보 보호**

실종아동의 사진과 정보를 전파할 때 그 아동의 안전과 최선의 이익(the best interest of the child)을 최우선적으로 고려해야 한다.

④ **제보에 도움되는 정보 제공**

국민은 실종아동을 식별하고 발견하는 데 도움이 될 수 있는 정보를 받아야 한다.

⑤ **지리적 전파 범위 결정**

정보를 전파할 때 전파를 위한 지리적 범위는 최대 효과를 달성하도록 하여야 한다.

⑥ **전파 메커니즘**

정보는 조사 중인 특정 사건에 적합한 방식으로 온·오프라인 등 다양한 채널을 통해 유통되어야 한다.

⑦ **정보의 폐쇄 및 삭제**

아동이 발견되면 배포된 모든 정보를 삭제하기 위해 모든 노력을 기울여야 한다. 이는 아동의 사생활과 권리를 보호하기 위한 것이다. 공개 후 제보에 대한 접수와 평가가 이루어져야 한다.

사진 전파시스템에는 사진과 중요한 정보를 배포하는 것이 포함되어야 한다. 웹사이트, 소셜 미디어, 앱, 화면 보호기, RSS 피드, Java 배너, 등기우편, 이메일, 팩스, TV 화면에 정보를 표시하는 기업 파트너, 게시판, 기타 정보제공 화면, 서비스 차량 등 다양한 수단을 통해 배포하는 것이 필요하다.

잘 구축된 배포 시스템은 광범위하게 정보를 수집해 제공하며, 법 집행관들에게 없어서는 안될 추가 단서 정보를 제공하고, 실종아동이 발견될 때까지 국민들에게 실종아동 정보를 계속해서 제공한다.

(2) 긴급실종아동 경보시스템 구축 운영

사진 전파시스템 등 일단 대응하기 위한 기본 구성요소가 준비되고 나면, 신속한 긴급아동경보시스템을 고려해야 한다. 방송 수단을 비롯하여 가장 심각한 실종아동 사건정보를 국민들에게 공개하는 것이 필요하다.

가장 잘 알려진 긴급실종아동 경보시스템은 미국 AMBER 경보시스템이며, 자발적인 파트너십에 법 집행관, 방송사, 교통기관 등이 참여하고 있다.

긴급실종아동 경보시스템의 목표는 실종아동, 유괴 용의자, 유괴 용의자의 차량 등에 관련한 상세한 정보를 제공하여 실종아동의 수색 및 안전한 회복을 지원하는 것이다.

긴급실종아동 경보시스템에는 지역의 필요와 상황에 따라 경보를 시작해야 하는 경우, 결정을 위한 자체 기준을 둘 수 있으며, 핵심 기준은 다음과 같아야 한다.

- 아동은 18세 미만의 사람
- 아동이 심각한 상해 또는 사망의 임박한 위험에 있음을 나타내는 정보가 있음
- 국민들이 실종아동을 찾는 수색이나 수사를 도울 수 있는 충분한 정보가 있음

긴급실종아동 경보시스템만으로는 위기에 처한 실종아동에 대한 완전한 대응이 되지 않는다. 실종아동 신고에 대한 종합적인 대응이 법집행기관 및 관련 파트너 기관에 의해 확립되어야 하며, 긴급실종아동 경보시스템은 전반적인 실종아동 대응을 보완해주는 역할을 한다.

신속한 긴급실종아동 경보시스템에 대한 자세한 내용은 '국제실종아동센터(International Centre for Missing & Exploited Children)'에서 제정한 '긴급실종아동경보시스템(Rapid Emergency Child Alert System Framework)'를 참조하면 더 상세한 지침을 알 수 있다.[31]

7) 실종 예방 및 인식 제고

(1) 실종 예방 프레임 워크

포괄적인 예방 프레임 워크를 개발하고 모든 관련 항목을 통합해야 하며, 지역 및 관행을 준수하고 지역사회 참여 접근방식의 하나가 되어야 한다. 프레임 워크는 실종아동 문제에 대한 명확한 이해를 바탕으로 해야 하며, 아동과 성인 모두에게 미치는 영향도 고려해야 한다.

예방 프레임 워크에는 다음과 같은 다양한 핵심 구성요소가 포함되는 것이 바람직하다.

- 이용 가능한 서비스 및 자원을 지역사회에 알리기 위한 국민인식 제고 캠페인
- 모든 수준의 학교 전반에 걸쳐 학생과 교육종사자 인식 제고 캠페인
- 납치 및 인신매매 가능성 지표, 그리고 피해자와 위반자 프로필을 포함한 출입국관리공무원 및 기타 법 집행 공무원 훈련
- 양육권과 보호명령 그리고 당사자 여권 중립적 인사에게 안전하게 위탁과 같은 사법 메커니즘과 서류 양식들. 이것들은 부모의 자녀유괴를 예방하고 억제하는 데 도움이 될 수 있다.
- 다양한 인식 제고 캠페인(예: 포스터, 캠페인, 읽을거리, 교육, 게임)을 통해 성인과 아동에게 잠재위험을 알려준다.
- 민간기업 및 NGO에서 법집행기관에 이르기까지 협력하면서 지역사회에 일관된 예방 메시지를 제공하여야 한다. 이러한 자료는 기본적인 안전을 포함하여 더 안전하게 지내고 위험을 피하는 방법에 대한 정보를 부모와 자녀에게 제공해야 한다. 예를 들면, 허락 없이 낯선 사람에게 문을 열지 않거나 선물을 받지 않기, 전화나 인터넷을 통해 개인정보를 제공하지 말 것, 아동이 긴급

---

31) https://www.icmec.org/wp-content/uploads/2016/08/Child-Alert-Framework_FINAL.pdf   2022.5.22.
   Rapid Emergency Child Alert System Framework Copyright © 2016, AMBER Alert Europe and International Centre for Missing & Exploited Children

전화번호, 가족의 성과 이름, 집주소를 기억하게 하기 등을 알려줘야 한다.

부모가 자녀의 최신 정보를 유지하고 자녀의 신원을 확인하도록 권장해야 한다. 예를 들면, 의료 및 치과 기록, 정부가 발행한 문서, 사진 등을 보유하는 것을 권장한다. 가능한 경우 지문 기록 및 생물학적 샘플도 아동 식별 키트를 통해 저장해두도록 한다.

(2) 인식 제고

다양한 실종아동 문제에 지속적인 지역사회 참여 프로그램과 법 집행 기관의 개입이 실종아동의 신속한 찾기 성공의 열쇠다. 실종된 아동을 가능한 한 빨리 신고하고 아동이 스스로 집에 돌아올 것이라고 가정하지 말아야 한다. 설령 그들이 과거에 그렇게 했더라도 그렇다.

일부 국가에서는 법 집행관이 지역학교 아이들에게 예방 프레젠테이션을 하기도 한다. 그리고 최근 사진, 아동에 대한 주요 데이터, 지문, 그리고 나중에 필요할지 모르는 DNA 프로파일링을 위한 생물학적 샘플 등 포함한 아동 신원확인 키트를 배포하기도 한다.

부모 또는 보호자는 자녀에 대한 최신 정보를 유지하도록 권고해야 한다. 아동의 사진, 의료 및 치과 종사자의 연락처 정보, 수사기관에 제출할 수 있는 아동기록 및 정부발행 서류 등을 잘 보관하다가 아동이 실종된 후 처음 몇 시간 이내에 제출하게 한다. 이것을 저장할 수 있는 앱을 개발해 사용하는 곳도 있다.

05 실종 경보 시스템 모델

1. 소개

1) 배경

효과적으로 실종 및 납치된 아동을 발견하는 데 도움이 되는 많은 도구 중 하나는 신속한 긴급실종 아동경보이다. 이러한 최초의 경보 시스템인 AMBER 경보는 1996년 미국에서 구축되었다. 텍사스 알링턴에서 자전거를 타고 가다가 납치된 9세 Amber Hagerman의 이름을 따서 명명되었다. 나중에 살해된 채로 발견되었다.[32] 그 이후로 다른 국가에서도 유사한 방식을 채택했다. 많은 시스템을 AMBER Alert라고 하지만 다른 이름도 사용되었다. 경보시스템은 법 집행 기관, 방송사, 운송 기관, 비정부 기구(NGO), 소셜 미디어, 기타 미디어 간의 자발적인 파트너십이다.

2016년에 유럽 앰버 경보(AMBER ALERT EUROPE)[33] 그리고 국제실종아동센터(International Centre for Missing & Exploited Children) 공동으로 긴급실종아동경보시스템을 구축했다. 긴급실종아동경보시스템(Rapid Emergency Child Alert System Framework)을 구축하게 된 배경은 실질적 자료에 근거하고 있다.[34] 영국과 미국에서 실시한 연구에 따르면, 아동이 실종된 후 처음 3시간이 가장 중요하다.[35] 안전하게 발견할 확률은 아동의 실종에 처한 상황 및 인지된 위협 또

---

32) National Center for Missing & Exploited Children, AMBER Alert Program, at
http://www.missingkids.com/amber (last visited June 9, 2016). 2022.8.15.

33) https://www.amberalert.eu/ 2022.8.4.

34) https://www.icmec.org/wp-content/uploads/2016/08/Child-Alert-Framework_FINAL.pdf 2022.8.4.

35) Washington State Attorney General's Office, Case Management for Missing Children Homicide Investigation (2006) 7 and 13, at
http://www.atg.wa.gov/child-abduction-murder-research 2006 Child Abduction Murder Study. 2022.

는 위험에 의존하며, 시간이 지나면 급격하게 감소한다. 따라서 법 집행 기관이 준비되어 있는 상태에서 신속하게 조치를 취하고 계획된 대응을 하는 것이 중요하다.

가장 심각한 실종아동 사건에 대한 긴급 게시판을 활성화하거나 배포한다. 목표는 실종아동의 수색과 안전한 발견을 돕기 위해 지역사회 전체에 활력을 불어넣는 것이다. 실종아동 및 관련된 성인에 대한 자세한 정보를 대중에게 제공하고 있고, 현재까지 전 세계 27개국이 유사한 경보시스템을 채택하여 찾기를 돕고 있다.[36]

2) 구축 지침

신속한 긴급실종아동경보시스템이 효과적으로 작동하려면 경보가 "특별한" 것으로 간주되어야 하며, 대중을 둔감하게 만들지 않기 위해 매우 위험한 경우에만 사용해야 한다. 또한, 그 과정을 충분히 이해하는 것이 중요하며, 강력하고 크고 작은 조사를 모두 처리할 수 있어야 한다.

이러한 경보시스템을 구축할 때 국가는 학제적 접근방식을 사용해야 한다. 또한, 법 집행 및 유통 파트너뿐만 아니라 비정부 기관과 같은 기타 적절한 기관을 포함시켜야 한다. 이러한 각 기관들은 성공적인 경보전파 지원을 위한 자원들이 있다. 경보전파를 위해 각자의 책임과 최선의 방법을 이해하고 다른 모든 당사자와 협력하는 것이 중요하다. 예를 들어, 법 집행 기관은 언제 경보를 발령하고 대중에게 공개할 수 있는 정보가 무엇인지를 결정한다. NGO는 배포를 위한 메커니즘을 통해 파트너에게 재방송 및 웹사이트에 게시 등을 할 수 있다. 유통 파트너들은 가능한 한 신속하게 긴급실종아동 경보를 전파하는데 중점을 둔다. 관련 기관들이 정기적으로 만나 시스템과 각 역할을 검토하게 한다.

경보시스템을 개발할 때 다음 지침을 추가해서 고려하는 것이 바람직하다.
- 경보시스템의 등록부는 완전하지 않으며 지역적 필요와 상황에 대응하기 위해 개발되어야 한다.
- 실종아동 문제는 예방, 지원 및 사후 관리를 포함해야 한다.
- 신속한 긴급실종아동 경보시스템은 실종아동의 빠르고 안전한 회복을 지원하기 위해 고안된 절차나 다른 수단들과 함께 사용되어야 한다.

5.25.
[36] Australia, Belgium, Bulgaria, Canada, Cyprus, Czech Republic, France, Greece, Ireland, Italy, Jamaica, Luxembourg, Mexico, Malaysia, The Netherlands, Poland, Portugal, Romania, Slovakia, South Korea, Spain, Switzerland, and the United Kingdom, United States.
https://www.missingkids.org/gethelpnow/amber 2022.8.15. AMBER 경보 시스템은 미국 50개 주 전체, 콜롬비아 특별구, 인도 국가, 푸에르토리코, 미국령 버진 아일랜드 및 기타 27개 국가에서 사용되고 있다. 미국 법무부의 법무부 프로그램은 AMBER Alert Secondary Distribution Program을 관리하는 National Center for Missing & Exploited Children으로 지정했다. 법 집행 기관이 앰버 경보를 발령하면 NCMEC에 통지되고 해당 2차 유통업체에 경보를 다시 배포한다. 2022년 5월 1일 기준: AMBER 경보로 인해 1,114명의 어린이를 찾았다.

2. 경보발령 기준

각 경보 시스템에는 지역의 필요와 상황에 따라 언제 시작해야 하는지에 대한 자체 기준이 있다. 하지만, 주요 기준에는 다음 사항이 포함되는 것이 바람직하다.

- 아동은 18세 미만의 사람
- 아동이 심각한 상해 또는 사망의 임박한 위험에 있음을 나타내는 정보가 있음
- 국민들이 실종아동을 찾는 수색이나 수사를 도울 수 있는 충분한 정보가 있음

가능한 오해를 피하기 위해 기준은 간단하고 명확해야 한다. 사건이 경보 기준에 맞지 않으면 다른 찾기 방법을 사용할 수 있다.[37] 관련된 모든 기관이 사용 가능한 모든 자원을 사용하여, 어떤 방법이 적절한지를 결정하고, 그 이유를 설명해주어야 하며, 어떤 대체 조치를 취하는지도 설명해주어야 한다.

3. 의사결정 과정

경보시스템이 과도하게 사용되거나 과소 사용되지 않도록 하려면, 법집행기관 내에서 법을 실행할 권한이 있는 실종전문가를 지정해 담당하게 해야 한다. 이 담당자에게 실종 초기에 아동의 실종신고 및 실종상황을 알려야 한다. 이상적으로는, 사고처리를 감독한 경험이 있고, 추적과정에서 우선순위를 정하는 방법을 알고 있으며, 수사에 관한 빠른 결정 능력이 있어야 한다. 경보발령을 하기로 결정할 때, 이 담당자가 다음 질문에 대한 답변을 평가해 보아야 한다.

- 아동에게 어떤 위험이 있는가?
- 대중이 아동을 알아보거나 아동과 함께 있는 성인을 인식할 충분한 정보가 있는가?
- 이미 언론에서 실종아동 이야기를 다루고 있는지? 그렇다면 경보의 효과는 무엇인가?

경보를 발령하기로 결정하면 모든 국내 법집행기관과 관련 기관 내의 모든 사람에게 통보하는 것이 중요하다. 대중 또는 언론이 제보하거나 접근하는 경우 혼란을 피하고, 가능한 한 빨리 법집행기관이나 경보전파자에게 정보가 도달되게 해야 한다. 효과를 보장하기 위해서는 이를 위한 절차를 관계기관이 협의하여 개발하고, 주기적으로 테스트해보아야 한다.

---

37) 다양한 다른 방법을 구상해볼 수 있다. 예를 들면, 소셜미디어 이용, 포스터 제작지원 등.

4. 위험 평가 시행

실종아동에 대한 위험은 경보발령 여부를 평가하는 데 중요한 부분이다. 효과적인 평가 또는 분류 프로세스가 있어야 하며 신속하게 수행되어야 한다. 평가는 사전에 선정된 위원회 또는 경험 많은 실종전문가가 수행하도록 한다.

또한, 아동에 대한 위험은 수신된 업데이트된 정보에 따라 변경될 수 있기 때문에, 조사 전반에 걸쳐 평가를 지속적으로 검토할 것을 권고한다.

5. 전화 수신 번호 요건

경보에 대한 고유 전화번호가 관련 정보를 전달하는 데 사용할 수 있도록 대중에게 제공되어야 한다. 번호는 미리 결정되어야 하며 경보가 발령된 이후에는 변경하지 말아야 대중이 그 번호를 경보와 연관시키는 데 도움이 된다.

전화를 받는 사람이 쉽게 알아볼 수 있도록 국가 긴급경찰번호와 다르게 하여, 수신된 정보를 구별하고 경보에 우선순위를 부여하게 한다. 수사팀에게 적시에 접수된 제보가 전달되도록 국가적 절차가 확립되어야 한다.

6. 통화 처리 능력

경보를 발령하면 대중으로부터 많은 양의 전화가 올 수 있다. 미아와 미아에 대한 위험에 대한 대중의 인식, 사건의 심각성에 따라 달라질 제보의 양은 달라질 수 있다. 통화 처리 시스템은 충분히 견고해야 하고 충분한 인력이 있어야 한다.

전화처리시스템은 모든 통화를 접수가능하게 충분히 설치하고, 우선 순위를 정할 수 있는 직원이 배치되어야 한다. 가능하면 통화 처리 시스템은 응답받지 못하는 전화가 없도록 롤오버 기능이 있어야 한다.

소셜 미디어를 사용하여 경보 발령하는 경우, 소셜 미디어 사이트를 모니터링하고 수신된 추가정보의 우선순위를 정하도록 한다.

7. 통화 평가

수신된 전화나 추가정보의 양에 관계없이, 아동 찾기와 법 집행 기관의 대응 방법과 관련하여 통화가 평가되어야 한다. 어떤 통화내용은 즉시 조사해야 하고, 다른 것들은 수사와의 관련성을 결정하기 위해 더 많은 정보를 수집하여 처리해야 한다.

각 통화에 대해 취한 모든 조치는 추적하고 유지관리하기 위해 하나의 시스템에 입력되어야 한다. 그래야 어떤 수사업무가 특출한지 알 수 있다.

8. 미디어 및 기타 전파처의 참여 및 조정

경보시스템을 설정할 때 미디어와 사전 협의가 필요하다. 경보시스템이 무엇인지, 어떻게 작동하는지, 왜 발령하는지, 어떻게 기여할 수 있는지 확실히 하기 위해 사전 협의 조정이 필요하다. 그리고 실종아동찾기를 위해 언론은 경보시스템에 대해 대중을 교육하는 데 도움을 줄 수 있다.

기존의 언론 매체 외에도 소셜 미디어, 인터넷, 앱, 디지털 광고 게시판, 고속도로 표지판, 운송 업체 등이 있다. 기타 만약 하나의 배포 메커니즘이 실패하면 정보를 배포할 다른 시스템이 있다. 이들은 더 큰 도달 범위와 인징싱을 세공해준나. 기손 배포저 메커니즘이 제대로 작동하고 현재 절차가 지켜지는지 확인해야 한다. 또한, 그것은 경보전파에 도움이 될 수 있는 새로운 기술을 검토하는 데 필수적인 것이다.

경보가 발령되는 시점에 언론과 협력하여 대중에게 경보 메시지를 보내고 아동을 찾아달라고 요청할 필요가 있다. 경보가 해제되면 대중에게 더 이상 아동을 찾을 필요가 없다는 것을 알리고, 경보발령의 결과를 알려줘야 한다.

9. 전파 방법

데이터 입력의 중복 및 혼란을 피하고, 가능한 가장 효율적인 방식으로 경보를 전파하는 능력이 있어야 한다. 정교한 시스템은 다음과 같은 기능이 필요하다.
- 단일 데이터 입력
- 표준화된 메시지 전파
- 사용할 전파처 선택
- 지리적 전파 범위 결정

10. 경보 메시지

경보 메시지는 짧고 정확해야 한다. 몇 초 안에 대중이 메시지를 읽을 수 있어야 한다. 이상적으로는 메시지에 다음과 같은 정보가 포함되어야 한다.
- 실종아동의 이름
- 아동의 나이
- 아동이 마지막으로 있던 곳
- 아동이 입었던 옷
- 아동이 성인과 함께 있는지 여부 및 그 성인에 대한 설명
- 이용한 차량 설명

메시지의 목표는 대중이 메시지에 제공된 정보를 이용해 아동 또는 아동과 함께 있는 사람이 누구인지 식별할 수 있도록 하는 것이다. 따라서 메시지에 대중을 돕기 위해 고유한 식별요소를 포함하는 것이 중요하다. 아동의 사진, 함께 있는 사람들, 또는 차량정보가 크게 도움을 줄 수 있다.

경보 메시지에는 경보 관련 특수전화번호가 포함되어야 한다. 국민이 아동이나 함께 있는 성인에게 접근하지 말고 적절한 기관에 제보하도록 할 필요가 있는 경우도 있다.

경보 메시지는 정기적인 검토가 필요하며, 새로운 관련 정보가 나오면 업데이트하여야 한다. 경보 업데이트는 사건에 따라 빈도는 다를 수 있다. 또한, 대중에게 실종아동찾기를 중지하도록 하고 결과를 알려주는 메시지도 만들어 두어야 한다.

11. 경보삭제 권리

아동의 최선의 이익은 경보발령 결정, 수사과정 전반에 걸쳐 고려되어야 한다. 경보의 전자 기록 및 이와 함께 배포된 정보의 삭제 수단이 마련되어야 한다. 실종아동의 경보자료가 계속 공개적으로 남아 있으면 나중에 아동에게 해로울 수 있다. 예를 들면, 대학입학이나 취업에 불리하게 작용할 수 있기 때문이다.

12. 아동보호

실종아동이 발견된 후에는, 그 아동이 어떻게 보살핌을 받고 있는지, 그들과 그들의 가족을 지원하기 위해 어떠한 조치가 필요한지 고려해야 한다. 경보의 대상이 되고 그들이 받은 높은 수준의 정보공개는 그들의 삶에 깊은 영향을 미치게 된다. NGO 및 사회 서비스기관의 참여가 도움이 될 수 있다.

13. 국경을 넘는 문제

대부분의 국가는 다른 나라와 국경을 접하고 있다. 통신, 문서화된 공식 절차 마련 및 미아가 여행하는 경우 이웃 법 집행 기관과 협력관계를 구축하는 것이 중요하다. 인접 국가에 경보시스템이 설치되어 있지 않거나, 사건이 경보 기준에 속하지 않는 경우, 실종아동찾기에 도움이 될 수 있는 다른 방법과 자원을 확보하는 것이 바람직하다.

14. 재검토 프로세스

경보 및 수사에 대한 보고 또는 검토를 수행하여 무엇이 잘 되었고, 어떤 것이 잘 못 되었는지, 미래 사건에 대한 교훈은 무엇인지 분석해야 한다. 그 과정에 경보와 관련된 모든 이해 관계자(미디어, 교통부, 비정부 기관, 기술 회사 등)가 참여해야 하고 공정해야 한다. 목표는 더 강력하고 효과적 경보 시스템을 만드는 것이다.

15. 교육훈련

교육훈련은 경보 시스템의 성공에 필수적인 부분이다. 관련된 모든 이해 관계자(법 집행 기관, NGO, 사회 서비스 기관 등)가 경보 시스템과 그들의 책임을 이해하도록 지원하기 위해 초기에 실시해야 한다. 새 전파시스템이나 추가된 새 절차, 그리고 새로운 직원이 배치된 경우에 시행되어야 한다. 다양한 이해 관계자가 협력을 강화하고 책임에 혼란을 최소화하도록 교육을 해야 한다.

PART

02

실종아동등 찾기 법규

CHAPTER

01 아동 안전 및 보호 기본 법규

1. 헌법

우리나라 헌법 제10조는 모든 국민은 인간으로서의 존엄과 가치를 가지며, 행복을 추구할 권리를 가진다고 하였으며, 국가는 개인이 가지는 불가침의 기본적 인권을 확인하고 이를 보장할 의무를 진다고 규정하고 있다. 아동이나 장애인, 치매환자 등도 당연히 이러한 권리를 가지고 있으며, 국가가 보호하고 지원해야 하는 근거이기도 하다.

또한, 헌법 제34조는 모든 국민은 인간다운 생활을 할 권리를 가지며, 국가는 사회보장·사회복지의 증진에 노력할 의무를 지고, 국가는 여자의 복지와 권익의 향상을 위하여 노력하여야 하며, 국가는 노인과 청소년의 복지향상을 위한 정책을 실시할 의무를 지고, 신체장애자 및 질병·노령 기타의 사유로 생활능력이 없는 국민은 법률이 정하는 바에 의하여 국가의 보호를 받으며, 국가는 재해를 예방하고 그 위험으로부터 국민을 보호하기 위하여 노력하여야 한다고 하였다. 실종아동등을 포함하여 국민이 인간다운 생활을 할 권리가 있으며 이들에 대한 보호와 지원은 국가의 의무라고 규정하고 있다.

나아가, 헌법 제30조는 타인의 범죄행위로 인하여 생명·신체에 대한 피해를 받은 국민은 법률이 정하는 바에 의하여 국가로부터 구조를 받을 수 있다고 하고 있는데, 실종된 사람이 타인의 범죄행위로 인하여 피해를 받았다면 국가로부터 구조를 받게 하여야 하는 의무가 대한민국의 국가와 지방자치단체에게 부여되어 있는 것이다.

2. 아동복지법

1) 의의

아동이 그 보호자로부터 유실, 유기 또는 이탈되었을 경우, 그 보호자가 아동을 양육하기에 부적당하거나 양육할 수 없는 경우 또는 아동의 건전한 출생을 기할 수 없는 경우에 아동이 건전하고 행복하게 육성되도록 그 복리를 보장하기 위해 1962년 아동복리법이 제정되었으며, 실종아동의 복지를 위한 기본법이다.

이후 1981년에 아동복지법으로 개정 되었는데, 종전의 아동복리법은 구호적 성격의 복지제공에 중점을 두고 있어 그동안의 경제·사회의 발전에 따라 발생한 사회적 복지요구에 부응하지 못하고 있으므로 요보호아동뿐만 아니라 일반아동을 포함한 전체아동의 복지를 보장하고 특히 유아기에 있어서의 기본적 인격·특성과 능력개발을 조장하기 위한 여건을 조성할 수 있도록 하려는 것이었다. 어린이날 5월 5일의 법적 근거를 마련한 것도 이때였다.[1]

현행 아동복지법은 아동이 건강하게 출생하여 행복하고 안전하게 자랄 수 있도록 아동의 복지를 보장하는 것을 목적으로 하고 있다. 아동복지법에 따르면 아동은 18세 미만인 사람을 의미한다. 아동복지는 아동이 행복한 삶을 누릴 수 있는 기본적인 여건을 조성하고 조화롭게 성장하며 발달하기 위한 경제적, 사회적, 정서적 지원을 하는 것을 말한다. 이를 위해 아동복지법은 국가와 지방자치단체, 그리고 보호자에게 아동보호 및 지원 책무를 규정하고 있다.

2) 아동복지법의 이념

아동복지 향상을 위해 아동복지법은 다음과 같은 이념을 지향하고 있다.
① 아동은 자신 또는 부모의 성별, 연령, 종교, 사회적 신분, 재산, 장애유무, 출생지역, 인종 등에 따른 어떠한 종류의 차별도 받지 아니하고 자라나야 한다.
② 아동은 완전하고 조화로운 인격발달을 위하여 안정된 가정환경에서 행복하게 자라나야 한다.
③ 아동에 관한 모든 활동에 있어서 아동의 이익이 최우선적으로 고려되어야 한다.
④ 아동은 아동의 권리보장과 복지증진을 위하여 이 법에 따른 보호와 지원을 받을 권리를 가진다.

3) 아동복지법상 국가와 지방자치단체의 책무

국가와 지방자치단체는 아동복지 향상을 위해 아동복지법에 의해 부여된 다음과 같은 책무를 이행하여야 한다.
① 국가와 지방자치단체는 아동의 안전·건강 및 복지 증진을 위하여 아동과 그 보호자 및 가정을 지원하기 위한 정책을 수립·시행하여야 한다.
② 국가와 지방자치단체는 보호대상아동 및 지원대상아동의 권익을 증진하기 위한 정책을 수립·시행하여야 한다.

---

[1] https://www.law.go.kr/LSW/lsRvsRsnListP.do?lsId=000190&chrClsCd=010202&lsRvsGubun=all
2022.4.4.

③ 국가와 지방자치단체는 아동이 태어난 가정에서 성장할 수 있도록 지원하고, 아동이 태어난 가정에서 성장할 수 없을 때에는 가정과 유사한 환경에서 성장할 수 있도록 조치하며, 아동을 가정에서 분리하여 보호할 경우에는 신속히 가정으로 복귀할 수 있도록 지원하여야 한다.

④ 국가와 지방자치단체는 장애아동의 권익을 보호하기 위하여 필요한 시책을 강구하여야 한다.

⑤ 국가와 지방자치단체는 아동이 자신 또는 부모의 성별, 연령, 종교, 사회적 신분, 재산, 장애유무, 출생지역 또는 인종 등에 따른 어떠한 종류의 차별도 받지 아니하도록 필요한 시책을 강구하여야 한다.

⑥ 국가와 지방자치단체는 「아동의 권리에 관한 협약」에서 규정한 아동의 권리 및 복지 증진 등을 위하여 필요한 시책을 수립·시행하고, 이에 필요한 교육과 홍보를 하여야 한다.

⑦ 국가와 지방자치단체는 아동의 보호자가 아동을 행복하고 안전하게 양육하기 위하여 필요한 교육을 지원하여야 한다.

4) 아동복지법상 보호자 등의 책무

아동복지향상은 국가나 지방자치단체의 정책이나 노력만으로 되지 않으며, 기본적으로 가정에서 보호자의 역할이 중요하기 때문에 이들에게 책무를 규정하고 있다.

① 아동의 보호자는 아동을 가정에서 그의 성장시기에 맞추어 건강하고 안전하게 양육하여야 한다.

② 아동의 보호자는 아동에게 신체적 고통이나 폭언 등의 정신적 고통을 가하여서는 아니 된다.

③ 모든 국민은 아동의 권익과 안전을 존중하여야 하며, 아동을 건강하게 양육하여야 한다.

5) 아동권리보장원 설치

아동복지법 제10조의2(아동권리보장원의 설립 및 운영)에 의거하여 보건복지부장관은 아동정책에 대한 종합적인 수행과 아동복지 관련 사업의 효과적인 추진을 위하여 필요한 정책의 수립을 지원하고 사업평가 등의 업무를 수행할 수 있도록 아동권리보장원을 설립한다.

아동권리보장원은 다음과 같은 업무를 수행하고 있다. 즉, 아동정책 수립을 위한 자료 개발 및 정책분석, 아동정책영향평가 지원, 아동보호서비스에 대한 기술지원, 아동학대의 예방과 방지를 위한 업무, 가정위탁사업 활성화 등을 위한 업무, 지역 아동복지사업 및 아동복지시설의 원활한 운영을 위한 지원, 「입양특례법」에 따른 국내입양 활성화 및 입양 사후관리를 위한 국내외 입양정책 및 서비스에 관한 조사·연구, 입양 관련 국제협력 업무, 그 밖에 「입양특례법」에 따라 보건복지부장관으로부터 위탁받은 업무, 아동 관련 조사 및 통계 구축, 아동 관련 교육 및 홍보, 아동 관련 해외정책 조사 및 사례분석, 그 밖에 보건복지부장관, 국가 또는 지방자치단체로부터 위탁받은 업무 등의 업무를 수행한다.

6) 아동통합정보시스템 운영

아동복지법 제15조의2(아동통합정보시스템의 구축·운영)에 근거하여 보건복지부장관은 아동복지 관련 자료 또는 정보의 효율적 처리 및 통합관리를 위하여 「사회보장기본법」 제37조제2항에 따라 설치된 사회보장정보시스템 및 「사회보장급여의 이용·제공 및 수급권자 발굴에 관한 법률」 제24조의2에 따라 설치된 사회서비스정보시스템을 연계·활용하여 아동통합정보시스템("아동정보시스템")을 구축·운영하여야 한다.

보건복지부장관은 아동정보시스템을 구축·운영하는 데 필요한 정보로서 다음 각 호의 어느 하나에 해당하는 정보를 수집·관리·보유할 수 있으며 중앙행정기관의 장, 지방자치단체의 장, 관계 기관 및 단체의 장 등에게 필요한 정보의 제공을 요청할 수 있다. 이 경우 요청을 받은 기관의 장은 정당한 사유가 없으면 요청에 따라야 한다.

보건복지부장관은 아동에 대한 효과적인 보호와 지원을 하기 위하여 정보를 처리하는 민간단체 및 기관과 필요한 정보연계를 위한 조치를 할 수 있다. 이 경우 정보연계 목적의 범위에서 경찰청 등 해당 단체와 기관은 연계된 정보를 이용할 수 있다.

7) 피해아동 지원

아동복지법 제29조(피해아동 및 그 가족 등에 대한 지원)에 근거하여 아동권리보장원의 장 또는 아동보호전문기관의 장은 아동의 안전 확보와 재학대 방지, 건전한 가정기능의 유지 등을 위하여 피해아동 및 보호자를 포함한 피해아동의 가족에게 상담, 교육 및 의료적·심리적 치료 등의 필요한 지원을 제공하여야 한다. 아동권리보장원의 장 또는 아동보호전문기관의 장은 제1항의 지원을 위하여 관계 기관에 협조를 요청할 수 있다.

보호자를 포함한 피해아동의 가족은 보장원 또는 아동보호전문기관이 제1항에 따라 제공하는 지원에 성실하게 참여하여야 한다. 아동권리보장원의 장 또는 아동보호전문기관의 장은 지원 여부의 결정 및 지원의 제공 등 모든 과정에서 피해아동의 이익을 최우선으로 고려하여야 한다.

국가와 지방자치단체는 보건복지부령으로 정하는 일정 소득 이하의 피해아동 및 보호자를 포함한 피해아동의 가족이 제1항의 상담 및 교육 또는 의료적·심리적 치료 등을 받은 경우에는 예산의 범위에서 여비 등 실비(實費)를 지급할 수 있다.

국가와 지방자치단체는 「초·중등교육법」 제2조 각 호의 학교에 재학 중인 피해아동 및 피해아동의 가족이 주소지 외의 지역에서 취학(입학·재입학·전학·편입학을 포함한다. 이하 같다)할 필요가 있을 때에는 그 취학이 원활하게 이루어질 수 있도록 지원하여야 한다.

8) 아동 안전 및 건강 지원

아동복지법 제31조(아동의 안전에 대한 교육)에 근거하여 아동복지시설의 장, 「영유아보육법」에 따른 어린이집의 원장, 「유아교육법」에 따른 유치원의 원장 및 「초·중등교육법」에 따른 학교의 장은 교육대상 아동의 연령을 고려하여 대통령령으로 정하는 바에 따라 매년 실종 및 유괴의 예방과 방지를 포함하고 있는 다음의 내용에 대해 교육계획을 수립하여 교육을 실시하여야 한다.

① 성폭력 예방 및 아동학대 예방
② 실종·유괴의 예방과 방지
③ 감염병 및 약물의 오남용 예방 등 보건위생관리
④ 재난대비 안전
⑤ 교통안전

9) 아동보호구역 CCTV 설치 및 순찰

아동복지법 제32조(아동보호구역에서의 영상정보처리기기 설치 등)에 따라 국가와 지방자치단체는 유괴 등 범죄의 위험으로부터 아동을 보호하기 위하여 필요하다고 인정하는 경우에는 아동보호가 필요한 시설의 주변구역을 아동보호구역으로 지정하여 범죄의 예방을 위한 순찰 및 아동지도 업무 등 필요한 조치를 할 수 있다. 예를 들면, 「도시공원 및 녹지 등에 관한 법률」 제15조에 따른 도시공원, 「영유아보육법」 제2조제3호의 어린이집, 같은 법 제7조에 따른 육아종합지원센터 및 같은 법 제26조의2에 따른 시간제보육서비스지정기관, 「초·중등교육법」 제38조 따른 초등학교 및 같은 법 제55조에 따른 특수학교, 「유아교육법」 제2조에 따른 유치원 등이 해당한다. 영상정보처리기기의 설치 등에 관한 사항은 「개인정보 보호법」에 따른다.

10) 아동안전 보호인력의 배치 활용

아동복지법 제33조(아동안전 보호인력의 배치 등)에 의거하여 국가와 지방자치단체는 실종 및 유괴 등 아동에 대한 범죄의 예방을 위하여 순찰활동 및 아동지도 업무 등을 수행하는 아동안전 보호인력을 배치·활용할 수 있다.

순찰활동 및 아동지도 업무 등을 수행하는 아동안전 보호인력은 그 권한을 표시하는 증표를 지니고 이를 관계인에게 내보여야 한다.

국가와 지방자치단체는 아동안전 보호인력으로 배치하고자 하는 사람에 대하여 본인의 동의를 받아 범죄경력을 확인하여야 한다.

11) 경찰청 아동긴급보호소 지정운영

아동복지법 제34조(아동긴급보호소 지정 및 운영)에 따라서 경찰청장은 유괴 등의 위험에 처한 아동을 보호하기 위하여 아동긴급보호소를 지정·운영할 수 있다.

경찰청장은 아동긴급보호소의 지정을 원하는 자에 대하여 본인의 동의를 받아 범죄경력을 확인하여야 한다.

CHAPTER

02 실종아동법

1. 의의

우리나라는 2005년 '실종아동등의 보호 및 지원에 관한 법률(약칭: 실종아동법)'을 제정하여 실종아동등을 국가책임으로 보호하고 복귀를 지원하도록 하였다. 이 법을 제정할 당시의 실종아동등의 상황은 매우 심각했다. 매년 평균 3천여 명의 실종아동과 장애실종자가 발생하고, 실종아동 등의 귀가가 장기화되는 경우 가정의 해체 등 심각한 문제가 초래되고 있었다. 따라서 아동 등의 실종으로 인한 본인 및 그 가족의 신체적·정신적·경제적 고통을 제거하고, 가정해체에 따른 사회적·국가적 손실을 방지하기 위하여 아동 등의 실종예방과 실종아동 등의 복귀 및 복귀 후 지원 등을 위하여 국가 차원에서 체계적이고 효율적인 실종아동 관련 시스템을 마련하려는 것이었다.[2]

이 법은 몇 차례 개정을 거쳐 왔으며, 신규 제정 당시부터 이 법의 주요 내용은 다음과 같다.[3]

이러한 큰 골격은 지금도 유지되고 있다. 실종아동의 조기발견과 추적수사에 관한 국가시스템의 기본법이다.

① 실종아동등의 정의

"실종아동등"을 약취·유인·유기·사고 또는 가출하거나 길을 잃는 등의 사유로 인하여 보호자로부터 이탈된 아동등으로 정의하고 있다.

② 국가의 책무 부과

보건복지부장관은 실종아동등의 발생예방, 조속한 발견·복귀와 복귀 후 사회생활의 적응을 위하여

---

[2] https://www.law.go.kr/lsInfoP.do?lsiSeq=68405&ancYd=20050531&ancNo=07560&efYd=20051201&nwJoYnInfo=N&efGubun=Y&chrClsCd=010202&ancYnChk=0#0000 2022.8.6.

[3] https://www.law.go.kr/LSW/lsRvsRsnListP.do?lsId=009942&chrClsCd=010202&lsRvsGubun=all 2022.4.4.

실종아동등을 위한 정책수립, 실종아동등과 관련된 실태조사 및 연구, 실종아동등의 가족지원 등을 시행하도록 하였다.

경찰청장은 실종아동등의 조속한 발견과 복귀를 위하여 실종아동등에 대한 신고체계의 구축·운영, 실종아동등의 발견을 위한 수색 및 수사 등을 시행하도록 하였다.

③ 신고의무 및 미신고보호행위의 금지

- 보호시설의 장 또는 그 종사자 등은 그 직무를 수행함에 있어서 실종아동등임을 알게 된 때에는 지체없이 경찰관서 또는 지방자치단체의 장에게 신고하도록 하고, 이를 위반한 자에 대하여는 과태료에 처하도록 하고 있다.
- 누구든지 정당한 사유없이 실종아동 등을 경찰관서 또는 지방자치단체의 장에게 신고하지 아니하고 보호할 수 없도록 하고, 이를 위반한 자에 대하여는 징역 또는 벌금에 처하도록 하고 있다.

④ 수색 또는 수사의 실시

경찰관서의 장은 실종아동등의 발생 신고를 접수한 때에는 지체 없이 수색 또는 수사의 실시 여부를 결정하도록 해야 한다.

경찰청장 또는 지방자치단체의 장은 실종아동등의 발견을 위하여 필요한 때에는 관계인에 대하여 필요한 보고 또는 자료제출을 명하거나 소속 공무원으로 하여금 관계장소에 출입하여 관계인 또는 아동등에 대하여 필요한 조사 또는 질문을 하게 할 수 있도록 권한과 의무를 부여하였다.

⑤ 유전자검사의 실시

경찰청장은 실종아동등의 발견을 위하여 보호시설의 입소자중 보호자가 확인되지 아니한 아동등과 실종아동등을 찾고자 하는 가족으로부터 서면동의를 얻어 유전자검사대상물을 채취할 수 있도록 하였다.

또한, 누구든지 실종아동등을 발견하기 위한 목적 외로 유전자검사대상물의 채취 또는 유전자검사를 실시하거나 유전정보를 사용할 수 없도록 하고, 검사대상물의 채취, 유전자검사 또는 유전정보 관리에 종사하거나 종사하였던 자는 채취한 검사대상물 또는 유전정보를 외부로 유출할 수 없도록 하며, 이를 위반한 자에 대하여는 징역 또는 벌금에 처하도록 하여 개인정보를 보호하도록 하였다. 유전자검사를 전문으로 하는 기관으로서 대통령령으로 정하는 기관의 장은 유전자검사를 완료한 때에는 지체없이 검사대상물을 폐기하도록 하고, 실종아동등이 보호자를 확인한 경우, 검사대상자 또는 법정대리인이 요구하는 경우 등에는 당해 유전정보를 지체없이 폐기하도록 하고 있다.

2. 실종아동법상 용어의 정의

실종아동등의 보호 및 지원에 관련하여 현행 실종아동법에서 사용하는 용어의 정의는 다음과 같다.

1호. "아동등"이란 다음 각 목의 어느 하나에 해당하는 사람을 말한다.

가목. 실종 당시 18세 미만인 아동

나목. 「장애인복지법」 제2조의 장애인 중 지적장애인, 자폐성장애인 또는 정신장애인[4]

정신적 장애	발달장애	지적장애	지능지수가 70 이하인 경우
		자폐성장애	소아청소년 자폐 등 자폐성 장애
	정신장애	정신장애	조현병, 조현정동장애, 양극성정동장애, 재발성우울장애, 뇌의 신경학적 손상으로 인한 기질성 정신장애, 강박장애, 투렛장애(Tourette's disorder), 기면증

다목. 「치매관리법」 제2조제2호의 치매환자[5]

> 치매관리법 제2조제2호에서 "치매환자"란 치매로 인한 임상적 특징이 나타나는 사람으로서 의사 또는 한의사로부터 치매로 진단받은 사람을 말한다.

2호. "실종아동등"이란 약취(略取)·유인(誘引) 또는 유기(遺棄)되거나 사고를 당하거나 가출하거나 길을 잃는 등의 사유로 인하여 보호자로부터 이탈(離脫)된 아동등을 말한다.

3호. "보호자"란 친권자, 후견인이나 그 밖에 다른 법률에 따라 아동등을 보호하거나 부양할 의무가 있는 사람을 말한다. 다만, 제4호의 보호시설의 장 또는 종사자는 제외한다.

4호. "보호시설"이란 「사회복지사업법」 제2조제4호에 따른 사회복지시설 및 인가·신고 등이 없이 아동등을 보호하는 시설로서 사회복지시설에 준하는 시설을 말한다.

5호. "유전자검사"란 개인 식별(識別)을 목적으로 혈액·머리카락·침 등의 검사대상물로부터 유전자를 분석하는 행위를 말한다.

6호. "유전정보"란 유전자검사의 결과로 얻어진 정보를 말한다.

7호. "신상정보"란 이름·나이·사진 등 특정인(特定人)임을 식별하기 위한 정보를 말한다.

3. 국가의 책무

아동의 안전, 보호 및 지원은 개인의 힘이나 노력만으로는 부족하며, 국가와 지방자치단체는 물론이고, 시민단체나 국민들의 협력이 함께 이루어져야 한다. 국가는 실종아동등의 발생을 예방하고 조기에 발견하며, 그 가족들을 지원하는 정책을 수립하고 시행하여야 하고, 보호 및 지원의 모든 주체와 관련 기관 활동을 조정하고 통합해서 효과적인 아동안전을 추진해야 할 책임이 있다.

국가의 실종아동등 보호 및 지원 책임은 실종아동법 제3조에 다음과 같이 상세히 규정하고 있다.

①항: 보건복지부장관은 실종아동등의 발생예방, 조속한 발견·복귀와 복귀 후 사회 적응을 위하여 다음 각 호의 사항을 시행하여야 한다.

---

4) 장애정도판정기준에 따른다. [시행 2022. 7. 1.] [보건복지부고시 제2022-167호, 2022. 7. 1., 일부개정] 보건복지부 (장애인정책과), 044-202-3287

5) 치매관리법[시행 2021. 6. 30.] [법률 제17795호, 2020. 12. 29., 일부개정]

1호. 실종아동등을 위한 정책 수립 및 시행

2호. 실종아동등과 관련한 실태조사 및 연구

3호. 실종아동등의 발생예방을 위한 연구·교육 및 홍보

4호. 제8조에 따른 정보연계시스템 및 데이터베이스의 구축·운영

5호. 실종아동등의 가족지원

6호. 실종아동등의 복귀 후 사회 적응을 위한 상담 및 치료서비스 제공

7호. 그 밖에 실종아동등의 보호 및 지원에 필요한 사항

②항: 경찰청장은 실종아동등의 조속한 발견과 복귀를 위하여 다음 각 호의 사항을 시행하여야 한다.

1호. 실종아동등에 대한 신고체계의 구축 및 운영

2호. 실종아동등의 발견을 위한 수색 및 수사

3호. 제11조에 따른 유전자검사대상물의 채취

4호. 그 밖에 실종아동등의 발견을 위하여 필요한 사항

③항: 「아동복지법」 제10조에 따른 아동정책조정위원회는 제1항의 보건복지부장관의 책무와 제2항의 경찰청장의 책무 등 실종아동등과 관련한 국가의 책무수행을 종합·조정한다.

4. 실종아동등 신고 의무

1) 실종아동등 발견시 신고 의무

실종아동등을 발견하고 이들을 보호하거나 관리하고 있는 시설 내에 있음에도 사업상 여러 이유로 신고를 하지 않아 부모나 가족등이 발견하지 못하는 문제점을 해결하기 위해 실종아동법 제6조(신고의무 등)에서 실종아동등의 조기발견을 위한 발견자 등에게 부과된 신고의무를 규정하고 있다.

①항: 다음 각 호의 어느 하나에 해당하는 사람은 그 직무를 수행하면서 실종아동등임을 알게 되었을 때에는 제3조제2항제1호에 따라 경찰청장이 구축하여 운영하는 신고체계(이하 "경찰신고체계"라 한다)로 지체 없이 신고하여야 한다.

1호. 보호시설의 장 또는 그 종사자

2호. 「아동복지법」 제13조에 따른 아동복지전담공무원

3호. 「청소년 보호법」 제35조에 따른 청소년 보호·재활센터의 장 또는 그 종사자

4호. 「사회복지사업법」 제14조에 따른 사회복지전담공무원

5호. 「의료법」 제3조에 따른 의료기관의 장 또는 의료인

6호. 업무·고용 등의 관계로 사실상 아동등을 보호·감독하는 사람

②항: 지방자치단체의 장이 관계 법률에 따라 아동등을 보호조치할 때에는 아동등의 신상을 기록한 신고접수서를 작성하여 경찰신고체계로 제출하여야 한다.

③항: 보호시설의 장 또는 「정신건강증진 및 정신질환자 복지서비스 지원에 관한 법률」 제3조제5호에 따른 정신의료기관의 장이 보호자가 확인되지 아니한 아동등을 보호하게 되었을 때에는 지체 없이 아동등의 신상을 기록한 카드(이하 "신상카드"라 한다)를 작성하여 지방자치단체의 장과 전문기관의 장에게 각각 제출하여야 한다.

④항: 지방자치단체의 장은 출생 후 6개월이 경과된 아동의 출생신고를 접수하였을 때에는 지체 없이 해당 아동의 신상카드를 작성하여 그 사본을 경찰청장에게 보내야 하며, 경찰청장은 실종아동등인지 여부를 확인하여 그 결과를 해당 지방자치단체의 장에게 보내야 한다 지방자치단체의 장은 경찰청장이 해당 아동을 실종아동등으로 확인한 경우 전문기관의 장에게 해당 실종아동등의 신상카드의 사본을 보내야 한다.

⑤항: 지방자치단체의 장은 제1항에 따른 신고의무와 제3항에 따른 신상카드 제출의무에 관한 사항을 지도·감독하여야 한다.

⑥항: 제1항 및 제2항에 따른 신고와 제3항 및 제4항에 따른 신상카드의 작성·제출 등에 필요한 사항은 보건복지부령으로 정한다.

2) 실종아동등 신고접수서와 신상카드 작성

실종아동등 조기발견을 위해서는 신고접수와 함께 실종에 관한 기록을 공식화하고 찾기를 담당하는 자 및 찾기활동을 하는 가족들이 확인할 수 있는 시스템에 입력을 해야 할 필요가 있다. 이를 위해 실종아동법 시행규칙 제3조에 따라 실종아동등 신고접수서와 신상카드를 작성하여야 한다. 실종업무처리 기관간 신상정보의 공유와 빠른 검색 등 업무처리, 정보의 통일성을 유지하기 위해 필요한 제도다.

①항: 「실종아동등의 보호 및 지원에 관한 법률」(이하 "법"이라 한다) 제6조제1항에 따라 신고를 받은 경찰관서 또는 지방자치단체의 장은 별지 제1호서식의 실종아동등의 신고접수서를 작성하여야 한다.

②항: 법 제6조제1항 후단에 따라 지방자치단체의 장이 경찰관서의 장에게 신고내용을 알리고자 하는 경우에는 제1항에 따른 신고아동등의 신고접수서의 사본을 송부하여야 한다.

③항: 경찰관서의 장 및 지방자치단체의 장은 제1항 및 제2항의 규정에 의한 신고접수서 및 신고접수서 사본을 5년간 보존하되, 실종아동등의 복귀절차를 완료한 경우에는 신고접수서 및 그 사본을 지체 없이 폐기하고, 폐기 책임자 및 폐기에 관한 최종 확인 등에 관한 사항이 기록된 서류를 5년간 보존하여야 한다.

④항: 법 제6조제2항 및 제3항에 따른 신상카드는 별지 제2호서식과 같고, 법 제6조제4항에 따른 신상카드는 별지 제2호의2서식과 같다.

실종아동 등의 신고접수서

실종아동 등	성명			성별	남·여	연령	
	소재지						
	연락처						
	중요특징						

신체 및 외적 사항	신장	체격	얼굴형	두발		착의사항			그 밖의 신체특징
	cm	1. 야윔 2. 비대 3. 보통	1. 둥근형 2. 긴형 3. 삼각형 4. 역삼각형 5. 네모형	1. 장발 2. 단발 3. 삭발	1. 곱슬 2. 파마 3. 카트	상의	하의	신발	

신고 내용	
처리 결과	

신고자	성명	
	소속	
	주소	
	연락처	
	실종아동 등과의 관계	

년   월   일

접수자 소속 :

직급(위) :

성명 :

지방자치단체의 장 또는 경찰관서 장

210mm×297mm(일반용지 60g/㎡(재활용품))

신 상 카 드

<table>
<tr><td rowspan="9">인적
사항
및
기본
사항</td><td colspan="2">성 명</td><td>성별</td><td>번호
( )</td><td>1.남 2.
여</td><td>주민등록번호</td><td colspan="2">(당시 세, 추정/확실)</td><td rowspan="3">사진 부착
(3㎝ × 4㎝)</td></tr>
<tr><td>발견일자</td><td colspan="2">년 월 일</td><td>발견지역
(주소)</td><td colspan="3"></td></tr>
<tr><td>발견장
소</td><td>번호
( )</td><td colspan="6">1. 아파트 2. 빌라 3. 주택가 4. 놀이터 5. 학교(유치원 등) 6. 타인의 집 7. 학원 8.
상가(시장) 9. 터미널·역 10. 종교시설(교회·성당·절 등) 11. 공원 12. 산 13. 버스정류
장 14. 병원 15. 노상 16. PC방·오락실 17. 자가 18. 회사 19. 기타( )</td></tr>
<tr><td rowspan="2">보호장소</td><td colspan="3">시설(기관)명:</td><td>번호
( )</td><td colspan="4">1. 아동복지시설 2. 장애인복지시설 3. 정신요양시설 4. 부랑인
복지시설 5. 노인복지시설 6. 정신의료기관</td></tr>
<tr><td colspan="3">연락처:</td><td colspan="2">주소:</td><td colspan="3"></td></tr>
<tr><td colspan="2">입소(원)동기</td><td colspan="7"></td></tr>
<tr><td rowspan="2">응급진료</td><td colspan="2">최초입원일자</td><td colspan="2"></td><td>진료기관
(전화번호)</td><td colspan="2"></td><td>응급진료조치
행정기관명</td></tr>
<tr><td colspan="2">병 명</td><td colspan="2"></td><td>응급진료
사 항</td><td colspan="3"></td></tr>
<tr><td colspan="2">무연고자
확 인</td><td colspan="3">확인일자</td><td colspan="2">확인기관</td><td colspan="2"></td></tr>
</table>

<table>
<tr><td colspan="2">행려병자
선 정</td><td colspan="2">보장기관명</td><td>선정
일자</td><td></td><td>행려병자
번호</td><td></td><td>의료급여
종 별</td><td>( ) 종</td></tr>
</table>

<table>
<tr><td rowspan="13">신
체
특
징</td><td>치 아</td><td>번호
( )</td><td colspan="4">1. 정상 2. 틀니 3. 뻐드렁니 4. 옹니 5. 금니 6. 은니 7. 의치
8. 때운 이빨 9. 임플란트 10. 기타( )</td><td>치아 특
징</td><td colspan="2">서술:</td></tr>
<tr><td>눈 모 양</td><td>번호
( )</td><td colspan="7">1. 특징 없음 2. 쌍꺼풀 있음 3. 쌍꺼풀 없음 4. 기타( )</td></tr>
<tr><td>얼 굴 색</td><td>번호
( )</td><td colspan="7">1. 보통 2. 검은 편 3. 흰 편 4. 기타( )</td></tr>
<tr><td>흉 터</td><td>번호
( )</td><td colspan="4">1. 머리 2. 얼굴 3. 팔 4. 손 5. 등 6. 몸통 7. 둔부 8. 다리
9. 발 10. 기타( )</td><td>모양</td><td colspan="2">서술:</td></tr>
<tr><td>수술자국</td><td>번호
( )</td><td colspan="4">1. 머리 2. 얼굴 3. 팔 4. 손 5. 등 6. 몸통
7. 둔부 8. 다리 9. 발 10. 기타( )</td><td>모양</td><td colspan="2">서술:</td></tr>
<tr><td>점</td><td>번호
( )</td><td colspan="4">1. 머리 2. 얼굴 3. 팔 4. 손 5. 등 6. 몸통
7. 둔부 8. 다리 9. 발 10. 기타( )</td><td>모양</td><td colspan="2">서술:</td></tr>
<tr><td>문 신</td><td>번호
( )</td><td colspan="4">1. 머리 2. 얼굴 3. 팔 4. 손 5. 등 6. 몸통
7. 둔부 8. 다리 9. 발 10. 기타( )</td><td>모양</td><td colspan="2">서술:</td></tr>
<tr><td>병 력</td><td>번호
( )</td><td colspan="4">1. 뇌질환 2. 심장질환 3. 간질환
4. 그 밖의 내과질환 5. 외과질환(골절 등)
6. 기타( )</td><td>장애
유형
예)1-2</td><td colspan="2">번호
( )
1. 지적장애(1급, 2급, 3급)
2. 자폐성장애(1급, 2급, 3급)
3. 정신장애(1급, 2급, 3급)
4. 중복장애(급, 급)
5. 기타( )</td></tr>
</table>

<table>
<tr><td rowspan="2">신체
특징</td><td>신
장</td><td>㎝</td><td rowspan="2">체
격</td><td>1. 비만
2. 건장
3. 보통
4. 왜소
5. 특이체형
6. 기타</td><td rowspan="2">얼
굴
형</td><td>1. 삼각형
2. 역삼각형
3. 계란형
4. 사각형
5. 둥근형
6. 갸름한형
7. 기타</td><td rowspan="2">두
발
색
상</td><td>1. 흑색
2. 백색
3. 반백
4. 갈색
5. 염색
6. 기타</td><td rowspan="2">두
발
형
태</td><td rowspan="2">1. 삭발 2. 긴 생머리 3. 짧은 생머리
4. 긴 곱슬머리 5. 짧은 곱슬머리
6. 긴 퍼머머리 7. 짧은 퍼머머리
8. 단발머리 9. 묶음머리
10. 짧은 스포츠형 11. 보통 가르마머리
12. 대머리 13. 기타( )</td></tr>
<tr><td>체
중</td><td>㎏</td><td>번호
( )</td><td>번호
( )</td><td>번호
( )</td><td>번호
( )</td></tr>
<tr><td colspan="2">그 밖의 특징</td><td colspan="5"></td><td>유전자
(DNA)</td><td>번호
( )</td><td>1. 채취 2. 미채취</td></tr>
</table>

210㎜ × 297㎜[일반용지 60g/㎡(재활용품)]

5. 미신고 보호행위의 금지

실종아동법 제7조(미신고 보호행위의 금지)에 의하여 누구든지 정당한 사유 없이 실종아동등을 경찰관서의 장에게 신고하지 아니하고 보호할 수 없다. 이는 사업 또는 업무상 이유로 실종아동등을 신고하지 않고 시설운영이나 관리하여 오히려 실종아동등 발견을 저해하기 때문에 규제하는 내용이다.

6. 사전신고증 발급

1) 실종아동등의 조기발견을 위한 사전신고증 발급

실종아동법 제7조의2(실종아동등의 조기발견을 위한 사전신고증 발급 등)는 아동등이 실종되었을 경우 조기발견을 위한 시책으로 지문등 정보를 사전에 정보시스템에 등록하는 절차를 마련해 시행하고 있다. 실종 발생시 이름이나 주소, 나이 등 신상정보를 확인할 방법이 없어서 실종자를 가족에게 돌려보내지 못하는 문제를 해소하기 위한 제도이다. 사전에 지문을 등록하면 사전신고증을 발급해주고 나중에 실종발생시 빠른 확인을 할 수 있다.

①항: 경찰청장은 실종아동등의 조속한 발견과 복귀를 위하여 아동등의 보호자가 신청하는 경우 아동등의 지문 및 얼굴 등에 관한 정보(이하 "지문등정보"라 한다)를 제8조의2에 따른 정보시스템에 등록하고 아동등의 보호자에게 사전신고증을 발급할 수 있다.

②항: 경찰청장은 제1항에 따라 지문등정보를 등록한 후 해당 신청서(서면으로 신청한 경우로 한정한다)는 지체 없이 파기하여야 한다.

③항: 경찰청장은 제1항에 따라 등록된 지문등정보를 데이터베이스로 구축·운영할 수 있다.

④항: 제1항에 따른 지문등정보의 범위, 사전신고증 발급에 필요한 등록 방법 및 절차 등에 필요한 사항은 행정안전부령으로 정하고, 제2항에 따른 신청서의 파기 방법과 절차 및 제3항에 따른 데이터베이스 구축 등과 관련된 사항은 대통령령으로 정한다.

2) 사전신고한 지문정보의 범위

행정안전부령인 실종아동등의 발견 및 유전자검사 등에 관한 규칙 제3조(사전신고한 지문등정보의 범위 등)에 사전신고한 정보범위를 정하고 있다.

①항: 아동등의 보호자가 법 제7조의2제1항에 따라 등록을 신청하는 아동등의 지문 및 얼굴 등에 관한 정보(이하 "지문등정보"라 한다)는 다음 각 호와 같다.

1호. 아동등의 지문 및 얼굴 사진 정보

2호. 아동등의 성명, 성별, 주민등록번호, 주소, 연락처 등 인적사항

3호. 아동등의 키, 체중, 체격, 얼굴형, 머리색, 흉터, 점 또는 문신, 병력(病歷) 등 신체특징

4호. 보호자의 성명, 주민등록번호, 주소, 연락처, 아동등과의 관계 등 인적사항

②항: 보호자가 법 제7조의2제1항에 따라 아동등의 지문등정보의 등록을 신청하려면 별지 제1호서식의 아동등 사전등록신청서를 경찰청장에게 제출하여야 한다.

③항: 제2항에 따른 신청서를 받은 경찰청장은 신청인 및 등록대상 아동등이 보호자 및 아동등에 해당하는지를 확인하기 위하여 「전자정부법」 제36조제1항에 따른 행정정보의 공동이용을 통하여 신청인과 등록대상 아동등의 주민등록표 등본 및 장애인증명서(등록대상 아동등이 법 제2조제1호나목에 해당하는 경우만 해당한다)를 확인할 수 있다. 다만, 신청인 및 등록대상 아동등이 확인에 동의하지 아니하는 경우에는 해당 서류를 직접 첨부하게 하여야 한다.

④항: 법 제7조의2제1항에 따라 경찰청장이 아동등의 지문등정보를 등록한 후 보호자에게 발급하는 아동등 사전신고증은 별지 제2호서식과 같다.

⑤항: 「실종아동등의 보호 및 지원에 관한 법률 시행령」(이하 "영"이라 한다) 제3조의2제2항에 따른 지문등정보 신청서 파기대장은 별지 제2호의2서식과 같다.

3) 사전 신고한 지문등정보의 데이터베이스 구축운영

대통령령인 실종아동등의 보호 및 지원에 관한 법률 시행령 제3조의2(사전 신고한 지문등정보의 데이터베이스 구축·운영 등)에 따라 경찰청이 데이터베이스를 구축하여 운영한다.

①항: 경찰청장은 법 제7조의2에 따라 아동등의 지문 및 얼굴 등에 관한 정보(이하 "지문등정보"라 한다)를 데이터베이스로 등록·관리하기 위하여 필요한 경우 사전등록시스템을 구축·운영할 수 있다.

②항: 경찰청장은 법 제7조의2제1항에 따라 지문등정보를 등록한 후에는 같은 조 제2항에 따라 해당 신청서를 지체 없이 파쇄 또는 소각하고, 행정안전부령으로 정하는 신청서 파기대장에 그 사실을 기록하여야 한다. 이 경우 파쇄 또는 소각 전에 등록을 신청한 보호자에게 신청서 파기에 관한 사항과 등록된 지문등정보의 확인 방법을 알려 주어야 한다.

③항: 경찰청장은 다음 각 호의 어느 하나에 해당하는 경우에는 제1항의 아동등의 지문등정보를 지체 없이 폐기하여야 한다.

　　1호. 아동등의 연령이 18세에 도달한 경우. 다만, 법 제2조제1호나목에 해당하는 지적장애인, 자폐성장애인 또는 정신장애인과 법 제2조제1호다목에 따른 치매환자의 경우는 제외한다.

　　2호. 보호자가 아동등의 지문등정보의 폐기를 요청한 경우

7. 실종아동등의 지문등정보의 등록 및 관리

1) 지문등정보의 등록 및 관리

실종아동법 제7조의3에서 실종아동등의 지문등정보의 등록·관리에 관하여 상세히 규정하고 있다. 지문등 개인정보는 정보주체의 동의를 요하며, 데이터베이스에 등록하고 관리하여 장기실종자를 전국적으로 확인하는데 큰 도움이 된다.

①항: 경찰청장은 보호시설의 입소자 중 보호자가 확인되지 아니한 아동등으로부터 서면동의를 받아 아동등의 지문등정보를 등록·관리할 수 있다. 이 경우 해당 아동등이 미성년자·심신상실자 또는 심신미약자인 때에는 본인 외에 법정대리인의 동의를 받아야 한다. 다만, 심신상실·심신미약 또는 의사무능력 등의 사유로 본인의 동의를 얻을 수 없는 때에는 본인의 동의를 생략할 수 있다.

②항: 경찰청장은 제1항에 따른 지문등정보의 등록·관리를 위하여 제7조의2제3항에 따른 데이터베이스를 활용할 수 있다.

③항: 제1항에 따른 실종아동등의 지문등정보의 등록·관리 등에 필요한 사항은 대통령령으로 정한다.

또한, 실종아동법 제7조의4(지문등정보의 목적 외 이용제한)에 따라 누구든지 정당한 사유 없이 지문등정보를 실종아동등을 찾기 위한 목적 외로 이용하여서는 아니 된다.

2) 경찰청장의 등록 및 관리

동법 시행령 제3조의3에 따라 실종아동등의 지문등정보의 등록과 관리도 경찰청이 수행한다.

①항: 경찰청장은 법 제7조의3에 따른 실종아동등의 지문등정보를 제3조의2제1항에 따른 사전등록시스템에 데이터베이스로 등록·관리·활용할 수 있다.

②항: 경찰청장은 다음 각 호의 어느 하나에 해당하는 경우에는 제1항의 실종아동등의 지문등정보를 지체 없이 폐기하여야 한다. 이 경우 제2호 및 제3호 단서의 실종아동등이 미성년자·심신상실자 또는 심신미약자일 때에는 본인 외에 법정대리인의 요청이 있어야 하되, 심신상실·심신미약 또는 의사무능력 등의 사유로 본인의 요청을 받을 수 없을 때에는 본인의 요청을 생략할 수 있다.

1호. 실종아동등이 보호자를 확인한 경우

2호. 실종아동등 또는 법정대리인이 요청한 경우

3호. 지문등정보를 등록한 날부터 10년이 경과한 경우. 다만, 실종아동등 또는 법정대리인이 기간의 연장을 요청하는 경우에는 실종아동등의 보호자를 확인할 때까지 그 기간을 연장할 수 있다.

8. 정보연계시스템 구축 운영

1) 보건복지부 정보연계시스템

실종아동등의 예방 및 조기발견을 위해 실종아동법 제8조(정보연계시스템 등의 구축·운영)에 근거하여 국가는 관련기관의 정보를 연결시켜 주는 정보연계시스템을 구축하도록 하고 있다. 실종이 발생하였을 때 경찰만 데이터를 가지고 있고 다른 실종아동등 전문기관이나 보호시설이 모르거나 역으로 경찰만 모르는 현상을 해소하기 위하여 정보연계시스템을 구축하도록 한 것이다. 이 연계시스템은 보건복지부와 경찰에 모두 설치되어 있어야 효과적이다.

①항: 보건복지부장관은 실종아동등을 신속하게 발견하기 위하여 실종아동등의 신상정보를 작성, 취득, 저장, 송신·수신하는 데 이용할 수 있는 전문기관·경찰청·지방자치단체·보호시설 등과의 협력체계 및 정보네트워크(이하 "정보연계시스템"이라 한다)를 구축·운영하여야 한다.

②항: 전문기관의 장은 실종아동등을 발견하기 위하여 제6조제3항 및 제4항에 따라 받은 신상카드를 활용하여 데이터베이스를 구축·운영하여야 한다.

③항: 전문기관의 장은 제6조제3항 및 제4항에 따라 받은 실종아동등의 신상카드 등 필요한 자료를 경찰청장에게 제공하여야 한다.

④항: 경찰청장은 제2항에 따른 데이터베이스의 구축·운영을 위하여 제3조제2항, 제6조제1항·제2항 및 제7조에 따른 신고 등 필요한 자료를 전문기관의 장에게 제공하여야 한다.

⑤항: 제6조제2항부터 제4항까지와 제3항 및 제4항에 따라 신상카드나 그 밖의 필요한 자료를 제출·제공하여야 하는 경우 정보연계시스템을 이용하여 제출·제공할 수 있다.

⑥항: 제1항에 따른 정보연계시스템 및 제2항에 따른 데이터베이스의 구축·운영에 필요한 사항은 시행령으로 정하고 있다.

2) 신상정보 보호조치와 공개 및 열람

실종아동등의 보호 및 지원에 관한 법률 시행령 제4조(실종아동등 관련 정보의 보호조치 및 공개·열람)에 따라 정보보호, 공개 및 열람을 해주어야 한다.

①항: 전문기관의 장은 법 제8조의 규정에 의하여 신상카드를 활용한 데이터베이스를 구축·운영함에 있어서 정보 또는 자료를 안전하게 보호하기 위하여 정보복구 체계의 구축 및 외부침입 방지장치의 설치 등 정보 또는 자료보호에 필요한 조치를 하여야 한다.

②항: 전문기관의 장은 실종아동등의 발견 및 확인을 위한 목적으로 실종아동등의 성명·사진·실종일시 및 실종정황 등을 인터넷 및 일간지 등에 공개할 수 있다. 이 경우 보호자의 공개신청이 있는 때에는 이를 공개하여야 한다.

③항: 전문기관의 장은 실종아동등·보호자·친족 또는 보호시설의 장이 실종아동등 또는 보호자의

발견 및 확인을 위한 목적으로 보건복지부령이 정하는 바에 의하여 신상카드의 열람을 요청하는 경우에는 이에 응하여야 한다

3) 신상카드 열람신청

실종아동등의 보호 및 지원에 관한 법률 시행규칙 제4조(신상카드의 열람신청)에 따라 열람신청이 있으면 열람하게 해주어야 한다. 시행령 제4조제3항의 규정에 의하여 신상카드의 열람을 요청하고자 하는 실종아동등·보호자·친족 또는 보호시설의 장은 별지 제3호서식에 의한 신상카드 열람신청서를 전문기관의 장에게 제출하여야 한다.

9. 경찰청 정보시스템 구축 및 운영

1) 경찰청 실종아동등 정보시스템 구축 및 운영

실종아동법 제8조의2(실종아동등 신고·발견을 위한 정보시스템의 구축·운영)에서 경찰에서 실종아동등 신고접수의 신속성 제고 및 신고와 동시에 실종아동등의 신상정보를 검색하고 확인하거나 대조할 수 있는 정보시스템을 운영하도록 규정하고 있다. 이 시스템은 보건복지부와 경찰에 연계시켜 설치하여 운영되는 것이다.

①항: 경찰청장은 실종아동등에 대한 신속한 신고 및 발견 체계를 갖추기 위한 정보시스템(이하 "정보시스템"이라 한다)을 구축·운영하여야 한다.

②항: 경찰청장은 실종아동등의 조속한 발견을 위하여 제8조제1항에 따라 구축·운영 중인 정보연계시스템을 「사회복지사업법」 제6조의2제2항에 따라 구축·운영하는 사회복지업무 관련 정보시스템과 연계하여 해당 정보시스템이 보유한 실종아동등의 신상정보의 내용을 활용할 수 있다.

③항: 제1항에 따른 정보시스템의 구축·운영에 필요한 사항과 제2항에 따른 정보시스템과 연계가 가능한 신상정보의 범위 및 신상정보 확인 방법·절차 등에 필요한 사항은 시행령으로 정한다.

2) 보건복지부 정보시스템과 신상정보 연계

실종아동등의 보호 및 지원에 관한 법률 시행령 제4조의2(정보시스템의 구축·운영 등)에 의해 경찰이 보건복지부 정보시스템에 접속하여 신상정보를 연계할 수 있다.

①항: 경찰청장은 실종아동등의 신속한 신고 및 발견을 위한 업무에 활용하기 위하여 법 제8조의2제1항에 따른 정보시스템에 실종아동등에 대한 실종신고의 접수 및 처리에 관한 정보, 그 밖에 실종아동등의 조속한 발견을 위해 필요한 정보를 데이터베이스로 등록·관리할 수 있다.

②항: 경찰청장이 법 제8조의2제2항에 따라 연계하여 활용할 수 있는 「사회복지사업법」 제6조의2제2항에 따른 사회복지업무 관련 정보시스템이 보유한 실종아동등의 신상정보의 범위는 다음

각 호와 같다.

1호. 이름, 주민등록번호 등 인적사항

2호. 지문 및 얼굴 사진 정보

3호. 신장, 체중, 체격, 얼굴형, 머리색, 흉터 등 신체특징

4호. 보호시설 입소·퇴소 및 보호시설 간 이동 기록

5호. 그 밖에 실종아동등의 발견을 위해 필요한 정보로서 행정안전부령으로 정하는 사항

3) 정보시스템에 연계하는 신상정보의 범위

실종아동등의 발견 및 유전자검사 등에 관한 규칙 [행정안전부령 제55호] 제6조(정보시스템에 연계하는 신상정보의 범위)에서 영 제4조의2제2항제5호에서 "행정안전부령으로 정하는 사항"이란 별표 2에 정하고 있다.

[별표 2] 〈개정 2014.4.28.〉

정보시스템에 연계하는 신상정보의 범위 (제6조 관련)

인적사항	성별, 국적, 주소, 연락처, 구분(아동, 지적·자폐성·정신장애인, 치매환자)
발생(발견) 정보	발생 일시 및 장소, 발생 동기, 발생 당시 나이
입소·퇴소 정보	현재 입소 시설명 및 입소일시, 퇴소 여부, 퇴소일, 시설코드, 시설 주소, 시설 연락처, 보호장소 구분
신체 특징	치아, 머리 모양, 머리색, 혈액형, 눈 모양, 점·문신, 병력, 신체장애, 유전자 채취 여부
발견 당시 차림새	상의·하의 및 신발의 종류·색상·무늬·상표

10. 경찰 수색 또는 수사 신속 착수

1) 실종아동 수색 또는 수사의 실시

실종아동법 제9조(수색 또는 수사의 실시 등)는 실종자 발견을 위해서는 조기에 찾기, 수색, 수사 등이 적극적으로 이루어져야 골든타임을 놓치지 않는다는 점을 반영하고 있다. 이 법은 경찰이 신고를 접수하고도 만연히 기다려 보자거나 소홀히 취급하여 실종아동등을 발견하지 못하고 장기미제 사건화해 실종아동등이 살해되거나 위험이 커지던 과거와 달리 신고접수시 지체 없이 신속한 수색 또는 수사 착수를 하도록 의무를 부여하고 있다.

①항: 경찰관서의 장은 실종아동등의 발생 신고를 접수하면 지체 없이 수색 또는 수사의 실시 여부를 결정하여야 한다.

②항: 경찰관서의 장은 실종아동등(범죄로 인한 경우를 제외한다.)의 조속한 발견을 위하여 필요한

때에는 다음 각 호의 어느 하나에 해당하는 자에게 실종아동등의 위치 확인에 필요한 「위치정
보의 보호 및 이용 등에 관한 법률」 제2조제2호에 따른 개인위치정보, 「인터넷주소자원에 관
한 법률」 제2조제1호에 따른 인터넷주소 및 「통신비밀보호법」 제2조제11호마목·사목에 따른
통신사실확인자료(이하 "개인위치정보등"이라 한다)의 제공을 요청할 수 있다. 이 경우 경찰
관서의 장의 요청을 받은 자는 「통신비밀보호법」 제3조(통신 및 대화비밀의 보호)[6]에도 불구
하고 정당한 사유가 없으면 이에 따라야 한다.

1호. 「위치정보의 보호 및 이용 등에 관한 법률」 제5조제7항에 따른 개인위치정보사업자

2호. 「정보통신망 이용촉진 및 정보보호 등에 관한 법률」 제2조제1항제3호에 따른 정보통신
　　　서비스 제공자 중에서 대통령령으로 정하는 기준을 충족하는 제공자

3호. 「정보통신망 이용촉진 및 정보보호 등에 관한 법률」 제23조의3에 따른 본인확인기관

4호. 「개인정보 보호법」 제24조의2에 따른 주민등록번호 대체가입수단 제공기관

③항: 제2항의 요청을 받은 자는 그 실종아동등의 동의 없이 개인위치정보등을 수집할 수 있으며,
실종아동등의 동의가 없음을 이유로 경찰관서의 장의 요청을 거부하여서는 아니 된다.

④항: 경찰관서와 경찰관서에 종사하거나 종사하였던 자는 실종아동등을 찾기 위한 목적으로 제공
받은 개인위치정보등을 실종아동등을 찾기 위한 목적 외의 용도로 이용하여서는 아니 되며,

---

6) 통신비밀보호법[시행 2022. 7. 1.] [법률 제18465호, 2021. 9. 24.]
제3조(통신 및 대화비밀의 보호) ①누구든지 이 법과 형사소송법 또는 군사법원법의 규정에 의하지 아니하고는 우편물의
검열·전기통신의 감청 또는 통신사실확인자료의 제공을 하거나 공개되지 아니한 타인간의 대화를 녹음 또는 청취하지 못
한다. 다만, 다음 각호의 경우에는 당해 법률이 정하는 바에 의한다. 〈개정 2000.12.29, 2001.12.29, 2004.1.29,
2005.3.31, 2007.12.21, 2009.11.2〉
1. 환부우편물등의 처리 : 우편법 제28조·제32조·제35조·제36조등의 규정에 의하여 폭발물등 우편금제품이 들어 있다고
의심되는 소포우편물(이와 유사한 郵便物을 포함한다)을 개피하는 경우, 수취인에게 배달할 수 없거나 수취인이 수령
을 거부한 우편물을 발송인에게 환부하는 경우, 발송인의 주소·성명이 누락된 우편물로서 수취인이 수취를 거부하여
환부하는 때에 그 주소·성명을 알기 위하여 개피하는 경우 또는 유가물이 든 환부불능우편물을 처리하는 경우
2. 수출입우편물에 대한 검사 : 관세법 제256조·제257조 등의 규정에 의한 신서외의 우편물에 대한 통관검사절차
3. 구속 또는 복역중인 사람에 대한 통신 : 형사소송법 제91조, 군사법원법 제131조, 「형의 집행 및 수용자의 처우에 관한
법률」 제41조·제43조·제44조 및 「군에서의 형의 집행 및 군수용자의 처우에 관한 법률」 제42조·제44조 및 제45조에
따른 구속 또는 복역중인 사람에 대한 통신의 관리
4. 파산선고를 받은 자에 대한 통신 : 「채무자 회생 및 파산에 관한 법률」 제484조의 규정에 의하여 파산선고를 받은 자에
게 보내온 통신을 파산관재인이 수령하는 경우
5. 혼신제거등을 위한 전파감시 : 전파법 제49조 내지 제51조의 규정에 의한 혼신제거등 전파질서유지를 위한 전파감시의
경우
②우편물의 검열 또는 전기통신의 감청(이하 "통신제한조치"라 한다)은 범죄수사 또는 국가안전보장을 위하여 보충적인
수단으로 이용되어야 하며, 국민의 통신비밀에 대한 침해가 최소한에 그치도록 노력하여야 한다. 〈신설 2001.12.29〉
③누구든지 단말기기 고유번호를 제공하거나 제공받아서는 아니된다. 다만, 이동전화단말기 제조업체 또는 이동통신사업
자가 단말기의 개통처리 및 수리 등 정당한 업무의 이행을 위하여 제공하거나 제공받는 경우에는 그러하지 아니하다.

목적을 달성하였을 때에는 지체 없이 파기하여야 한다.

⑤항: 제1항의 수색 또는 수사 등에 필요한 사항은 행정안전부령으로 정하고, 제2항에 따른 개인위치정보등의 제공을 요청하는 방법 및 절차, 제4항에 따른 파기 방법 및 절차 등에 필요한 사항은 대통령령으로 정한다.

2) 개인위치정보등의 제공 요청 방법 및 절차

실종아동등의 조기발견과 복귀를 위한 필수적인 전화기 개인 위치정보, 인터넷 수소, 신고자나 보호자의 신원에 관한 정보를 확인하는 것이다. 이러한 정보를 확인하는 권한을 경찰에게 부여하지 않고 있던 과거에는 경찰이 실종자의 위치나 개인정보를 일일이 찾아다니며 알려달라고 부탁해야 했고, 부탁이나 요청을 하더라도 사업자들은 영업비밀이나 사업에 지장을 주는 비용발생등을 이유로 경찰에게 정보를 주지 않는 경우가 많았다. 그리하여 경찰은 실종자를 개인위치정보를 확인할 방법이 없어서 손을 놓거나 막연히 제보를 기다리다가 실종자가 사망하거나 더 큰 피해를 보기도 하였다. 이러한 문제점을 해결하기 위해 개정된 법에서는 경찰에게 개인위치정보등을 제공하도록 사업자들에게 요청하고 사업자들은 정당한 이유가 없으면 정보를 제공하도록 서류 양식과 절차를 마련해 이제는 신속한 개인위치정보등 확인과 조기발견에 크게 기여하고 있다.

실종아동법 시행령 제4조의3에 따라 개인위치정보등의 제공 요청 방법 및 절차는 다음과 같다.

①항: 경찰관서의 장은 법 제9조제2항에 따라 같은 항 각 호의 자(이하 이 조에서 "위치정보사업자 등"이라 한다)에게 같은 항 전단에 따른 실종아동등의 위치 확인에 필요한 개인위치정보등(이하 이 조에서 "개인위치정보등"이라 한다)의 제공을 요청하는 때에는 실종아동등의 보호자의 동의를 받아야 한다. 다만, 보호자와 연락이 되지 않는 등의 사유로 사전에 보호자의 동의를 받기 어려운 경우에는 개인위치정보등의 제공을 요청한 후 보호자의 동의를 받을 수 있다.

②항: 경찰관서의 장은 제1항에 따라 개인위치정보등의 제공을 요청하려는 경우 실종아동등의 보호자(보호자가 아닌 사람이 실종신고를 한 경우에는 그 신고자를 포함한다. 이하 이 항에서 같다)에게 다음 각 호의 사항을 확인할 수 있다.

　　1호. 실종아동등의 성명, 휴대전화번호, 주민등록번호(「인터넷주소자원에 관한 법률」 제2조 제1호에 따른 인터넷주소의 제공을 요청하기 위한 경우에 한정한다)

　　2호. 보호자의 성명, 연락처 및 실종아동등과의 관계

　　3호. 실종장소, 실종경위 그 밖에 개인위치정보등의 제공 요청을 하기 위하여 필요한 사항

③항: 경찰관서의 장은 제1항에 따라 「위치정보의 보호 및 이용 등에 관한 법률」 제2조제2호에 따른 개인위치정보(이하 이 항에서 "개인위치정보"라 한다)의 제공을 요청할 경우 같은 조 제8호에 따른 위치정보시스템(이하 이 항에서 "위치정보시스템"이라 한다)을 통한 방식으로 요청

하여야 하며, 같은 법 제5조제7항에 따른 위치정보사업자는 경찰관서의 장으로부터 요청을 받아 개인위치정보를 제공하는 경우 위치정보시스템을 통한 방식으로 제공하여야 한다.

④항: 경찰관서의 장은 제1항에 따라 개인위치정보등의 제공을 요청하였을 때에는 요청일시 및 위치정보사업자등으로부터 제공받은 개인위치정보등의 내용 등을 기록·보관하여야 한다.

⑤항: 경찰관서의 장은 법 제9조제2항에 따라 실종아동등을 찾기 위한 목적으로 제공받은 개인위치정보등의 이용 목적을 달성한 때에는 같은 조 제4항에 따라 다음 각 호의 구분에 따른 방법으로 지체 없이 이를 파기하고, 개인위치정보등 파기대장에 그 사실을 기록하여야 한다.

　1호. 전자적 파일 형태인 경우: 복원이 불가능한 방법으로 영구 삭제

　2호. 제1호 외의 기록물·인쇄물·서면, 그 밖의 기록매체인 경우: 파쇄 또는 소각

⑥항: 제1항부터 제5항까지에서 규정한 사항 외에 개인위치정보등의 제공 요청·파기 방법 및 절차에 관하여 필요한 사항은 행정안전부령으로 정한다.

2)-1 실종아동등의 발견 및 유전자검사 등에 관한 규칙(행정안전부령) 제8조(개인위치정보등의 요청 방법·절차 등)

①항: 경찰관서의 장은 영 제4조의3제1항에 따라 「위치정보의 보호 및 이용 등에 관한 법률」 제5조에 따른 위치정보사업자(이하 이 조에서 "위치정보사업자"라 한다)에게 실종아동등(범죄로 인한 경우는 제외한다. 이하 이 조에서 같다)의 「위치정보의 보호 및 이용 등에 관한 법률」 제2조제2호에 따른 개인위치정보(이하 "개인위치정보"라 한다)의 제공을 요청하려면 별지 제7호서식의 개인위치정보 제공 요청서를 위치정보사업자에게 제출하여야 한다.

②항: 경찰관서의 장은 영 제4조의3제1항에 따라 다음 각 호의 기관(이하 이 조에서 "본인확인기관등"이라 한다)에 실종아동등에 대한 「인터넷주소자원에 관한 법률」 제2조제1호에 따른 인터넷주소(이하 "인터넷주소"라 한다)의 제공을 요청하려면 별지 제7호의2서식의 인터넷주소 제공 요청서를 본인확인기관등에 제출하여야 한다.

　1호. 「정보통신망 이용촉진 및 정보보호 등에 관한 법률」 제23조의3에 따른 본인확인기관

　2호. 「개인정보 보호법」 제24조의2에 따른 주민등록번호 대체가입수단 제공기관

③항: 경찰관서의 장은 영 제4조의3제1항에 따라 영 제4조의4에 따른 정보통신서비스 제공자(이하 이 조에서 "정보통신서비스 제공자"라 한다)에게 실종아동등에 대한 「통신비밀보호법」 제2조제11호마목·사목에 따른 통신사실확인자료(이하 "통신사실확인자료"라 한다)의 제공을 요청하려면 별지 제7호의3서식의 통신사실확인자료 제공 요청서를 정보통신서비스 제공자에게 제출하여야 한다.

④항: 경찰관서의 장은 영 제4조의3제4항에 따라 법 제9조제2항 전단의 개인위치정보등(이하 이 조에서 "개인위치정보등"이라 한다)의 제공을 요청한 경우에는 다음 각 호의 구분에 따른 요

청 대장에 기록·보관하여야 한다.

    1호. 개인위치정보: 별지 제8호서식의 개인위치정보 요청 대장

    2호. 인터넷주소: 별지 제8호의2서식의 인터넷주소 요청 대장

    3호. 통신사실확인자료: 별지 제8호의3서식의 통신사실확인자료 요청 대장

⑤항: 경찰관서의 장은 영 제4조의3제5항에 따라 개인위치정보등을 파기할 때에는 다음 각 호의 구분에 따른 파기 대장에 기록·보관하여야 한다.

    1. 개인위치정보: 별지 제8호의4서식의 개인위치정보 파기 대장

    2. 인터넷주소: 별지 제8호의5서식의 인터넷주소 파기 대장

    3. 통신사실확인자료: 별지 제8호의6서식의 통신사실확인자료 파기 대장

11. 공개 수색 및 수사 체계 구축운영

1) 공개 수색 및 수사 체계의 구축운영

실종아동법 제9조의2(공개 수색·수사 체계의 구축·운영)는 경찰력만으로 부족한 수색 및 수사력을 보완하고, 국민들의 신고나 제보 등 협력을 받아 실종아동을 조기에 발견하도록 공개 수색·수사체제를 활용하도록 하고 있다. 그러면서 공개되는 개인신상정보의 범위를 정하고 실종자 개인정보 보호도 하도록 하고 있다.

①항: 경찰청장은 실종아동등의 조속한 발견과 복귀를 위하여 실종아동등의 공개 수색·수사 체계를 구축·운영할 수 있다.

②항: 경찰청장은 제1항에 따른 공개 수색·수사를 위하여 필요하면 실종아동등의 보호자의 동의를 받아 다음 각 호의 조치를 요청할 수 있다. 이 경우 경찰청장은 실종아동등의 발견 및 복귀를 위하여 필요한 최소한의 정보를 제공하여야 한다.

    1호. 「전기통신사업법」 제2조제8호에 따른 전기통신사업자 중 대통령령으로 정하는 주요 전기통신사업자에 대한 필요한 정보의 문자나 음성 등 송신

    2호. 「정보통신망 이용촉진 및 정보보호 등에 관한 법률」 제2조제1항제3호에 따른 정보통신서비스 제공자 중 대통령령으로 정하는 주요 정보통신서비스 제공자에 대한 필요한 정보의 인터넷 홈페이지 등 게시

    3호. 「방송법」 제2조제3호에 따른 방송사업자에 대한 필요한 정보의 방송

③항: 제2항에 따른 요청을 받은 전기통신사업자, 정보통신서비스 제공자 및 방송사업자는 정당한 사유가 없으면 요청에 따라야 한다.

④항: 제1항부터 제3항까지의 규정에 따른 공개 수색·수사 체계 및 절차 등에 관하여 필요한 사항은 대통령령으로 정한다.

2) 실종경보 및 유괴경보 발령 등

실종아동법 시행령 제4조의5에 따라 경찰은 실종경보 또는 유괴경보를 발령하여 공개적으로 수색, 추적 및 수사를 할 수 있다.

①항: 경찰청장은 실종아동등의 공개 수색·수사를 위하여 필요한 경우 실종·유괴경보발령시스템을 구축·운영할 수 있다.

②항: 법 제9조의2제2항제1호에서 "대통령령으로 정하는 주요 전기통신사업자"란 주파수를 배정받아 제공하는 역무 중 이동전화 역무나 가입자가 10만 명 이상인 주파수공용통신 역무를 제공하는 전기통신사업자를 말한다.

③항: 법 제9조의2제2항제2호에서 "대통령령으로 정하는 주요 정보통신서비스 제공자"란 다음 각호의 정보통신서비스 제공자를 말한다.

1호. 전년도 말 기준 직전 3개월간 일일 평균 이용자수가 10만 명 이상인 자

2호. 정보통신서비스 부문 전년도[법인인 경우에는 전(前) 사업연도를 말한다] 매출액이 10억원 이상인 자

④항: 경찰청장은 실종아동등의 조속한 발견과 복귀를 위하여 공개 수색·수사가 필요하고, 실종아동등의 보호자가 법 제9조의2제2항 각 호의 조치에 대하여 동의하는 경우에는 다음 각 호의 구분에 따라 실종경보 또는 유괴경보를 발령할 수 있다. 이 경우 필요하면 범죄심리전문가의 의견을 들을 수 있다.

1. 실종경보: 상습적인 가출 전력이 없고, 생명·신체에 대한 피해 발생이 우려되는 실종아동등에 관하여 경찰관서에 신고가 접수된 경우

2. 유괴경보: 유괴 또는 납치 사건으로 의심할 만한 증거나 단서가 존재하는 실종아동등에 관하여 경찰관서에 신고가 접수된 경우

⑤항: 경찰청장은 제4항에 따라 실종경보 또는 유괴경보를 발령하는 경우에는 발령지역 및 발령매체의 범위를 정해야 한다. 이 경우 필요하면 그 범위를 변경할 수 있다.

⑥항: 경찰청장은 제4항에 따른 실종경보 또는 유괴경보의 발령의 중단이 필요하다고 인정되는 경우에는 이를 해제할 수 있다. 다만, 실종아동등의 보호자가 실종경보 또는 유괴경보의 해제를 요구한 때에는 이를 해제해야 한다.

⑦항: 경찰청장은 제4항에 따라 실종경보 또는 유괴경보를 발령하고, 법 제9조의2제2항 각 호의 조치를 요청하는 경우에는 실종아동등과 관련된 다음 각 호의 정보(이하 이 조에서 "공개정보"라 한다)를 그 요청을 받은 전기통신사업자, 정보통신서비스 제공자 및 방송사업자에게 제공할 수 있다.

1호. 실종아동등의 신상정보

2호. 실종·유괴의 경위

3호. 실종경보 또는 유괴경보 발령사실

4호. 국민에 대한 협조요청과 그 밖에 실종아동등의 복귀에 필요한 사항

⑧항: 경찰청장은 실종아동등의 공개 수색·수사 체계를 구축·운영하기 위하여 필요하면 공공기관·금융기관·신문사 등의 기관 또는 단체와의 협약 체결을 통하여 해당 기관 또는 단체로 하여금 제4항에 따른 실종경보 또는 유괴경보가 발령된 경우 전광판, 방송 등을 통해 공개정보를 게시·송출하도록 요청할 수 있다. 이 경우 공개정보의 게시·송출 요청에 대하여 실종아동등의 보호자의 동의를 받아야 한다.

⑨항: 제1항부터 제8항까지에서 규정한 사항 외에 실종경보 또는 유괴경보의 발령에 관한 세부사항은 경찰청장이 정한다.[7]

12. 실종아동등 조기발견 지침 제정

1) 실종아동등 조기발견 지침

실종아동법 제9조의3에서 보건복지부장관이 '실종아동등 조기발견 지침'을 제정해 실종아동등이 다수 발생하는 다중이용시설 등에서 실종아동등 조기발견에 활용하도록 하고 있다. 이는 불특정 다수인이 대규모로 이용하는 시설을 대상으로 하고 있으며, 조기발견을 위해 시설관리자가 먼저 나서서 찾아주어야 골든 타임을 놓치지 않기 때문이다. 또한, 시설관리자들이 경찰이나 실종자 가족들보다 시설의 구조와 상태를 잘 알기 때문에 종사자들에게 사전에 조기발견 교육훈련을 하고 실종발생시 실행하도록 하여 조기발견효과를 제고하기 위한 것이다.

①항: 보건복지부장관은 불특정 다수인이 이용하는 시설에서 실종아동등을 빨리 발견하기 위하여 다음 각 호의 사항을 포함한 실종아동등 발생예방 및 조기발견을 위한 지침(이하 "실종아동등 조기발견 지침"이라 한다)을 마련하여 고시하여야 한다.

1호. 보호자의 신고에 관한 사항

2호. 실종아동등 발생 상황 전파와 경보발령 절차

3호. 출입구 감시 및 수색 절차

4호. 실종아동등 미발견 시 경찰 신고 절차

5호. 경찰 도착 후 경보발령 해제에 관한 사항

6호. 그 밖에 실종아동등 발생예방과 찾기에 관한 사항

---

7) 이와 관련하여 경찰청예규로 '실종아동등 및 가출인 업무처리 규칙'을 제정하여 운영하고 있다. [시행 2021. 6. 14.] [경찰청예규 제588호, 2021. 6. 14., 일부개정] 경찰청(아동청소년과), 02-3150-1394

②항: 다음 각 호의 어느 하나에 해당하는 시설·장소 중 대통령령으로 정하는 규모의 시설·장소의 소유자·점유자 또는 관리자(이하 이 조에서 "관리주체"라 한다)는 실종아동등이 신고되는 경우 실종아동등 조기발견 지침에 따라 즉시 경보발령, 수색, 출입구 감시 등의 조치를 하여야 한다.

1호. 「유통산업발전법」에 따른 대규모점포

2호. 「관광진흥법」에 따른 유원시설

3호. 「도시철도법」에 따른 도시철도의 역사(출입통로·대합실·승강장 및 환승통로와 이에 딸린 시설을 포함한다)

4호. 「여객자동차 운수사업법」에 따른 여객자동차터미널

5호. 「공항시설법」에 따른 공항시설 중 여객터미널

6호. 「항만법」에 따른 항만시설 중 여객이용시설

7호. 「철도산업발전기본법」에 따른 철도시설 중 역시설(물류시설은 제외한다)

8호. 「체육시설의 설치·이용에 관한 법률」에 따른 전문체육시설

9호. 「공연법」에 따른 공연이 행하여지는 공연장 등 시설 또는 장소

10호. 「박물관 및 미술관 진흥법」에 따른 박물관 및 미술관

11호. 지방자치단체가 문화체육관광 진흥 목적으로 주최하는 지역축제가 행하여지는 장소

12호. 그 밖에 대통령령으로 정하는 시설·장소

③항: 관리주체는 제2항에 따른 시설·장소의 종사자에게 실종아동등 조기발견 지침에 관한 교육·훈련을 연 1회 실시하고, 그 결과를 관할 경찰관서의 장에게 보고하여야 한다.

④항: 관할 경찰관서의 장은 실종아동등 조기발견 지침이 준수되도록 제2항에 따른 조치와 제3항에 따른 교육·훈련의 실시에 관한 사항을 지도·감독하여야 한다.

⑤항: 관계 행정기관의 장은 제2항에 따른 시설·장소의 허가, 등록, 신고 또는 휴업, 폐업 등의 여부에 관한 정보를 관할 경찰관서의 장에게 통보하여야 한다. 다만, 「전자정부법」 제36조제1항에 따른 행정정보 공동이용을 통하여 확인할 수 있는 정보는 예외로 한다.

2) 다중이용시설의 규모 및 종류

실종아동법 시행령 제4조의6에 따른 다중이용시설의 규모 및 종류는 다음과 같다.

①항: 법 제9조의3제2항에서 "대통령령으로 정하는 규모의 시설·장소"란 다음 각 호의 시설·장소를 말한다.

1호. 「유통산업발전법」 제2조제3호에 따른 대규모점포 중 매장면적의 합계가 1만제곱미터 이상인 대규모점포

2호. 「관광진흥법」에 따른 유원시설 중 다음 각 목의 어느 하나에 해당하는 유원시설

　　가목. 대지면적이 1만제곱미터 이상인 유원시설

　　나목. 연면적이 1만제곱미터 이상인 유원시설

3호. 「도시철도법」 제2조제3호가목에 따른 도시철도의 역사(출입통로·대합실·승강장 및 환승통로와 이에 딸린 시설을 포함한다) 중 다음 각 목의 어느 하나에 해당하는 역사

　　가. 연면적이 1만제곱미터 이상인 역사

　　나. 환승역(換乘驛)

4호. 「여객자동차 운수사업법」 제2조제5호에 따른 여객자동차터미널 중 연면적이 5천제곱미터 이상인 여객자동차터미널

5호. 「공항시설법」 제2조제7호에 따른 공항시설 중 연면적이 5천제곱미터 이상인 여객터미널

6호. 「항만법」 제2조제5호에 따른 항만시설 중 연면적이 5천제곱미터 이상인 여객이용시설

7호. 「철도산업발전기본법」 제3조제2호에 따른 철도시설 중 연면적이 1만제곱미터 이상인 역시설(물류시설은 제외한다)

8호. 「체육시설의 설치·이용에 관한 법률」 제5조에 따른 전문체육시설 중 다음 각 목의 어느 하나에 해당하는 전문체육시설

　　가목. 관람석 수가 5천석 이상인 전문체육시설

　　나목. 프로스포츠가 개최되는 전문체육시설

9호. 「공연법」에 따른 공연이 행하여지는 공연장 등 시설 또는 장소 중 객석 수 1천석 이상인 시설 또는 장소

10호. 「박물관 및 미술관 진흥법」에 따른 박물관 및 미술관 중 연면적이 1만제곱미터 이상인 박물관 및 미술관

11호. 지방자치단체가 문화체육관광 진흥을 목적으로 주최하는 지역축제가 행하여지는 장소 중 다음 각 목의 어느 하나에 해당하는 장소

　　가목. 대지면적이 1만제곱미터 이상인 장소

　　나목. 연면적이 1만제곱미터 이상인 장소

12호. 제2항 각 호의 어느 하나에 해당하는 시설·장소

②항: 법 제9조의3제2항제12호에서 "대통령령으로 정하는 시설·장소"란 다음 각 호의 시설·장소를 말한다.

　　1호. 「한국마사회법」 제4조에 따른 경마장

　　2호. 「경륜·경정법」 제5조에 따른 경륜장 또는 경정장

13. 경찰 및 관계 공무원의 출입조사 권한 부여

실종아동법 제10조는 실종아동등찾기 업무를 수행하는 경찰이나 공무원이 관계장소에 출입이 막혀서 조사를 못하던 문제를 개선하기 위해 출입조사하는 권한을 부여하였다. 또한, 무자격자의 출입으로 인한 불편과 업무장애, 약취 유인 납치 등 범죄행위를 예방하기 위해 출입조사시 증표를 제시하도록 하고 있다. 증표는 경찰이나 공무원의 신분증을 의미한다.

①항: 경찰청장이나 지방자치단체의 장은 실종아동등의 발견을 위하여 필요하면 관계인에 대하여 필요한 보고 또는 자료제출을 명하거나 소속 공무원으로 하여금 관계 장소에 출입하여 관계인이나 아동등에 대하여 필요한 조사 또는 질문을 하게 할 수 있다.

②항: 경찰청장이나 지방자치단체의 장은 제1항에 따른 출입·조사를 실시할 때 정당한 이유가 있는 경우 소속 공무원으로 하여금 실종아동등의 가족 등을 동반하게 할 수 있다.

③항: 제1항에 따라 출입·조사 또는 질문을 하려는 관계공무원은 그 권한을 표시하는 증표를 지니고 이를 관계인 등에게 내보여야 한다.

14. 유전자 데이터베이스(경찰청)

1) 경찰의 유전자 채취 및 검사

실종아동찾기나 범죄수사에서 날로 발전하는 과학수사의 기술을 활용하는 것은 대단히 중요하지만 인권보호와 상충되는 면도 있다. 인권을 보호하면서도 첨단 유전자검사방법을 활용하는 방안이 절충안으로 채택되었다. 실종아동법 제11조에서 경찰이 유전자채취 및 검사를 할 수 있게 하여 실종자 조기 발견의 과학적 첨단기법활용의 길을 마련했다.

①항: 경찰청장은 실종아동등의 발견을 위하여 다음 각 호의 어느 하나에 해당하는 자로부터 유전자검사대상물(이하 "검사대상물"이라 한다)을 채취할 수 있다.

    1호. 보호시설의 입소자나 「정신건강증진 및 정신질환자 복지서비스 지원에 관한 법률」 제3조 제5호에 따른 정신의료기관의 입원환자 중 보호자가 확인되지 아니한 아동등

    2호. 실종아동등을 찾고자 하는 가족

    3호. 그 밖에 보호시설의 입소자였던 무연고아동

②항: 유전자검사를 전문으로 하는 기관으로서 대통령령으로 정하는 기관("검사기관"은 국립과학수사연구원을 말한다.)은 유전자검사를 실시하고 그 결과를 데이터베이스로 구축·운영할 수 있다.

③항: 제1항에 따른 검사대상물의 채취와 제2항에 따른 유전자검사를 실시하려면 제8조제2항에 따른 데이터베이스를 활용하여 실종아동등인지 여부를 확인한 후에 하여야 한다.

④항: 경찰청장은 제1항에 따라 검사대상물을 채취하려면 미리 검사대상자의 서면동의를 받아야 한다. 이 경우 검사대상자가 미성년자, 심신상실자 또는 심신미약자일 때에는 본인 외에 법정대

리인의 동의를 받아야 한다. 다만, 심신상실, 심신미약 또는 의사무능력 등의 사유로 본인의
동의를 받을 수 없을 때에는 본인의 동의를 생략할 수 있다.

⑤항: 제2항에 따른 유전정보 데이터베이스를 구축·운영하는 경우 유전정보는 검사기관의 장이, 신
상정보는 전문기관의 장이 각각 구분하여 관리하여야 한다.

⑥항: 제1항부터 제5항까지의 규정에 따른 검사대상물의 채취, 유전자검사의 실시, 데이터베이스
구축, 유전자검사의 동의 및 유전정보와 신상정보의 구분·관리 등에 필요한 사항은 대통령령
으로 정한다.

1)-1 유전자검사의 절차

실종아동법 시행령 제6조에 따라 유전자검사의 절차는 다음과 같다.

①항: 경찰청장은 법 제11조제1항에 따라 유전자검사 대상물(이하 "검사대상물"이라 한다)을 채취
한 때에는 해당 검사대상자의 신상을 기재한 서류와 채취한 검사대상물 및 서면동의서 사본을
전문기관의 장에게 송부하여야 한다.

②항: 전문기관의 장은 제1항에 따라 받은 자료 중 검사대상물에 대하여 일련번호를 부여하여 이를
지체없이 국립과학수사연구원장에게 송부하여야 한다.

③항: 경찰청장은 법 제11조제4항에 따라 받은 서면동의서를 10년간 보존하여야 한다.

15. 유전정보의 목적 외 이용 및 유출 금지

실종아동법 제12조(유전정보의 목적 외 이용금지 등)에서는 유전자정보 유출방지를 위한 보안 규
정을 두고 있다. 유전정보는 개인정보 중에서도 개인의 식별에 없어서는 안될 중요한 정보이며, 개인
정보를 부정하게 사용한다면 인권침해가 되므로 금지하고 있다.

①항: 누구든지 실종아동등을 발견하기 위한 목적 외의 용도로 제11조에 따른 검사대상물을 채취하
거나 유전자검사를 실시하거나 유전정보를 이용할 수 없다.

②항: 검사대상물의 채취, 유전자검사 또는 유전정보관리에 종사하고 있거나 종사하였던 사람은 채
취한 검사대상물 또는 유전정보를 외부로 유출하여서는 아니 된다.

16. 검사대상물 및 유전정보의 폐기

실종아동법 제13조(검사대상물 및 유전정보의 폐기)에서는 유전자정보 보안을 위해 유전자 신속한
폐기 및 꼭 필요한 경우 연장보관을 하여 실종자 발견에 활용을 하도록 하고 있다. 유전정보를 무한정
보관하여 국가가 활용하는 것은 개인정보보호의 목적에 어긋난다. 정보주체가 폐기를 요청하거나 상당
기간이 지나면 폐기할 필요가 있는 것이다.

①항: 검사기관의 장은 유전자검사를 끝냈을 때에는 지체 없이 검사대상물을 폐기하여야 한다.

②항: 검사기관의 장은 다음 각 호의 어느 하나에 해당할 때에는 해당 유전정보를 지체 없이 폐기하여야 한다. 다만, 제3호에도 불구하고 검사대상자 또는 법정대리인이 제3호에서 정한 기간(이하 "보존기간"이라 한다)의 연장을 요청하는 경우에는 실종아동등의 보호자를 확인할 때까지 그 기간을 연장할 수 있다.

　1호. 실종아동등이 보호자를 확인하였을 때

　2호. 검사대상자 또는 법정대리인이 요청할 때

　3호. 유전자검사일부터 10년이 경과되었을 때

③항: 검사기관의 장은 검사대상물·유전정보의 폐기 및 유전정보의 보존기간 연장에 관한 사항을 기록·보관하여야 한다.

④항: 검사대상물· 유전정보의 폐기절차 및 방법, 유전정보의 보존기간 연장, 기록 및 보관 등에 필요한 사항은 행정안전부령으로 정한다.

17. 유전자검사 기록의 열람

　실종아동법 제14조(유전자검사 기록의 열람 등)에서는 유전자검사 기록의 활용을 위해 요청이 있으면 열람하게 해주고 있다. 개인정보의 정보주체가 유전자검사 기록을 열람하고 활용할 권한은 당연히 있는 것으로 보아야 하며, 법에서도 보장을 하고 있다.

①항: 검사기관의 장은 검사대상자 또는 법정대리인이 유전자검사 결과기록의 열람 또는 사본의 발급을 요청하면 이에 따라야 한다.

②항: 제1항에 따른 기록의 열람 또는 사본의 발급에 관한 신청절차 및 서식 등에 관하여 필요한 사항은 행정안전부령(실종아동등의 발견 및 유전자검사 등에 관한 규칙)으로 정한다.

18. 실종자 신상정보 목적외 이용 금지

　실종아동등 실종자 신상정보 유출을 막고 부정한 이용을 차단하기 위해 실종아동법 제15조는 신상정보의 목적 외 이용금지를 규정하고 있다. 실종업무처리 관련자가 아니더라도 누구든지 정당한 사유 없이 실종아동등의 신상정보를 실종아동등을 찾기 위한 목적 외의 용도로 이용할 수 없다. 부정한 사용으로 인하여 실종자가 오히려 개인 사생활의 침해, 명예훼손 등 피해를 당하지 않도록 하기 위한 것이다.

19. 관계기관 실종아동등찾기 협조

　실종아동등찾기는 보건복지부나 경찰이 주관하지만 관계기관의 협력 없이는 효율적으로 이루어질 수 없다. 실종아동법 제16조는 보건복지부장관이나 경찰청장은 실종아동등의 조속한 발견·복귀와 복귀 후 지원을 위하여 관계 중앙행정기관의 장 또는 지방자치단체의 장에게 필요한 협조를 요청할 수 있다. 이 경우 협조요청을 받은 기관의 장은 특별한 사유가 없으면 이에 따라야 한다. 관계 기관의 협력을 의무로 규정하고 있는 선언적 규정이다.

20. 벌칙(형사처벌)

1) 중대한 위반행위 형사처벌

실종아동법 시행의 효과성을 담보하고 유전자 등 개인정보를 보호하기 위해 징역, 벌금 등 형사처벌 조항을 두고 있다.

실종아동법 제17조(벌칙)에 의거, 제7조를 위반하여 정당한 사유없이 실종아동등을 보호한 자 및 제9조제4항을 위반하여 개인위치정보등을 실종아동등을 찾기 위한 목적 외의 용도로 이용한 자는 5년 이하의 징역 또는 5천만원 이하의 벌금에 처한다.

2) 경미한 위반행위 형사처벌

실종아동법 제18조(벌칙)에 의거, 다음 각 호의 어느 하나에 해당하는 자는 형사처벌에 해당하며, 2년 이하의 징역 또는 2천만원 이하의 벌금에 처한다.

1호. 위계(僞計) 또는 위력(威力)을 행사하여 제10조제1항에 따른 관계공무원의 출입 또는 조사를 거부하거나 방해한 자

1의2호. 제7조의4를 위반하여 지문등정보를 실종아동등을 찾기 위한 목적 외로 이용한 자

1의3호. 제9조제3항을 위반하여 경찰관서의 장의 요청을 거부한 자

2호. 제12조제1항을 위반하여 목적 외의 용도로 검사대상물의 채취 또는 유전자검사를 실시하거나 유전정보를 이용한 자

3호. 제12조제2항을 위반하여 채취한 검사대상물 또는 유전정보를 외부로 유출한 자

4호. 제15조를 위반하여 신상정보를 실종아동등을 찾기 위한 목적 외의 용도로 이용한 자

21. 과태료(행정벌) 부과

실종아동등찾기를 위해 국가가 정한 절차를 이행하지 않으면 그 행정절차상의 의무위반에 대해 행정벌인 과태료를 제19조(과태료)조항에 의거해 부과하도록 하고 있다.

①항: 다음 각 호의 어느 하나에 해당하는 자에게는 500만원 이하의 과태료를 부과한다.

1호. 제9조의3제2항을 위반하여 실종아동등 조기발견 지침에 따른 조치를 하지 아니한 자

2호. 제10조제1항에 따른 명령을 위반하여 보고 또는 자료제출을 하지 아니하거나, 거짓 보

고 또는 거짓의 자료제출을 하거나, 정당한 사유 없이 관계 공무원의 출입 또는 조사를 기피한 자

②항: 다음 각 호의 어느 하나에 해당하는 자는 200만원 이하의 과태료를 부과한다.

1호. 제6조제1항에 따른 신고를 하지 아니한 자

2호. 제6조제3항에 따른 신상카드를 보내지 아니한 자

3호. 제9조의3제3항에 따른 교육·훈련을 실시하지 아니하거나 그 결과를 보고하지 아니한 자

③항: 제1항 및 제2항에 따른 과태료는 대통령령으로 정하는 바에 따라 경찰관서의 장 또는 지방자치단체의 장이 각각 부과·징수한다.

03 실종아동등의 발견 및 유전자 검사

1. 의의

실종아동등의 조기발견을 위해 경찰은 실종아동등의 보호 및 지원에 관한 법률(실종아동법)에서 권한을 위임받아 신고체계의 구축 및 운영, 사전신고한 지문정보 등록시스템 구축운영, 실종아동등의 지문정보 등록, 보건복지부 등 실종아동 관련 정보를 보유한 기관과의 정보시스템 연계, 실종아동 수색 및 수사, 조기발견을 위한 개인위치정보등의 요청을 할 수 있다. 실종아동등의 조기발견의 실효성을 높이기 위해 경찰에게 권한을 확대해 오고 있으며, 실제로 이러한 권한을 부여받은 경찰은 이전의 경찰보다 효율적으로 실종아동등을 발견해내고 있다.

경찰에게 실종아동등 조기발견을 위해 부여한 권한을 적절히 행사하여 임무를 수행하도록 '실종아동등의 발견 및 유전자검사 등에 관한 규칙'[8]을 경찰청에서 제정해 운영하고 있다. 이 규칙은 약칭으로 실종아동발견규칙이라고 하며, 「실종아동등의 보호 및 지원에 관한 법률」 및 같은 법 시행령에서 위임된 사항과 그 시행에 필요한 사항을 상세화하고 있다.

2. 신고체계의 구축 및 운영

실종아동등 발견과 수사업무의 중심은 경찰이기 때문에 신고체계의 구축을 경찰청에서 하도록 제도화하였다. 신고접수와 함께 일선경찰이 전국에서 신고자 인적사항등 정보를 실시간으로 활용하기 위한

---

8) 실종아동등의 발견 및 유전자검사 등에 관한 규칙(약칭: 실종아동발견규칙) [행정안전부령 제55호]. 경찰청(아동청소년과), 02-3150-1394 소관이다. 이 규칙은 「실종아동등의 보호 및 지원에 관한 법률」 및 같은 법 시행령에서 위임된 사항과 그 시행에 필요한 사항을 규정함을 목적으로 한다. https://www.law.go.kr/lsSc.do?section=&menuId=1&subMenuId=15&tabMenuId=81&eventGubun=060101&query=%EC%8B%A4%EC%A2%85%EC%95%84%EB%8F%99#undefined 2022.4.11.

것이다. 실제 실종아동신고를 하는 경우, 경찰은 이 신고내용에 해당하는 실종자가 있는지 정보시스템에서 검색하여 대조해 보고 신속한 추적이나 수사 조치를 결정하게 된다.

실종아동발견규칙 제2조에서 실종아동등 신고체계의 구축·운영 등에 대해 상세히 규정하고 있다.

①항: 경찰청장은 「실종아동등의 보호 및 지원에 관한 법률」(약칭 실종아동법) 제3조제2항제1호에 따라 실종아동등의 신고 접수와 처리 등을 위한 사무 시설을 갖추고, 전국적으로 통일된 번호로 매일 24시간 운영하는 긴급전화를 운영하는 등 실종아동등에 대한 신고체계를 구축·운영하여야 한다. 이에 따라 경찰은 현재 182 특수전화번호를 실종아동신고센터 전화로 설치해 운영하고 있다.

②항: 경찰청장은 실종아동등의 신고를 접수하였을 때에는 지체 없이 실종아동법 제8조의2제1항에 따라 구축·운영 중인 정보시스템에 신고 내용을 입력하여 전산 수배하고, 관할 경찰관서의 장에게 신고 내용을 통보하는 등 필요한 조치를 하여야 한다.

경찰은 실종아동등의 조속한 발견을 위하여 정보연계시스템을 「사회복지사업법」 제6조의2제2항에 따라 구축·운영하는 사회복지업무 관련 정보시스템과 연계하여 해당 정보시스템이 보유한 실종아동등의 신상정보의 내용을 활용하고 있다.

3. 사전신고한 지문등정보의 범위

실종아동등의 지문이나 얼굴등 정보는 실종아동발견에 중요한 정보로 활용된다. 하지만 아동등의 개인정보를 수집하여 처리하기 위하여는 개인정보의 범위를 발견에 필요한 사항으로 한정하여 수집하게 하고 있다. 실종자 관련 개인정보는 개인정보보호법에 규정하고 있는 "살아 있는 개인에 관한 정보"로 보호가 되어야 한다.

실종아동발견규칙 제3조에서 사전신고한 지문등정보의 범위를 규제하고 있다.

①항: 아동등의 보호자가 실종아동법 제7조의2제1항에 따라 등록을 신청하는 아동등의 지문 및 얼굴 등에 관한 정보(이하 "지문등정보"라 한다)는 다음 각 호와 같다.

1호. 아동등의 지문 및 얼굴 사진 정보

2호. 아동등의 성명, 성별, 주민등록번호, 주소, 연락처 등 인적사항

3호. 아동등의 키, 체중, 체격, 얼굴형, 머리색, 흉터, 점 또는 문신, 병력(病歷) 등 신체특징

4호. 보호자의 성명, 주민등록번호, 주소, 연락처, 아동등과의 관계 등 인적사항

②항: 보호자가 법 제7조의2제1항에 따라 아동등의 지문등정보의 등록을 신청하려면 별지 제1호서식의 아동등 사전등록신청서를 경찰청장에게 제출하여야 한다.

■ 실종아동등의 발견 및 유전자검사 등에 관한 규칙 [별지 제1호서식] 〈개정 2014.4.28〉

아동등 사전등록신청서

※ [ ]에는 해당되는 곳에 √표를 합니다.

접수번호		접수일		처리기간 즉시

신청인	성 명		주민등록번호	
	주 소		전화번호	
	대상과의 관계 [ ]부모 [ ]자녀 [ ]배우자 [ ]친척 [ ]병세 [ ]동거인 [ ]시설			

등록대상 아동등의 정보	기본 정보	성 명		주민등록번호	
		대상 구분	[ ]아동(만18세 미만) [ ]지적·자폐성·정신장애인(연령불문) [ ]치매환자(연령불문)		
		성 별	[ ]남 [ ]여		
		주 소			
	신체 특징	키(cm)		체중(kg)	
		체 격	[ ]비만 [ ]건장 [ ]보통 [ ]왜소 [ ]특이 [ ]직접기재:		
		얼굴형	[ ]삼각형 [ ]역삼각형 [ ]계란형 [ ]사각형 [ ]둥근형 [ ]갸름한형 [ ]직접기재 :		
		머리색	[ ]검은색 [ ]흰색 [ ]반백 [ ]갈색 [ ]염색 [ ]직접기재:		
		흉 터	위 치	[ ]머리 [ ]얼굴 [ ]팔 [ ]손 [ ]등 [ ]몸통 [ ]둔부 [ ]다리 [ ]발 [ ]직접기재 :	
			모 양		
		점 또는 문신	위 치	[ ]머리 [ ]얼굴 [ ]팔 [ ]손 [ ]등 [ ]몸통 [ ]둔부 [ ]다리 [ ]발 [ ]직접기재 :	
			모 양		
		병 력	[ ]뇌질환 [ ]심장질환 [ ]간질환 [ ]기타 내과질환 [ ]외과질환 [ ]직접기재 :		
		그 밖의 특징			
	그 밖의 정보	실종(가출)경력 [ ]없음 [ ]1회 [ ]2회 [ ]3회 이상			
		주로 다니는 장소			

「실종아동등의 보호 및 지원에 관한 법률」 제7조의2제1항 및 실종아동등의 발견 및 유전자검사 등에 관한 규칙」 제3조제2항에 따라 위 등록대상 아동등에 대한 지문등정보의 사전등록을 신청합니다.

년 월 일

신청인 (서명 또는 인)

경 찰 청 장 귀하

담당 공무원 확인사항	1. 주민등록표 등본 2. 장애인증명서(등록대상 아동등이 지적장애인, 자폐성장애인 또는 정신장애인인 경우만 해 합니다)	수수료 없 음

행정정보 공동이용 동의서

위 신청인은 이 건 업무처리와 관련하여 담당 공무원이「전자정부법」제36조제1항에 따른 행정정보의 공동이용을 통하여 위의 담당 공무원 확인사항을 확인하는 것에 동의합니다. * 동의하지 않는 경우에는 신청인이 직접 해당 서류를 제출하여야 합니다.

신청인 (서명 또는 인)

③항: 제2항에 따른 신청서를 받은 경찰청장은 신청인 및 등록대상 아동등이 보호자 및 아동등에 해당하는지를 확인하기 위하여 「전자정부법」 제36조제1항에 따른 행정정보의 공동이용을 통하여 신청인과 등록대상 아동등의 주민등록표 등본 및 장애인증명서(등록대상 아동등이 법 제2조제1호나목에 해당하는 경우만 해당한다)를 확인할 수 있다. 다만, 신청인 및 등록대상 아동등이 확인에 동의하지 아니하는 경우에는 해당 서류를 직접 첨부하게 하여야 한다.

④항: 실종아동법 제7조의2제1항에 따라 경찰청장이 아동등의 지문등정보를 등록한 후 보호자에게 발급하는 아동등 사전신고증은 별지 제2호서식과 같다.

■ 실종아동등의 발견 및 유전자검사 등에 관한 규칙 [별지 제2호서식]

제   호

아동등 사전신고증

		(사진) (3 × 4cm)	(지문사진) (3 × 4cm)
등록대상 아동등	성 명	주민등록번호	
	주 소		
	등 록 일		

신 청 인 (보 호 자)	성 명	생년월일	
	주 소	전화번호	

발 급 자	소 속	계 급	
	성 명		

「실종아동등의 보호 및 지원에 관한 법률」 제7조의2제1항 및 「실종아동등의 발견 및 유전자검사 등에 관한 규칙」 제3조제4항에 따라 위 등록대상 아동등의 지문등정보에 대하여 사전등록을 하였습니다.

※ 이 신고증은 단순한 사전신고 접수 사실만을 확인한 것이므로, 어떠한 민형사상 관계에 영향을 미치기 위해 사용될 수 없습니다.

년   월   일

○○ **경찰서장**   직인

⑤항: 「실종아동등의 보호 및 지원에 관한 법률 시행령」 제3조의2제2항에 따른 지문등정보 신청서 파기대장은 별지 제2호의2서식과 같다.

■ 실종아동등의 발견 및 유전자검사 등에 관한 규칙 [별지 제2호의2서식] 〈신설 2018. 4. 25.〉

지문등정보 신청서 파기대장

연번	요청 일시	등록 대상자 정보			파기방법		보호자 고지 사항		처리자
		성명	대상 구분	지문등정보 일련번호	파쇄	소각	신청서 파기	등록정보 확인방법	

4. 사전등록시스템의 구축 및 운영

경찰청장은 실종아동등의 조속한 발견과 복귀를 위하여 아동등의 보호자가 신청하는 경우 아동등의 지문 및 얼굴 등에 관한 정보를 정보시스템에 등록하고 아동등의 보호자에게 사전신고증을 발급할 수 있다. 경찰청장은 지문등정보를 등록한 후 해당 신청서는 지체 없이 파기하여야 한다. 경찰청장은 등록된 지문등정보를 데이터베이스로 구축·운영할 수 있다. 이것을 사전등록시스템이라고 하며, 이 사전등록시스템의 구축과 운영에 대해 자세한 내용은 경찰청에서 실종아동발견규칙에 정하고 있다.

실종아동발견규칙 제4조의 사전등록시스템의 구축·운영에 대한 내용은 다음과 같다.

①항: 경찰청장은 영 제3조의2제1항에 따른 사전등록시스템(이하 "사전등록시스템"이라 한다)을 구축·운영하기 위하여 경찰관서에 지문등정보의 등록 및 검색에 필요한 장비를 설치·운영할 수 있다.

②항: 보호자가 영 제3조의2제3항제2호에 따라 사전등록한 지문등정보의 폐기를 요청하려면 별지 제3호서식의 사전등록 정보 폐기 신청서를 경찰청장에게 제출하여야 한다.

사전등록 정보 폐기 신청서

※ 색상이 어두운 란은 신청인이 작성하지 않습니다.

접수번호		접수일		처리기간	즉시
신청인	성 명			주민등록번호	
	주 소				
	연 락 처				
	사전등록 대상 아동등과의 관계				
등록대상 아동등	성 명			주민등록번호	
	주 소				
	연 락 처				
폐기 신청 사유					

「실종아동등의 보호 및 지원에 관한 법률 시행령」 제3조의2제2항제2호 및 「실종아동등의 발견 및 유전자검사 등에 관한 규칙」 제4조제2항에 따라 위 아동등의 사전등록 정보의 폐기를 신청합니다.

년 월 일

신청인

(서명 또는 인)

경 찰 청 장 귀하

담당 공무원 확인사항	신청인의 주민등록표 등본	수수료 없 음

③항: 제2항에 따른 신청을 받은 경찰청장은 신청인이 보호자인지를 확인하기 위하여 「전자정부법」 제36조제1항에 따른 행정정보의 공동이용을 통하여 신청인의 주민등록표 등본을 확인할 수 있다. 다만, 신청인이 확인에 동의하지 아니하는 경우에는 주민등록표 등본를 직접 첨부하게 하여야 한다.

5. 실종아동등의 지문등정보의 등록

　경찰은 실종아동법 제7조의2에 따라 실종아동등의 조속한 발견과 복귀를 위하여 아동등의 보호자가 신청하는 경우 아동등의 지문 및 얼굴 등에 관한 정보를 정보시스템에 등록하고 아동등의 보호자에게 사전신고증을 발급할 수 있다. 지문등정보의 등록절차에 관하여 실종아동발견규칙 제5조에서 실종아동등의 지문등정보의 등록시에 받아야 하는 동의서와 정보, 폐기 등에 대해 규정하고 있다.

　①항: 경찰청장은 법 제7조의3제1항에 따라 실종아동등의 지문등정보를 등록하려면 별시 제4호서식의 실종아동등 지문등정보 등록 동의서에 따라 아동등 또는 법정대리인의 동의를 받아야 한다.

■ 실종아동등의 발견 및 유전자검사 등에 관한 규칙 [별지 제4호서식]

실종아동등 지문등정보 등록 동의서

※ [　]에는 해당되는 곳에 √표를 합니다.

등록대상 아동등	성 명		주민등록번호	
	주 소		전화번호	
법정대리인	성 명		생년월일	
	주 소		전화번호	
참여인	성 명		생년월일	
	주 소		전화번호	

　1. 지문등정보 등록의 목적: 지문 등 정보를 활용한 실종아동등의 발견
　2. 지문등정보 등록의 근거: 「실종아동등의 보호 및 지원에 관한 법률」 제7조의3 및 같은 법 시행령 제3조의3

※ 다음 각 항목에 대해 관계자로부터 설명을 들은 후 본인이 충분히 이해하였다고 판단되면 [　]란에 체크[√]를 하시기 바랍니다.

　1) [　] 지문등정보의 등록근거 및 목적, 활용방법에 대해 관계자로부터 충분한 설명을 들었습니다.
　2) [　] 실종아동등이 보호자를 확인하였을 때, 등록대상 아동등 또는 법정대리인이 요청할 때, 등록일부터 10년이 경과하였을 때에는 지문등정보를 폐기합니다.
　3) [　] 등록일부터 10년이 경과한 이후에도 등록대상 아동등 또는 법정대리인이 요청하면 보호자를 확인할 때까지 지문등정보의 보존기간을 연장할 수 있습니다.
　4) [　] 경찰은 등록된 지문등정보를 실종아동의 발견 외의 목적으로 활용하지 않을 의무가 있습니다.
　5) [　] 지문등정보의 등록 여부는 등록대상 아동등 또는 법정대리인의 자발적 의사에 따릅니다.

「실종아동등의 보호 및 지원에 관한 법률」 제7조의3제1항, 같은 법 시행령 제3조의3제1항 및 「실종아동등의 발견 및 유전자검사 등에 관한 규칙」 제5조제1항에 따라 위 등록대상 아동등에 대한 지문등정보의 등록에 동의합니다.

년　　　월　　　일

등록대상 아동등　　　　　　　(서명 또는 인)
법정대리인　　　　　　　(서명 또는 인)
참　여　인　　　　　　　(서명 또는 인)

경 찰 청 장　귀하

첨부서류	보호시설 설치 신고증, 후견인 지정서 등 아동등의 법정대리인임을 증명할 수 있는 서류(법정대리인이 동의인인 경우에만 제출합니다)	수수료 없 음

②항: 경찰청장은 법 제7조의3제1항에 따라 등록한 실종아동등의 지문등정보를 데이터베이스로 관리하기 위하여 실종아동등에 대한 별표 1의 정보를 사전등록시스템에 입력하여야 한다.

[별표 1]

실종아동등의 지문등정보 입력 항목(제5조제2항 관련)

실종아동등 정보	기본 정보	성명, 주민등록번호(생년월일), 성별, 주소, 국적
	생체 정보	지문 정보, 얼굴사진 정보
	신체 특징	키, 체중, 체격, 얼굴형, 치아, 머리 모양, 머리색, 혈액형, 눈 모양, 흉터, 점·문신, 병력, 신체장애
	차림새	발견 당시 옷차림, 안경·모자 등 차림새
	그 밖의 정보	발견 지역, 입소 시설명

법정대리인 정보	성명, 생년월일, 주소, 연락처, 실종아동등과의 관계

담당 경찰관 정보	소속, 계급, 성명, 연락처

③항: 아동등 또는 법정대리인이 영 제3조의3제2항제2호에 따라 실종아동등의 지문등정보의 폐기를 요청하려면 별지 제5호서식의 실종아동등 지문등정보 폐기 신청서를 경찰청장에게 제출하여야 한다.

■ 실종아동등의 발견 및 유전자검사 등에 관한 규칙 [별지 제5호서식]

실종아동등 지문등정보 폐기 신청서

※ [ ]에는 해당되는 곳에 √표를 합니다.

접수번호		접수일	처리기간 즉시
신청인	성 명		주민등록번호
	주 소		전화번호
	등록 아동등과의 관계 　　　　[ ]본인　　　　　　　[ ]법정대리인		
등록 아동등 정보	성 명		주민등록번호
	주 소		
폐기 신청 사유			

「실종아동등의 보호 및 지원에 관한 법률 시행령」 제3조의3제2항제2호 및 「실종아동등의 발견 및 유전자검사 등에 관한 규칙」 제5조제3항에 따라 위 아동등에 대한 지문등정보의 폐기를 신청합니다.

년　　　월　　　일

신청인　　　　　　　　　　(서명 또는 인)

경 찰 청 장 귀하

첨부서류	보호시설 설치 신고증, 후견인 지정서 등 아동등의 법정대리인임을 증명할 수 있는 서류(법정대리인이 신청인인 경우에만 제출합니다)	수수료 없 음

유의사항

1. 이 신청에 따라 실종아동등의 지문등정보를 폐기한 이후에는 어떠한 방법으로도 해당 정보가 복구되지 않습니다.

2. 해당 실종아동등의 지문등정보를 다시 등록하려면 「실종아동등의 보호 및 지원에 관한 법률」 제7조의3제1항 및 「실종아동등의 발견 및 유전자검사 등에 관한 규칙」 제5조제1항에 따른 실종아동등 지문등정보 등록 절차를 거쳐야 합니다.

210mm× 297mm[백상지 80g/㎡(재활용품)]

④항: 아동등 또는 법정대리인이 영 제3조의3제2항제3호 단서에 따라 지문등정보의 보존기간 연장을 요청하려면 별지 제6호서식의 실종아동등 지문등정보 보존기간 연장 신청서를 경찰청장에게 제출하여야 한다.

■ 실종아동등의 발견 및 유전자검사 등에 관한 규칙 [별지 제6호서식]

실종아동등 지문등정보 보존기간 연장 신청서

※ [   ]에는 해당되는 곳에 √표를 합니다.

접수번호		접수일	처리기간 즉시
신청인	성 명		주민등록번호
	주 소		전화번호
	등록 아동등과의 관계 [ ]본인 [ ]법정대리인		
등록 아동등 정보	성 명		주민등록번호
	주 소		

「실종아동등의 보호 및 지원에 관한 법률 시행령」 제3조의3제2항제3호 단서 및 「실종아동등의 발견 및 유전자검사 등에 관한 규칙」 제5조제4항에 따라 위 아동등에 대한 지문등정보의 보존기간 연장을 신청합니다.

년   월   일

신청인   (서명 또는 인)

경 찰 청 장 귀하

첨부서류	보호시설 설치 신고증, 후견인 지정서 등 아동등의 법정대리인임을 증명할 수 있는 서류(법정대리인이 신청인인 경우에만 제출합니다)	수수료 없 음

유의사항

1. 이 신청에 따라 연장되는 지문등정보의 보존기간은 해당 실종아동등의 보호자를 확인할 때까지 입니다.
2. 이 신청 이후 해당 실종아동등의 보호자를 확인하기 전이라도 「실종아동등의 보호 및 지원에 관한 법률 시행령」 제3조의3제2항제2호 및 「실종아동등의 발견 및 유전자검사 등에 관한 규칙」 제5조제3항에 따라 본인 또는 법정대리인이 신청하는 경우 등록된 지문등정보를 폐기할 수 있습니다.

⑤항: 제1항, 제3항 및 제4항에 따라 동의서 또는 신청서를 제출하는 법정대리인은 보호시설 설치 신고증, 후견인 지정서 등 아동등의 법정대리인임을 증명할 수 있는 서류를 함께 제출하여야 한다.

6. 정보시스템에 연계하는 신상정보의 범위

경찰은 실종아동등의 신속한 신고 및 발견을 위한 업무에 활용하기 위하여 정보시스템에 실종아동등에 대한 실종신고의 접수 및 처리에 관한 정보, 그 밖에 실종아동등의 조속한 발견을 위해 필요한 정보를 데이터베이스로 등록·관리하고 있다. 이 정보시스템에 연계하여 활용할 수 있는 「사회복지사업법」 제6조의2제2항에 따른 사회복지업무 관련 정보시스템이 보유한 실종아동등의 신상정보의 범위는 이름, 주민등록번호 등 인적사항, 지문 및 얼굴 사진 정보, 신장, 체중, 체격, 얼굴형, 머리색, 흉터 등 신체특징, 보호시설 입소·퇴소 및 보호시설 간 이동 기록과 그밖에 실종아동등의 발견을 위해 필요한 정보로 행정안전부령인 실종아동등발견규칙 제6조에 정하는 사항이 포함된다.

실종아동등발견규칙 제6조의 정보시스템에 연계하는 신상정보의 범위는 별표 2와 같다.

[별표 2] 〈개정 2014.4.28.〉

<u>정보시스템에 연계하는 신상정보의 범위</u> (제6조 관련)

인적사항	성별, 국적, 주소, 연락처, 구분(아동, 지적·자폐성·정신장애인, 치매환자)
발생(발견) 정보	발생 일시 및 장소, 발생 동기, 발생 당시 나이
입소·퇴소 정보	현재 입소 시설명 및 입소일시, 퇴소 여부, 퇴소일, 시설코드, 시설 주소, 시설 연락처, 보호장소 구분
신체 특징	치아, 머리 모양, 머리색, 혈액형, 눈 모양, 점·문신, 병력, 신체장애, 유전자 채취 여부
발견 당시 차림새	상의·하의 및 신발의 종류·색상·무늬·상표

7. 수색 및 수사

실종아동등의 조기발견을 위해 국가 수사기관에게 즉각적인 수색과 수사 의무를 실종아동법 제9조에 따라 지체없이 수색 또는 수사할지를 결정하여 실행해야 한다. 실종아동등발견규칙 제7조에서 사건 유형과 위험에 따라 수색 및 수사에 착수하도록 하고, 필요한 조속한 조치의무까지 정하고 있다.

①항: 경찰관서의 장은 실종아동등에 대한 신고를 접수하였을 때에는 즉시 소속 경찰공무원을 현장에 출동시켜 주변을 수색하는 등 실종아동등을 발견하기 위한 조치를 하여야 한다. 다만, 접수 당시 아동등이 약취(略取)·유인(誘引) 등 범죄로 인하여 실종되었다고 인정되는 경우에는 즉시 수사를 시작하여야 한다.

②항: 경찰관서의 장은 제1항에 따른 수색 등에도 불구하고 실종아동등을 발견하지 못한 경우에는 지체 없이 범죄 관련성을 판단하여 범죄 관련성이 인정되면 즉시 수사를 시작하고, 단순한 실종으로 인정되면 즉시 실종아동등을 발견하기 위한 추적을 시작하는 등 실종아동등의 조속한 발견을 위한 조치를 하여야 한다.

8. 개인위치정보등의 요청 방법 및 절차

경찰관서의 장은 실종아동등의 조속한 발견을 위해 필요한 경우 이취정보, 인터넷주소, 통신사실등을 제공하도록 개인위치정보등 사업자에게 요청하여 받고 있다. 개인위치정보등은 개인정보보호법에 따라 보호되는 대상이지만 실종아동등의 신속한 발견을 위해, 실종아동법 제9조에서 경찰에게 요청권한을 부여한 것이며, 요청은 서면으로 해야 하고, 요청받은 사업자는 정보를 정당한 사유가 없으면 이에 따라야 한다.

실종아동등 업무를 신속하게 처리하게 하면서 다루는 신상정보 등 개인정보를 보호하기 위해 실종아동등 발견규칙 제8조에 개인위치정보등의 요청 방법·폐기절차 등을 서면으로 하도록 양식을 상세히 규정하고 있다.

①항: 경찰관서의 장은 영 제4조의3제1항에 따라 「위치정보의 보호 및 이용 등에 관한 법률」 제5조에 따른 위치정보사업자(이하 이 조에서 "위치정보사업자"라 한다)에게 실종아동등(범죄로 인한 경우는 제외한다. 이하 이 조에서 같다)의 「위치정보의 보호 및 이용 등에 관한 법률」 제2조제2호에 따른 개인위치정보(이하 "개인위치정보"라 한다)의 제공을 요청하려면 별지 제7호서식의 개인위치정보 제공 요청서를 위치정보사업자에게 제출하여야 한다.

개인위치정보 제공 요청서

	요청자	주무과장 (상황실장)	요청 담당자
년 월 일 시 분			

정보주체 (실종아동등) 정보	성 명	생년월일	
	휴대전화번호		

신고자(보호자) 정보	성 명	생년월일	
	실종아동등과의 관계		

개인위치정보를 요청하는 사유	

「실종아동등의 보호 및 지원에 관한 법률」 제9조제2항, 같은 법 시행령 제4조의3제1항 및 「실종아동등의 발견 및 유전자검사 등에 관한 규칙」 제8조제1항에 따라 위와 같이 실종아동등에 대한 개인위치정보의 제공을 요청합니다.

년   월   일

○○ 경찰서장 　[직인]

위치정보사업자　　귀하

②항: 경찰관서의 장은 영 제4조의3제1항에 따라 다음 각 호의 기관(이하 이 조에서 "본인확인기관 등"이라 한다)에 실종아동등에 대한 「인터넷주소자원에 관한 법률」 제2조제1호에 따른 인터 넷주소(이하 "인터넷주소"라 한다)의 제공을 요청하려면 별지 제7호의2서식의 인터넷주소 제공 요청서를 본인확인기관등에 제출하여야 한다.

1호. 「정보통신망 이용촉진 및 정보보호 등에 관한 법률」 제23조의3에 따른 본인확인기관
2호. 「개인정보 보호법」 제24조의2에 따른 주민등록번호 대체가입수단 제공기관

■ 실종아동등의 발견 및 유전자검사 등에 관한 규칙 [별지 제7호의2서식]

인터넷주소 제공 요청서

	요청자	주무과장 (상황실장)

정보주체 (실종아동등) 정보	성 명		주민등록번호	
	휴대전화번호			
신고자 (보호자) 정보	성 명		생년월일	
	실종아동등과의 관계			
요청 사유				
요청 자료	기간			
	내용			
비 고				

「실종아동등의 보호 및 지원에 관한 법률」 제9조제2항, 같은 법 시행령 제4조의3제1 항 및 「실종아동등의 발견 및 유전자검사 등에 관한 규칙」 제8조제2항에 따라 위와 같 이 실종아동등에 대한 인터넷주소의 제공을 요청합니다.

년   월   일

발신명의

직인

관련 사업자   귀하

③항: 경찰관서의 장은 영 제4조의3제1항에 따라 영 제4조의4에 따른 정보통신서비스 제공자(이하 이 조에서 "정보통신서비스 제공자"라 한다)에게 실종아동등에 대한 「통신비밀보호법」 제2조 제11호마목·사목에 따른 통신사실확인자료(이하 "통신사실확인자료"라 한다)의 제공을 요청 하려면 별지 제7호의3서식의 통신사실확인자료 제공 요청서를 정보통신서비스 제공자에게 제출하여야 한다.

■ 실종아동등의 발견 및 유전자검사 등에 관한 규칙 [별지 제7호의3서식]

통신사실확인자료 제공 요청서

		요청자	주무과장 (상황실장)

정보주체 (실종아동등) 정보	성 명		생년월일(개인식별정보)
	휴대전화번호		
신고자 (보호자) 정보	성 명		생년월일
	실종아동등과의 관계		
요청 사유			
요청 자료	기간		
	내용		
비 고			

「실종아동등의 보호 및 지원에 관한 법률」 제9조제2항, 같은 법 시행령 제4조의3제1항 및 「실종 아동등의 발견 및 유전자검사 등에 관한 규칙」 제8조제3항에 따라 위와 같이 실종아동등에 대한 통신사실확인자료의 제공을 요청합니다.

년   월   일

발 신 명 의

직인

관련 사업자 귀하

④항: 경찰관서의 장은 영 제4조의3제4항에 따라 법 제9조제2항 전단의 개인위치정보등(이하 이 조에서 "개인위치정보등"이라 한다)의 제공을 요청한 경우에는 다음 각 호의 구분에 따른 요청 대장에 기록·보관하여야 한다.

1호. 개인위치정보: 별지 제8호서식의 개인위치정보 요청 대장

2호. 인터넷주소: 별지 제8호의2서식의 인터넷주소 요청 대장

3호. 통신사실확인자료: 별지 제8호의3서식의 통신사실확인자료 요청 대장

■ 실종아동등의 발견 및 유전자검사 등에 관한 규칙 [별지 제8호서식]

개인위치정보 요청 대장

일련 번호	요청 일시	대상 실종아동등 정보			동의인 정보			제공 받은 내용	조치 결과	요청자
		성명	생년월일	휴대전화번호	성명	생년월일	대상 실종아동등과의 관계			

■ 실종아동등의 발견 및 유전자검사 등에 관한 규칙 [별지 제8호의2서식]

인터넷주소 요청 대장

일련번호	요청 일시	대상 실종아동등 정보		동의인 정보			요청 사업자 (본인확인기관등)	제공 받은 내용	조치 결과	요청자
		성명	생년월일	성명	생년월일	대상 실종아동등과의 관계				

■ 실종아동등의 발견 및 유전자검사 등에 관한 규칙 [별지 제8호의3서식]

통신사실확인자료 요청 대장

일련번호	요청일시	대상 실종아동등 정보		동의인 정보			요청 사업자 (정보통신서비스 제공자)	제공받은 내용	조치 결과	요성자
		성명	생년월일	성명	생년월일	대상 실종아동 등과의 관계				

297mm×210mm[백상지 80g/㎡]

⑤항: 경찰관서의 장은 영 제4조의3제5항에 따라 개인위치정보등을 파기할 때에는 다음 각 호의 구분에 따른 파기 대장에 기록·보관하여야 한다.

　　　1호. 개인위치정보: 별지 제8호의4서식의 개인위치정보 파기 대장

　　　2호. 인터넷주소: 별지 제8호의5서식의 인터넷주소 파기 대장

　　　3호. 통신사실확인자료: 별지 제8호의6서식의 통신사실확인자료 파기 대장

■ 실종아동등의 발견 및 유전자검사 등에 관한 규칙 [별지 제8호의4서식]

개인위치정보 파기 대장

연번	요청 일시	등록 대상자 정보			파기 정보	파기 사유	파기방법		처리자
		성명	대상 구분	정보 시스템 일련 번호			전자적 파일 (영구 삭제)	인쇄물 등 (파쇄·소각)	

■ 실종아동등의 발견 및 유전자검사 등에 관한 규칙 [별지 제8호의5서식]

인터넷주소 파기 대장

연번	요청 일시	등록 대상자 정보			파기 정보	파기 사유	파기방법		처리자
		성명	대상 구분	정보 시스템 일련 번호			전자적 파일 (영구 삭제)	인쇄물 등 (파쇄·소각)	

■ 실종아동등의 발견 및 유전자검사 등에 관한 규칙 [별지 제8호의6서식] 〈신설 2018. 4. 25.〉

통신사실확인자료 파기 대장

연번	요청 일시	등록 대상자 정보			파기 정보	파기 사유	파기방법		처리자
		성명	대상 구분	정보 시스템 일련 번호			전자적 파일 (영구 삭제)	인쇄물 등 (파쇄·소각)	

297mm×210mm[백상지 80g/㎡]

9. 유전자검사 동의서 작성

실종신고를 하고 즉시 실종자 데이터베이스에서 실종자가 있는지 여부를 검색하고 대조하기 위해서는 유전자검사를 미리 해두는 것이 필요하다. 실종아동법 제11조에서는 실종가능성이 높고 대조의 필요성이 있는 사람들의 유전자를 채취해 검사하고 데이터베이스화하고 있다. 그 대상은 보호시설의 입소자나 「정신건강증진 및 정신질환자 복지서비스 지원에 관한 법률」 제3조제5호에 따른 정신의료기관의 입원환자 중 보호자가 확인되지 아니한 아동등, 실종아동등을 찾고자 하는 가족, 그 밖에 보호시설의 입소자였던 무연고아동 등이 해당한다.

개인의 유전자 채취는 신체의 자유를 침해하기 때문에 정보주체의 동의를 받아서 하도록 하여 개인정보주체의 인권을 보호하고 있으며, 실종아동등발견규칙 제9조에 유전자검사 동의서 서면작성 등에 대해 규정하고 있다.

①항: 경찰청장은 법 제11조제4항에 따라 유전자검사대상물(이하 "검사대상물"이라 한다)을 채취하려면 별지 제9호서식의 유전자검사 동의서에 따라 검사대상자 또는 법정대리인의 동의를 받아야 한다.

■ 실종아동등의 발견 및 유전자검사 등에 관한 규칙 [별지 제9호서식]

유전자검사 동의서

❋ [　]에는 해당되는 곳에 √표를 합니다.

검사대상자	성 명		주민등록번호
	주 소		전화번호

법정대리인	성 명		생년월일
	주 소		전화번호

참여인	성 명		생년월일
	주 소		전화번호

1. 유전자검사의 목적: 유전정보를 활용한 실종아동등 발견
2. 검사대상물의 처리: 검사 후 즉시 폐기
3. 검사대상물은 본래 목적 외로 이용되거나 타인에게 제공되지 않습니다.

※ 다음 각 항목에 대해 관계자로부터 설명을 들은 후 본인이 충분히 이해하였다고 판단되면 [　] 란에 체크[√]를 하시기 바랍니다.

1) [　] 유전자검사의 이익과 위험에 대하여 관계자로부터 충분한 설명을 들었습니다.
2) [　] 실종아동등이 보호자를 확인하였을 때, 검사대상자 또는 법정대리인이 요청할 때, 유전자검사일부터 10년이 경과하였을 때에는 유전정보를 폐기합니다.
3) [　] 유전자검사일부터 10년이 경과한 이후에도 검사대상자 또는 법정대리인이 요청하면 보호자를 확인할 때까지 유전정보의 보존기간을 연장할 수 있습니다.
4) [　] 경찰, 실종아동전문기관, 국립과학수사연구원은 유전자검사 동의인의 개인정보 보호를 위하여 필요한 조치를 하여야 할 의무가 있습니다.
5) [　] 유전자검사는 검사대상자 또는 법정대리인의 자발적 의사에 따릅니다.

「실종아동등의 보호 및 지원에 관한 법률」 제11조제4항 및 「실종아동등의 발견 및 유전자검사 등에 관한 규칙」 제9조제1항에 따라 위 검사대상자에 대한 유전자검사에 동의합니다.

년　　월　　일

검사대상자　　(서명 또는 인)

법정대리인　　(서명 또는 인)

참여인　　(서명 또는 인)

경 찰 청 장　귀하

첨부서류	보호시설 설치 신고증, 후견인 지정서 등 검사대상자의 법정대리인임을 증명할 수 있는 서류(법정대리인이 동의인인 경우에만 제출합니다)	수수료 없 음

210mm× 297mm[백상지 80g/㎡(재활용품)]

②항: 제1항에 따라 동의서를 제출하는 법정대리인은 보호시설 설치 신고증, 후견인 지정서 등 검사대상자의 법정대리인임을 증명할 수 있는 서류를 함께 제출하여야 한다.

경찰은 검사대상물을 채취하려면 미리 검사대상자의 서면동의를 받아야 한다. 이 경우 검사대상자가 미성년자, 심신상실자 또는 심신미약자일 때에는 본인 외에 법정대리인의 동의를 받아야 한다. 다만, 심신상실, 심신미약 또는 의사무능력 등의 사유로 본인의 동의를 받을 수 없을 때에는 본인의 동의를 생략할 수 있다

③항: 경찰청장이 영 제6조제1항에 따라 전문기관의 장에게 송부하는 신상정보서는 별지 제10호서식과 같다.

■ 실종아동등의 발견 및 유전자검사 등에 관한 규칙 [별지 제10호서식]

신상정보서

작성일		년 월 일	
검사대상자	성 명 (다른 이름:) [ ]신원 확실 [ ]신원 불확실		주민등록번호 (생년월일)
	나 이 [ ]추정 [ ]확실		전화번호
	주소 및 보호시설명		
	장애 유무 [ ]유 [ ]무		찾는 대상
법정대리인	성 명		생년월일
	주 소		
	검사대상자와의 관계		
채취 경찰관	소 속		계 급
	성 명		연락처
작성자	소 속		계 급
	성 명		연락처
		(서명 또는 인)	

210mm× 297mm[백상지 80g/㎡(재활용품)]

10. 검사대상물 및 유전정보의 폐기

개인신상정보가 담긴 유전정보를 국가기관이 무한정하게 보관한다면 유출위험이 크고 인권침해 위험이 증가하는 문제가 발생한다. 따라서 실종아동등발견규칙 제10조에서 검사대상물 및 유전정보의 보존기간과 폐기 등을 규정해 10년 지나면 폐기하도록 하고 있다. 만약에 보존기간을 연장하려면 신청서를 받아서 처리하게 하고 있다.

①항: 검사대상자 또는 법정대리인이 법 제13조제2항제2호에 따라 유전정보의 폐기를 요청하려면 별지 제11호서식의 유전정보 폐기 신청서를 국립과학수사연구원장에게 제출하여야 한다.

■ 실종아동등의 발견 및 유전자검사 등에 관한 규칙 [별지 제11호서식]

유전정보 폐기 신청서

※ [ ]에는 해당되는 곳에 √표를 합니다.

접수번호		접수일		처리기간 즉시	
신청인	성 명			주민등록번호	
	주 소			전화번호	
	검사대상자와의 관계 [ ]본인 [ ]법정대리인				
검사대상자 정보	성 명			주민등록번호	
	주 소				
폐기 신청 사유					

「실종아동등의 보호 및 지원에 관한 법률」 제13조제2항제2호 및 「실종아동등의 발견 및 유전자검사 등에 관한 규칙」 제10조제1항에 따라 위 검사대상자에 대한 유전정보의 폐기를 신청합니다.

년   월   일

신청인   (서명 또는 인)

국립과학수사연구원장 귀하

첨부서류	보호시설 설치 신고증, 후견인 지정서 등 검사대상자의 법정대리인임을 증명할 수 있는 서류(법정대리인이 신청인인 경우에만 제출합니다)	수수료 없 음

유의사항

1. 이 신청에 따라 유전정보를 폐기한 이후에는 어떠한 방법으로도 해당 정보가 복구되지 않습니다.
2. 해당 유전정보를 다시 등록하려면「실종아동등의 보호 및 지원에 관한 법률」제11조제4항 및 「실종아동등의 발견 및 유전자검사 등에 관한 규칙」제9조제1항에 따른 유전자검사 동의 및 검사대상물 채취 등의 절차를 거쳐야 합니다.

210mm× 297mm[백상지 80g/㎡(재활용품)]

②항: 검사대상자 또는 법정대리인이 법 제13조제2항 단서에 따라 유전정보의 보존기간 연장을 요청하려면 별지 제12호서식의 유전정보 보존기간 연장 신청서를 국립과학수사연구원장에게 제출하여야 한다.

유전정보 보존기간은 실종아동법 제13조 제2항 제3호에 유전자검사일로부터 10년이 경과되었을 때이다.

■ 실종아동등의 발견 및 유전자검사 등에 관한 규칙 [별지 제12호서식]

유전정보 보존기간 연장 신청서

※ [ ]에는 해당되는 곳에 √표를 합니다.

접수번호	접수일		처리기간	즉시

신청인	성 명		주민등록번호	
	주 소		전화번호	
	검사대상자와의 관계 [ ]본인 [ ]법정대리인			

검사대상자 정보	성 명		주민등록번호	
	주 소			

「실종아동등의 보호 및 지원에 관한 법률」 제13조제2항 및 「실종아동등의 발견 및 유전자검사 등에 관한 규칙」 제10조제2항에 따라 위 검사대상자에 대한 유전정보의 보존기간 연장을 신청합니다.

년   월   일

신청인   (서명 또는 인)

국립과학수사연구원장   귀하

첨부서류	보호시설 설치 신고증, 후견인 지정서 등 검사대상자의 법정대리인임을 증명할 수 있는 서류(법정대리인이 신청인인 경우에만 제출합니다)	수수료 없 음

유의사항

1. 이 신청에 따라 연장되는 유전정보의 보존기간은 해당 실종아동등의 보호자를 확인할 때까지입니다.
2. 이 신청 이후 해당 실종아동등의 보호자를 확인하기 전이라도 「실종아동등의 보호 및 지원에 관한 법률」 제13조제2항제2호 및 「실종아동등의 발견 및 유전자검사 등에 관한 규칙」 제10조제1항에 따라 본인 또는 법정대리인이 신청하는 경우 유전정보를 폐기할 수 있습니다.

210mm× 297mm[백상지 80g/㎡(재활용품)]

③항: 국립과학수사연구원장은 법 제13조제3항에 따라 검사대상물 및 유전정보의 폐기에 관한 사항을 별지 제13호서식의 유전자검사대상물 및 유전정보 폐기 대장에, 유전정보의 보존기간 연장에 관한 사항을 별지 제14호서식의 유전정보 보존기간 연장 대장에 기록하고, 10년간 보관하여야 한다.

경찰은 유전자검사 대상물을 채취한 때에 해당 검사대상자의 신상을 기재한 서류와 채취한 검사대상물 및 서면동의서 사본을 전문기관의 장에게 송부한다. 전문기관의 장은 받은 자료 중 검사대상물에 대하여 일련번호를 부여하여 이를 지체없이 국립과학수사연구원장에게 송부하고 있고, 서면동의서도 10년간 보존하고 있다.

■ 실종아동등의 발견 및 유전자검사 등에 관한 규칙 [별지 제13호서식]

유전자검사대상물 및 유전정보 폐기 대장

폐기 내용				처리 방법		결 재	
연 월 일	폐기한 검사대상물 등 종류	폐기량	폐기 사유	직접 처리	위탁 처리	담당	관서장

210mm× 297mm[백상지 80g/㎡(재활용품)]

■ 실종아동등의 발견 및 유전자검사 등에 관한 규칙 [별지 제14호서식]

유전정보 보존기간 연장 대장

일련 번호	연 월 일	검사대상자 정보			신청인 정보			결 재	
		성명	주민등록 번호	주소	성명	생년월일	검사대상 자와의 관계	담당	관서장

210mm× 297mm[백상지 80g/㎡(재활용품)]

④항: 제1항 및 제2항에 따라 신청서를 제출하는 법정대리인은 보호시설 설치 신고증, 후견인 지정서 등 검사대상자의 법정대리인임을 증명할 수 있는 서류를 함께 제출하여야 한다.

11. 유전자검사 결과기록의 열람 신청

개인정보가 담긴 유전자검사 결과는 개인정보의 주체나 법정대리인이 열람할 수 있어야 오류나 유출 등을 방지할 수 있다. 실종아동등발견규칙 제11조는 유전자검사 결과기록의 열람 신청이나 사본의 발급을 요청하면 이에 따라 열람이나 발급을 해주도록 하고 있다.

①항: 검사대상자 또는 법정대리인이 실종아동법 제14조제1항에 따라 유전자검사 결과기록의 열람 또는 사본의 발급을 요청하려면 별지 제15호서식의 유전자검사 결과기록 열람(사본 발급) 신청서를 국립과학수사연구원장에게 제출하여야 한다.

■ 실종아동등의 발견 및 유전자검사 등에 관한 규칙 [별지 제15호서식]

유전자검사 결과기록 열람(사본 발급) 신청서

※ [   ]에는 해당되는 곳에 √표를 합니다.

접수번호		접수일		처리기간 즉시	
신청인	성 명			주민등록번호	
	주 소			전화번호	
	검사대상자와의 관계				
			[ ]본인	[ ]법정대리인	
검사대상자 정보	성 명			주민등록번호	
	주 소				
신청 내용	[ ]열람		[ ]사본 발급		
확인하려는 내용	[ ]유전자검사 결과		[ ]그 밖의 사항:		

「실종아동등의 보호 및 지원에 관한 법률」 제14조제1항 및 「실종아동등의 발견 및 유전자검사 등에 관한 규칙」 제11조제1항에 따라 위 검사대상자에 대한 유전자검사 결과기록의 열람(사본 발급)을 신청합니다.

년   월   일

신청인   (서명 또는 인)

국립과학수사연구원장   귀하

첨부서류	보호시설 설치 신고증, 후견인 지정서 등 검사대상자의 법정대리인임을 증명할 수 있는 서류(법정대리인이 신청인인 경우에만 제출합니다)	수수료 없 음

210mm× 297mm[백상지 80g/㎡(재활용품)]

②항: 제1항에 따라 신청서를 제출하는 법정대리인은 보호시설 설치 신고증, 후견인 지정서 등 검사대상자의 법정대리인임을 증명할 수 있는 서류를 함께 제출하여야 한다.

③항: 국립과학수사연구원장은 제1항에 따른 유전자검사 결과기록 열람(사본 발급) 신청서를 10년간 보관하여야 한다.

CHAPTER

04 다중이용시설 실종아동등 조기발견 지침

1. 법적 근거

다수가 이용하는 시설의 경우 실종이 발생할 가능성이 많은 장소이며, 발생후 실종자가 많은 인파와 복잡한 건조물의 구조에 가려져 부모나 보호자를 찾기가 쉽지 않은 특성이 있다. 「실종아동등의 보호 및 지원에 관한 법률」(이하 '법'이라 한다)제9조의3 제1항에 보건복지부장관은 불특정 다수인이 이용하는 시설에서 실종아동등을 빨리 발견하기 위하여 "실종아동등 조기발견 지침"[9]을 마련하여 고시하도록 하고 있다. 이에 따라 불특정 다수인이 이용하는 시설에서 실종아동등 발생 예방 및 조기 발견을 위하여 보건복지부에서 "실종아동등 조기발견지침"을 제정하여 시행하고 있다. 시설의 관리주체들은 실종아동등이 신고되는 경우에 경보발령, 수색, 출입구 감시 등의 조치를 하도록 규정하고 있다.

2. 적용대상 시설의 범위

다음에 해당하는 시설·장소 중 대통령령으로 정하는 규모의 시설·장소의 소유자·점유자 또는 관리자(관리주체)는 실종아동등이 신고되는 경우 실종아동등 조기발견 지침에 따라 즉시 경보발령, 수색, 출입구 감시 등의 조치를 하여야 한다.(실종아동법 제9조의3제2항) 실종아동등 조기발견지침 제2조에 의한 다중이용시설의 범위는 다음과 같다.

① 「유통산업발전법」에 따른 대규모점포
② 「관광진흥법」에 따른 유원시설

---

9) 실종아동등 조기발견지침 [시행 2017. 7. 17.] [보건복지부고시 제2017-128호, 2017. 7. 17., 일부개정] 보건복지부 (아동학대대응과), 044-202-3386 소관으로 되어 있다. 코드 아담을 반영하고 있다.

③ 「도시철도법」에 따른 도시철도의 역사(출입통로·대합실·승강장 및 환승통로와 이에 딸린 시설을 포함한다)

④ 「여객자동차 운수사업법」에 따른 여객자동차터미널

⑤ 「공항시설법」에 따른 공항시설 중 여객터미널

⑥ 「항만법」에 따른 항만시설 중 여객이용시설

⑦ 「철도산업발전기본법」에 따른 철도시설 중 역시설(물류시설은 제외한다)

⑧ 「체육시설의 설치·이용에 관한 법률」에 따른 전문체육시설

⑨ 「공연법」에 따른 공연이 행하여지는 공연장 등 시설 또는 장소

⑩ 「박물관 및 미술관 진흥법」에 따른 박물관 및 미술관

⑪ 지방자치단체가 문화체육관광 진흥 목적으로 주최하는 지역축제가 행하여지는 장소

⑫ 그 밖에 대통령령으로 정하는 경마장, 경륜장, 경정장 등

3. 실종아동등 발생시 자체 지침 수립

시설의 관리주체(소유자, 점유자 또는 관리자)는 이 지침 제3조에 의거해, 실종아동등 발생시 조치를 하기 위한 자체 관리지침을 수립하여 운영하여야 하며, 구체적인 지침의 내용에 다음 사항을 포함해야 한다.

① 관리주체는 실종아동등의 발생 예방 및 조기발견을 위해 부서 또는 근무자별 배치장소, 역할을 사전에 지정하여야 한다.

② 관리주체는 실종아동등의 발생 예방 및 조기발견을 위해 법 제9조의3제1항에 따른 실종아동등 조기발견 지침을 따르되, 보건복지부가 제공하는 표준매뉴얼을 참고하여 소관기관의 장으로부터 시설·장소의 허가 또는 등록 등을 받은 날부터 1월 이내 시설·장소의 특징을 고려한 자체지침을 마련할 수 있다.

③ 관리주체는 이용자가 실종아동등 조기발견 지침을 적용하는 시설임을 알 수 있도록 하는 표시를 할 수 있다.

4. 실종아동등 발생 신고

이 지침 제4조는 다중이용시설에서 실종아동등이 발생한 경우, 민관협력에 의한 조기발견을 위해 시설관리자에게 경찰관서에 신고할 의무를 부과하고 있다.

① 누구든지 다중이용시설에서 실종아동 등이 발생하였을 경우 관리주체에게 신고할 수 있다.

② 신고를 받은 관리주체는 신고자 등으로부터 실종아동 등의 성명, 연령, 성별, 신체특징 등 관련 정보를 파악하고 이를 별지 제1호서식의 실종아동등 발생 신고접수서에 기록·관리하여야 한다.

이 때 약취·유인 등 범죄관련 실종으로 의심되는 경우 관리주체는 즉시 관할 경찰관서의 장에게 신고하여야 한다.

■「실종아동등 조기발견지침」[별지 제1호서식]

실종아동등 발생 신고접수서

				연번	
신고자 인적사항 등	신고일시	2017. . . :			
	발생일시		발생장소		
	성 명		성 별		
	생년월일		연 령		
	신고자(관계)		연락처		
	주 소				
실종아동등 인적사항 및 신체특징	성 명		성 별		
	생년월일		연령		
	신 장	cm	체 중	kg	
	옷 색상		신발 종류 및 색상		
	안경 착용여부		안경색깔 및 유형		
	기타 특징				
	지문사전등록 여부		연락처		
관리주체 조치사항	수색시작시간		수색종료시간		
	경찰신고시간		경찰도착시간		
	미발견시 사유		발견시 인수자	(서명)	
비고					

5. 실종아동등 발생상황 전파와 경보발령

시설의 관리주체는 이 지침 제5조에 따라 실종아동등 발생사실이 신고되는 경우 즉시 안내방송으로 그 상황을 시설이용자에게 전파하고 경보를 발령하여야 한다. 다만, 소음 등으로 인하여 안내방송이 효과적이지 못할 것으로 예상되는 경우 전광판 표출 등 다른 수단으로 대체할 수 있다.

6. 출입자 감시 및 수색실시

다중이용시설의 관리주체는 민간인이지만 시설내에서 발생한 실종아동등에 대해 조기발견을 위해 시설내에서 출입하는 자에 대한 감시와 수색을 할 의무가 이 지침 제6조에 의해 부과되어 있다.

① 시설의 관리주체는 실종아동 등이 신고된 경우 신속하게 시설의 출입구에 종사자를 배치하여 출입자의 감시 등 필요한 조치를 취하되, 조치가 곤란하거나 불충분할 경우에는 즉시 관할 경찰관서의 장에게 신고하여야 한다.

② 시설의 관리주체는 이용자에게 공개된 장소뿐만 아니라 이용자의 접근이 제한되는 장소 및 시설에 대해서도 수색을 실시하여야 한다.

7. 실종아동등 미발견시 조치

다중이용시설의 관리주체가 수색을 하였지만 발견하지 못했을 경우 이 지침 제7조에 의거해 신고하고 수색을 중단하지 말아야 하며, 경찰의 수색에 협조할 의무가 있다.

① 시설의 관리주체는 실종아동등 조기발견을 위한 조치를 취하고도 발견하지 못하였을 때는 그 보호자의 동의를 얻어 관할 경찰관서의 장에게 실종아동 등 발생사실을 신고하여야 한다.

② 시설의 관리주체는 경찰에 신고한 후에도 수색을 계속하여야 하며 관할 경찰관서의 장의 요청에 적극 협조하여야 한다.

8. 경보의 해제

다중이용시설의 관리주체는 이 지침 제8조에 따라 실종아동등을 발견하기 전까지 경보를 해제해서는 안 되며, 해제를 할 필요가 있으면 경찰과 협의해야 한다.

① 시설의 관리주체는 실종아동등을 발견하여 보호자 등에게 인계하였을 때에는 발령된 경보를 해제하여야 한다.

② 시설의 관리주체는 실종아동등을 발견하지 못하였을 경우에는 경보발령의 지속여부에 대하여 관할 경찰관서의 장과 협의한 후 해제할 수 있다. 이 경우 관리주체는 정당한 사유가 없는 한 관할 경찰관서 장의 의견을 따라야 한다.

9. 복합시설의 실종아동등 발생 및 조치

"복합시설"은 1개의 건물 또는 장소에 2개 이상의 다중이용시설이 설치된 시설을 말한다. 다중이용시설 하나 이상이 모여 있으므로 실종발생가능성이 더 높고, 수색 등 찾기과정이 더 복잡한 시설구조를 가지고 있어서 조기발견을 위해 시설관리자의 협력이 더욱 요구된다.

이 지침 제9조에서 복합시설에서 실종아동등이 발생할 경우 각 시설의 관리주체는 실종아동등의 조기발견을 위해 실종아동등의 발생상황 전파와 경보발령, 출입지 감시 및 수색 실시 등 해당 시설의 조치내용을 상호 통보하는 등 협력하여야 한다고 규정하고 있다.

10. 교육훈련 실시 및 보고

시설의 관리주체는 해당 시설·장소의 종사자를 대상으로 실종아동등 발생사실 신고접수 요령, 상황 전파 및 경보 발령, 출입자 감시 및 수색 실시 등에 대한 교육·훈련을 연 1회 이상 실시하고, 훈련 실시 후 30일 이내에 이 지침 별지 제2호서식에 따라 관할 경찰관서의 장에게 보고하여야 한다.

다중이용시설명

수신자 관할 경찰관서의 장
(경유)

제 목 실종아동등 발생 예방 및 조기발견 자체 교육훈련 결과 보고

「실종아동등의 보호 및 지원에 관한 법률」 제9조의3제3항에 따라 자체 실시한 실종아동등 발생 예방 및 조기발견 교육훈련 결과를 다음과 같이 보고합니다.

○ 교육훈련 결과

교육훈련 주관자 (부서 및 성명)	일시	장소	참여 인원	교육훈련 내용	비고
다중이용시설 관리주체(소유자 성명) 등	2017. . . (: ~ :)			※ 다중이용시설 관리주체의 실종 아동등 발생 대비 관계부서 또는 근무자별 배치장소·역할 사전 지정, 실종아동등 발생사실 신고접수 요령, 상황 전파 및 경보 발령 근무자 또는 시설관계자 배치, 출입자 감시 및 수색 실시 등에 대한 교육훈련의 구체적인 내용을 기재	

끝.

다중이용시설 관리주체 [직인]

기안자 직위(직급) 서명   검토자 직위(직급) 서명   결재권자 직위(직급) 서명
협조자 직위(직급) 서명
시행   처리과명−일련번호(시행일)   접수   처리과명−일련번호(접수일)
우   주소   / 홈페이지 주소
전화( )   전송( )   / 기안자의 공식전자우편주소 / 공개구분

210mm×297mm(일반용지 60 g/㎡(재활용품))

PART
03

실종아동등 및
가출인 업무처리

CHAPTER

01

실종아동 시스템 구축 운영

1. 법적 근거

실종아동등의 조기발견과 보호 및 지원을 위해 국가는 실종아동등의 보호 및 지원에 관한 법률 제3조와 제8조의2에서 정보시스템을 구축하도록 하고 있다. 보건복지부장관이 정보연계시스템을 구축해 운영하며 경찰 정보시스템과 연계하여 신상정보를 검색 및 대조하게 하였다. 또한, 실종아동법 시행령 제4조의2에서 경찰청장은 실종아동등에 대한 신고체계와 프로파일링 시스템을 구축해 운영하게 하고 있다.

나아가 경찰은 실종아동등 및 가출인의 신속한 발견 등을 위한 시스템의 구축과 정보연계 및 실종아동찾기 업무를 효율적으로 처리하기 위해 "실종아동등 및 가출인 업무처리 규칙"[1]을 따로 제정해서 따르고 있다. 실종아동등 및 가출인의 신속한 발견을 위해 전국적으로 경찰관서에서 통일된 법제도 및 정보시스템과 업무처리 절차를 마련하고, 실종아동찾기센터를 설치해 182신고전화를 운영하며, 장기실종자 추적팀을 가동하고, 가능한 신속한 신고접수, 검색, 경보발령, 수색, 수사 등 일련의 업무처리과정을 효율화하기 위해 전산화와 온라인 처리를 규정하고 있다. 경찰관서마다 서로 다른 절차에서 오는 혼란을 막고, 소극적인 접수나 수색 및 수사 등 업무처리 행태를 개선한 것이며, 실종아동등 및 가출인의 장기실종을 예방하는 중요한 역할을 하고 있다.

---

[1] 실종아동등 및 가출인 업무처리 규칙 [경찰청예규 제588호]. 경찰청(아동청소년과), 02-3150-1394에서 관장하고 있다. 이 규칙은 실종아동등 및 가출인의 신속한 발견 등을 위한 업무를 효율적으로 처리하기 위해 필요한 사항을 규정함을 목적으로 한다. https://www.law.go.kr/admRulSc.do?menuId=5&subMenuId=41&tabMenuId= 183&query=%EC%8B%A4%EC%A2%85%EC%95%84%EB%8F%99%EB%93%B1%20%EB%B0%8F%20% EA%B0%80%EC%B6%9C%EC%9D%B8%20%EC%97%85%EB%AC%B4%EC%B2%98%EB%A6% AC%20%EA%B7%9C%EC%B9%99#liBgcolor0 2022.8.6.

2. 관련 용어의 정의

실종아동등 및 가출인 업무처리 규칙 제2조에서 정의한 용어의 뜻은 다음과 같다.

1호. "아동등"이란 「실종아동등의 보호 및 지원에 관한 법률」(이하 "법"이라 한다) 제2조제1호에 따른 실종 당시 18세 미만 아동, 지적·자폐성·정신장애인, 치매환자를 말한다.

2호. "실종아동등"이란 법 제2조제2호에 따른 사유로 인하여 보호자로부터 이탈된 아동등을 말한다.

3호. "찾는실종아동등"이란 보호자가 찾고 있는 실종아동등을 말한다.

4호. "보호실종아동등"이란 보호자가 확인되지 않아 경찰관이 보호하고 있는 실종아동등을 말한다.

5호. "장기실종아동등"이란 보호자로부터 신고를 접수한 지 48시간이 경과한 후에도 발견되지 않은 찾는실종아동등을 말한다.

6호. "가출인"이란 신고 당시 보호자로부터 이탈된 18세 이상의 사람을 말한다.

7호. "발생지"란 실종아동등 및 가출인이 실종·가출 전 최종적으로 목격되었거나 목격되었을 것으로 추정하여 신고자 등이 진술한 장소를 말하며, 신고자 등이 최종 목격 장소를 진술하지 못하거나, 목격되었을 것으로 추정되는 장소가 대중교통시설 등일 경우 또는 실종·가출 발생 후 1개월이 경과한 때에는 실종아동등 및 가출인의 실종 전 최종 주거지를 말한다.

8호. "발견지"란 실종아동등 또는 가출인을 발견하여 보호 중인 장소를 말하며, 발견한 장소와 보호 중인 장소가 서로 다른 경우에는 보호 중인 장소를 말한다.

9호. "국가경찰 수사 범죄"란 「자치경찰사무와 시·도자치경찰위원회의 조직 및 운영 등에 관한 규정」 제3조제1호부터 제5호까지 또는 제6호나목의 범죄가 아닌 범죄를 말한다.[2]

10호. "실종·유괴경보 문자메시지"란 실종·유괴경보가 발령된 경우 「실종아동등의 보호 및 지원에 관한 법률 시행령」(이하 "영"이라 한다) 제4조의5제7항에 따른 공개정보(이하 "공개정보"라 한다)를 시민들에게 널리 알리기 위하여 휴대폰에 전달하는 문자메시지를 말한다.

3. 실종아동찾기센터 설치 운영(제4조)

실종아동등 및 가출인 업무처리 규칙 제4조에서 실종아동찾기 업무를 대내외적으로 총괄하는 센터를 설치해 182 특수전화번호 운영, 국민과 실종아동가족 신고접수 및 공개경보발령 등 업무를 24시간

---

[2] 자치경찰사무와 시·도자치경찰위원회의 조직 및 운영 등에 관한 규정 [대통령령 제32341호, 2022. 1. 18., 일부개정] 경찰청(자치경찰담당관), 02-3150-0174 소관이다. 이 영은 「국가경찰과 자치경찰의 조직 및 운영에 관한 법률」 제4조, 제18조, 제20조, 제21조 및 제26조부터 제28조까지의 규정에서 위임된 사항과 그 시행에 필요한 사항을 규정함을 목적으로 한다. 제3조의 수사 관련 자치경찰사무의 범위에는 1호 학교폭력 등 소년범죄, 2호 가정폭력 및 아동학대 범죄, 교통사고 및 교통관련 범죄, 4호 형법상 공연음란 및 성폭력범죄의 처벌 등에 관한 특례법 제12조 성적목적을 위한 다중이용장소 침입행위, 5호 경범죄 및 기초질서 관련 범죄, 6호 가출인 및 실종아동등의 보호 및 지원에 관한 법률에 따른 실종아동등 관련 수색 및 범죄

처리하도록 하고 있다. 이 센터의 설치로 경찰서 단위 단절된 업무처리에서 전국 단위 실종아동신고와 접수 및 처리가 가능해졌다.

①항: 실종아동등의 조속한 발견 등 관련 업무를 효율적으로 수행하기 위해 경찰청에 실종아동찾기센터를 설치한다.

②항: 실종아동찾기센터는 다음 각 호의 업무를 수행한다.

　　1호. 전국에서 발생하는 실종아동등의 신고접수·등록·조회 및 등록해제 등 실종아동등 발견·보호·지원을 위한 업무

　　2호. 실종·가출 신고봉 특수번호 "182"의 운영

　　3호. 제25조 제1항에 따른 실종·유괴경보 문자메시지의 송출과 관련된 업무

　　4호. 그 밖의 실종아동등과 관련하여 경찰청장이 지시하는 사항

경찰은 발생하는 실종사건 처리의 전국적 콘트롤 타워를 설치해 실종자찾기의 전국적 공조, 신속한 접수와 전파, 수색과 수사를 지휘조정하도록 하고 있다.

경찰청 실종아동찾기센터는 182센터라고도 한다. 182센터는 실종아동등찾기를 위한 전용 홈페이지를 '안전드림'을 개설해 운영하고 있다.[3] 실종아동등 제도소개, 지문등정보 사전등록, 실종아동검색, 관련 범죄인 성폭력, 학교폭력, 가정폭력, 학대 등 신고접수와 상담도 해주고 있다.

그림 7 **경찰청 안전드림센터의 182 실종아동찾기센터 홈페이지**

*출처: https://www.safe182.go.kr/index.do 2022.8.6.

---

3)　https://www.safe182.go.kr/index.do 2022.4.13.

4. 장기실종아동등 추적팀 구성 운영

경찰에서 실종아동등 및 가출인 업무처리 규칙 제5조에 의해 장기실종아동 추적수사를 소홀히 하지 않도록 전담부서를 설치하여 운영하게 하고 있다. 실종아동 가족들은 계속 추적하고 있지만 경찰에서는 시간이 지나면서 관심이 적어지고, 인력부족으로 경찰력 투입이 되지 않아 사실상 추적이 중단되는 문제를 해소하기 위한 것이다.

①항: 장기실종아동등에 대한 전담 추적·조사를 위해 경찰청 또는 시·도경찰청에 장기실종자 추적 팀을 설치할 수 있다.

②항: 장기실종자 추적팀은 다음 각 호의 업무를 수행한다.

1호. 장기실종아동등에 대한 전담 조사

2호. 실종아동등·가출인 관련 사건의 수색·수사 지도

3호. 그 밖의 소속 경찰관서의 장이 지시하는 실종아동등 관련 업무

장기실종아동등은 실종신고가 접수된 뒤 48시간이 지나도 찾지 못해서 찾고 있는 대상자를 의미한다. 장기실종은 초기 실종자 탐문이나 수색 등이 실패로 돌아가 계속해서 장기적으로 찾기 활동을 해야 하는 상태이므로 전담해서 추적할 경찰관을 구성해 주어야 일선 경찰관서에서 중단없이 수색과 수사를 할 수 있다. 따라서 여기서 장기실종자 추적팀을 설치할 수 있다고 하였지만 추적팀을 구성해 운영해야 하는 것으로 해석해야 한다.

5. 경찰의 실종 정보시스템 운영

실종아동발생을 예방하고 신고접수시 신속한 데이터베이스 확인 및 추적을 위해 실종아동법에 의해 보건복지부와 경찰청에 정보시스템을 구축하고 연계하도록 하고 있고, 실종자 추적수사를 위해 경찰이 내부적으로 프로파일링 수사를 할 수 있게 하였다. 실제 실종아동등 신고가 접수되면 프로파일링시스템에 검색과 대조 등을 우선적으로 해보면 이미 신고된 실종자인지 확인도 가능하다. 인터넷 안전드림을 통해 실종자정보를 공개하여 제보를 받으며, 내부적으로는 프로파일링시스템으로 검색, 추적, 수사 등 찾기활동을 전산화하여 효율성을 높이고 있다.

실종아동등 및 가출인 업무처리 규칙 제6조에서 경찰의 정보시스템의 운영을 상세히 규정하고 있다.

①항: 경찰청 생활안전국장은 법 제8조의2제1항에 따른 정보시스템으로 실종아동등 프로파일링시스템 및 실종아동찾기센터 홈페이지(이하 "인터넷 안전드림"이라 한다)를 운영한다.

②항: 실종아동등 프로파일링시스템은 경찰관서 내에서만 사용할 수 있도록 제한하고, 인터넷 안전드림은 누구든 사용할 수 있도록 공개 하는 등 분리하여 운영한다. 다만, 자료의 전송 등을 위해 필요한 경우 상호 연계할 수 있다.

③항: 경찰관서의 장은 실종아동등 프로파일링시스템에 업무담당자 등 필요하다고 인정되는 사람만 접근할 수 있도록 권한을 부여하는 등의 방법으로 통제·관리하여야 한다.

④항: 인터넷 안전드림은 실종아동등의 신고 또는 예방·홍보 등과 관련된 정보를 제공한다.

6. 경찰의 실종 정보시스템 입력 대상 및 정보관리

실종아동의 정보를 정보시스템에서 검색하고 활용하기 위해서는 실종자의 신상정보를 정보시스템에 입력하고 업데이트하여 관리해야 한다. 이를 위해 개인정보를 수집해 입력하되, 실종아동등 및 가출인 업무처리 규칙 제7조에서 정보시스템 입력 대상 및 정보관리의 범위를 통제하여 개인신상정보를 보호하고 있다.

①항: 실종아동등 프로파일링시스템에 입력하는 대상은 다음 각 호와 같다.

　　1호. 실종아동등

　　2호. 가출인

　　3호. 보호시설 입소자 중 보호자가 확인되지 않는 사람(이하 "보호시설 무연고자"라 한다)

②항: 경찰관서의 장은 실종아동등 또는 가출인에 대한 신고를 접수한 후 신고대상자가 다음 각 호의 어느 하나에 해당하는 경우에는 신고 내용을 실종아동등 프로파일링시스템에 입력하지 않을 수 있다.

　　1호. 채무관계 해결, 형사사건 당사자 소재 확인 등 실종아동등 및 가출인 발견 외 다른 목적으로 신고된 사람

　　2호. 수사기관으로부터 지명수배 또는 지명통보된 사람

　　3호. 허위로 신고된 사람

　　4호. 보호자가 가출 시 동행한 아동등

　　5호. 그 밖에 신고 내용을 종합하였을 때 명백히 제1항에 따른 입력 대상이 아니라고 판단되는 사람

③항: 실종아동등 프로파일링시스템에 등록된 자료의 보존기간은 다음 각 호와 같다. 다만, 대상자가 사망하거나 보호자가 삭제를 요구한 경우는 즉시 삭제하여야 한다.

　　1호. 발견된 18세 미만 아동 및 가출인 : 수배 해제 후로부터 5년간 보관

　　2호. 발견된 지적·자폐성·정신장애인 등 및 치매환자 : 수배 해제 후로부터 10년간 보관

　　3호. 미발견자 : 소재 발견 시까지 보관

　　4호. 보호시설 무연고자 : 본인 요청 시

④항: 경찰관서의 장은 본인 또는 보호자의 동의를 받아 실종아동등 프로파일링시스템에서 데이터베이스로 관리하는 실종아동등 및 보호시설 무연고자 자료를 인터넷 안전드림에 공개할 수 있다.

⑤항: 경찰관서의 장은 다음 각 호의 어느 하나에 해당하는 때에는 지체 없이 인터넷 안전드림에 공개된 자료를 삭제하여야 한다.

　1호. 찾는실종아동등을 발견한 때

　2호. 보호실종아동등 또는 보호시설 무연고자의 보호자를 확인한 때

　3호. 본인 또는 보호자가 공개된 자료의 삭제를 요청하는 때

⑥항: 실종아동등 또는 가출인에 대한 신고를 접수하거나, 실종아동등 프로파일링시스템에 신고 내용이 입력되어 있는 것을 확인한 경찰관은 보호자가 요청하는 경우에는 별지 제1호서식의 신고접수증을 발급할 수 있다.

7. 실종아동등 프로파일링시스템 등록

실종아동등 신고접수나 제보를 접수하여 처리할 때 신속하고 전국적으로 통일된 내용으로 사건내용을 파악해 입력하는 것이 효율적이고 실종자 발생시 검색, 추적 및 수사에 활용하기 편리하다. 이를 위해 실종아동등 및 가출인 업무처리 규칙 제8조에서 실종아동등 프로파일링시스템 등록 절차와 해제 등 요건을 규정하고 있다.

①항: 경찰관서의 장은 제7조제1항 각 호의 대상에 대하여 별지 제2호서식의 실종아동등 프로파일링시스템 입력자료를 시스템에 등록한다.

　*유의사항: 모든 실종이나 가출신고는 112 및 182, 일반전화 신고, 방문신고 가능하다. 112 신고나 경찰관서 일반전화 신고를 해오면, 신속한 처리를 위해 발생지 관할을 불문하고 신고자가 위치한 관할 경찰관서에서 접수, 프로파일링 시스템에 등록함이 원칙이다.

②항: 삭제됨.

③항: 경찰관서의 장은 다음 각 호의 어느 하나에 해당하는 경우에는 별지 제3호서식에 따른 수정·해제자료를 작성하여 실종아동등 프로파일링시스템에 등록된 자료를 해제하여야 한다. 다만, 제6호에 해당하는 경우에는 해제 요청 사유의 진위(眞僞) 여부를 확인한 후 해제한다.

　1호. 찾는실종아동등 및 가출인의 소재를 발견한 경우

　2호. 보호실종아동등의 신원을 확인하거나 보호자를 확인한 경우

　3호. (삭제)

　4호. 허위 또는 오인신고인 경우

　5호. 지명수배 또는 지명통보 대상자임을 확인한 경우

　6호. 보호자가 해제를 요청한 경우

④항: 실종아동등에 대한 해제는 실종아동찾기센터에서 하며, 시·도경찰청장 및 경찰서장이 해제하려면 실종아동찾기센터로 요청하여야 한다.

실종아동등 프로파일링시스템 입력자료

<table>
<tr><td rowspan="7">접수정보</td><td>일련번호</td><td></td><td>접수일자</td><td>년 월 일</td><td rowspan="2">사 진</td></tr>
<tr><td>접수관서</td><td></td><td>관할관서</td><td></td></tr>
<tr><td>신고구분</td><td colspan="3">1. 찾는신고 2.보호신고</td></tr>
<tr><td>대상</td><td colspan="3">1.정상아동(18세미만) 2.지적장애인(18세미만) 3.지적장애인(18세이상) 4.치매환자
5.가출인 6.교통사고사상자 7.보호시설수용자</td></tr>
<tr><td>주민번호</td><td></td><td>인터넷공개</td><td>1.예 2.아니오</td></tr>
<tr><td>성명</td><td></td><td>성별</td><td>1.남자 2.여자 3.모름</td></tr>
<tr><td rowspan="11">기본정보</td><td>주소</td><td colspan="4"></td></tr>
<tr><td>전화번호</td><td></td><td>생년월일/나이</td><td colspan="2">년 월 일(실종당시나이 만 세)</td></tr>
<tr><td>직업
(가출인)</td><td colspan="4">1.학생 2.무직 3.농업 4.공업 5.상업 6.근로자 7.서비스직 8.연예인 9.접대부
10.회사원 11.자유업 12.운전사 13.공무원 14.종교인 15.노동자 16.주부
99.기타(   )</td></tr>
<tr><td>학력
(가출인)</td><td colspan="4">1.무학 2.유치원 3.초등재 4.초등졸 5.중재 6.중졸 7.고재 8.고졸 9.대재 10.대졸
11.대학원재 12.대학원졸 13.특수학교 99.기타(   )</td></tr>
<tr><td>국적구분</td><td colspan="2">1.교포 2.내국인 3.외국인</td><td colspan="2">국적</td></tr>
<tr><td>발생동기</td><td colspan="4">1.가정문제 2.교우관계 3.구직관계 4.납치 5.보호자이탈 6.상습가출 7.유기
8.유인 9.이성문제 10.자살(의심) 11.정신질환 12.종교 13.진학관계 14.치매
99.기타(   )</td></tr>
<tr><td>발생/발견일시</td><td colspan="2">년 월 일 시
분</td><td>발생/발견장소</td><td></td></tr>
<tr><td>발생/발견지</td><td colspan="4"></td></tr>
<tr><td rowspan="13">신고및접수자</td><td>성명</td><td></td><td>주민번호</td><td colspan="2"></td></tr>
<tr><td>관계</td><td colspan="4">1.경찰 2.동거자 3.배우자 4.본인 5.부모 6.시설 7.자녀 8.조부모 9.친척 10.형제 99.기타(<br>)</td></tr>
<tr><td>연락처
(핸드폰)</td><td></td><td>기타연락처</td><td colspan="2"></td></tr>
<tr><td>주소</td><td colspan="4"></td></tr>
<tr><td>보호자
유전자</td><td>1.채취 2.미채취</td><td>채취일자</td><td colspan="2">년 월 일</td></tr>
<tr><td>채취자</td><td></td><td>채취자 소속</td><td colspan="2"></td></tr>
<tr><td>채취장소</td><td>1.경찰서 2.보호시설 3.기타(<br>)</td><td>보호장소</td><td colspan="2"></td></tr>
<tr><td>시설
전화번호</td><td></td><td>입소일자</td><td colspan="2">년 월 일</td></tr>
<tr><td>시설주소</td><td colspan="4"></td></tr>
<tr><td>접수자</td><td>계급   성명</td><td>접수자 소속</td><td colspan="2"></td></tr>
</table>

210㎜×297㎜(일반용지 60g/㎡)

CHAPTER

02 실종아동등 신고접수 및 처리

제1절 실종아동 신고접수 및 조치

1. 실종신고 접수

모든 실종이나 가출신고는 112 및 182, 일반전화 신고, 방문신고 가능하다. 112신고나 경찰관서 일반전화 신고를 해오면, 신속한 처리를 위해 발생지 관할을 불문하고 신고자가 위치한 관할 경찰관서에서 접수, 프로파일링 시스템에 등록함이 원칙이다.

실종에 관련된 성폭력, 가정폭력, 아동학대, 소년범죄 등 범죄혐의를 발견할 때는 즉시 수사에 착수하도록 해야 한다. 단순가출이나 실종사유 등 부서간 이견이 있거나 수사필요성 판단을 요한다면 실종수사조정위원회를 개최하여 결정하는 절차를 진행하도록 한다

경찰은 실종아동등 및 가출인 업무처리 규칙 제10조에 따라 실종아동등 신고는 관할에 관계 없이 실종아동찾기센터, 각 시·도경찰청 및 경찰서에서 전화, 서면, 구술 등의 방법으로 접수하며, 신고를 접수한 경찰관은 범죄와의 관련 여부 등을 확인해야 한다.

경찰청 실종아동찾기센터는 실종아동등에 대한 신고를 접수하거나, 신고 접수에 대한 보고를 받은 때에는 즉시 실종아동등 프로파일링시스템에 입력, 관할 경찰관서를 지정하는 등 필요한 조치를 하여야 한다. 이 경우 관할 경찰관서는 발생지 관할 경찰관서 등 실종아동등을 신속히 발견할 수 있는 관서로 지정해야 한다.

2. 실종신고에 대한 조치

1) 초동조치

최초 접수 경찰관서에서는 경찰청 프로파일링 시스템에서 실종자를 검색을 하여 본다. 통합검색과 지문이나 사진 등의 유사도 매칭을 시도한다. '통합검색'에서 상세검색, 약취유인 사건검색, 유전자 채취검색, 기관검색, 위치검색, 보호시설검색 등이 가능하다. 또한 유사도 매칭을 통해서는 유사지문 검색, 접수이전 사진검색, 유사도 매칭, 유사인물 검색, 동일인물 검색도 가능하다.[4]

실종아동등 및 가출인 업무처리 규칙 제11조에 따르면, 경찰은 신고에 대한 조치를 신속하여 다음과 같이 진행하여야 한다.

①항: 경찰관서의 장은 찾는실종아동등에 대한 신고를 접수한 때에는 정보시스템의 자료를 조회하는 등의 방법으로 실종아동등을 찾기 위한 조치를 취하고, 실종아동등을 발견한 경우에는 즉시 보호자에게 인계하는 등 필요한 조치를 하여야 한다.

②항: 경찰관서의 장은 보호실종아동등에 대한 신고를 접수한 때에는 제1항의 절차에 따라 보호자를 찾기 위한 조치를 취하고, 보호자가 확인된 경우에는 즉시 보호자에게 인계하는 등 필요한 조치를 하여야 한다.

③항: 경찰관서의 장은 제2항에 따른 조치에도 불구하고 보호자를 발견하지 못한 경우에는 관할 지방자치단체의 장에게 보호실종아동등을 인계한다.

④항: 경찰관서의 장은 정보시스템 검색, 다른 자료와의 대조, 주변인물과의 연락 등 실종아동등의 조속한 발견을 위하여 지속적인 추적을 하여야 한다.

⑤항: 경찰관서의 장은 실종아동등에 대하여 제18조의 현장 탐문 및 수색 후 그 결과를 즉시 보호자에게 통보하여야 한다. 이후에는 실종아동등 프로파일링시스템에 등록한 날로부터 1개월까지는 15일에 1회, 1개월이 경과한 후부터는 분기별 1회 보호자에게 추적 진행사항을 통보한다.

⑥항: 경찰관서의 장은 찾는실종아동등을 발견하거나, 보호실종아동등의 보호자를 발견한 경우에는 실종아동등 프로파일링시스템에서 등록 해제하고, 해당 실종아동등에 대한 발견 관서와 관할 관서가 다른 경우에는 발견과 관련된 사실을 관할 경찰관서의 장에게 지체 없이 알려야 한다.

2) 실종아동등의 위치정보를 요청하는 방법 및 절차

실종아동등 및 가출인 업무처리 규칙 제14조(실종아동등의 위치정보를 요청하는 방법 및 절차)에 의해 위치정보를 요청하고 수사에 활용한다. 경찰로부터 위치정보를 요청받은 사업자는 정당한 이유가 없으면 이에 따라야 한다. 위치정보요청에 대한 사업자들의 거부로 인해 추적과 수사가 지연되는 문제

---

4) 경찰청(2018). 실종·아동안전 업무 매뉴얼, 22쪽.

는 어느 정도 해소가 되었지만 일부 별정통신 사업자 등은 24시간 근무하는 시스템이 아닌 경우도 있어서 위치정보 확인이 늦어지기도 한다.

①항: 찾는실종아동등의 신고를 접수하여 현장에 출동한 경찰관은 보호자·목격자의 진술, 실종 당시의 정황 등을 종합하여 실종아동등의 조속한 발견을 위해 실종아동법 제9조에 따른 위치정보 제공 요청의 필요 여부를 판단하여야 한다.

②항: 현장 출동 경찰관은 신고자로부터 가족관계 등록사항에 관한 증명서, 장애인등록증 등 필요한 서류를 확인하는 등의 방법으로 신고대상자가 실종아동등에 해당하는지와 신고자가 실종아동등의 보호자가 맞는지 확인하여야 한다. 다만, 현장에서 관련 서류를 확인하기 어려운 때에는 신고자의 진술로 이를 확인할 수 있다.

③항: 경찰관이 실종아동법 제9조에 따른 위치정보 제공을 요청하는 때에는 다음 각 호에 따른 결재권자의 결재를 받아 요청하여야 한다. 다만, 야간 또는 공석 등의 이유로 즉시 결재를 받기 어려운 때에는 사후에 보고하도록 해야 한다.

　　1호. 지구대·파출소 지역경찰관 : 지구대장 또는 파출소장

　　2호. 경찰서 여성청소년부서 담당 경찰관 : 소속 과장

　　3호. 시·도경찰청 여성청소년과 담당 경찰관 : 소속 계장

④항: 담당 경찰관은 찾는실종아동등의 위치정보를 제공받아 수색하는 과정에서 해당 실종아동등이 범죄 피해로 인해 실종되었다고 확인되는 때에는 즉시 해당 위치정보를 폐기하여야 한다.

⑤항: 경찰관서의 장은 위치정보가 실종아동등 찾기 이외의 목적으로 오·남용되지 않도록 관리하여야 한다.

3. 현장 탐문 및 수색 실시

현장 탐문과 현장을 비롯한 행적지의 수색은 실종아동을 찾는데 있어서 핵심적인 초기조치이며, 골든타임을 확보하기 위해서도 즉시 탐문과 수색을 시작하는 것이 필요하다. 실종아동등 및 가출인 업무처리 규칙 제18조의 규정에 따라 경찰관서의 장은 다음과 같은 방법으로 현장탐문과 수색을 한다.

①항: 찾는실종아동등 및 가출인발생신고를 접수 또는 이첩 받은 발생지 관할 경찰서장은 즉시 현장 출동 경찰관을 지정하여 탐문·수색하도록 하여야 한다. 다만, 경찰관서장이 판단하여 수색의 실익이 없거나 현저히 곤란한 경우에는 탐문·수색을 생략하거나 중단할 수 있다.

②항: 경찰서장은 제1항의 규정에 따라 현장을 탐문·수색한 결과, 정밀수색이 필요하다고 인정될 경우에는 추가로 필요한 경찰관 등을 출동시킬 수 있다.

③항: 현장출동 경찰관은 제1항의 규정에 따라 현장을 탐문·수색한 결과에 대해 필요한 보고서를 작성하여 실종아동등 프로파일링시스템에 등록하고 경찰서장에게 보고하여야 한다.

4. 추적 및 수사

프로파일링 검색, 현장 탐문, 현장이나 행적지 및 이동되었을 가능성이 있는 지역을 두루 수색하였지만 실종아동등을 발견하지 못하였을 경우, 경찰은 새로운 추적방법과 수사의 단계로 이행하게 된다. 실종아동등 및 가출인 업무처리 규칙 제19조의 규정에 따라 경찰의 추적 및 수사 요령은 조사, 수색, 위치추적, 유전자 검사, 프로파일링 등을 진행해야 한다. 범죄와의 관련성이 있다고 합리적 의심이 드는 경우에는 임의수사 외에 강제수사도 추진하여 적극적인 수사가 되도록 해야 한다.

　①항: 찾는실종아동등 및 가출인에 대한 발생지 관할 경찰서장은 신고자·목격자 조사, 최종 목격지 및 주거지 수색, 위치추적 등 통신수사, 유전자검사, 실종아동등 프로파일링시스템 정보조회 등의 방법을 통해 실종아동등 및 가출인을 발견하기 위한 추적에 착수한다.

　②항: 경찰서장은 실종아동등 및 가출인이 범죄관련 여부가 의심되는 경우, 신속히 수사에 착수하여야 한다.

5. 실종수사 조정위원회 운영

경찰이 실종수사를 진행하면서 추적이나 수색 방법에 이견이 있거나 조정이 필요하면 실종수사조정위원회를 통해 조정해야 하고, 수사방향과 방법에 중복과 혼선을 없애도록 해야 한다. 중복수사로 인해 실종자 가족과 참고인등의 불편은 물론이고 경찰력만 낭비하고 성과를 거두지 못하면 실종자의 위험이 가중되기 때문이다. 실종아동등 및 가출인 업무처리 규칙 제20조에 실종수사 조정위원회 구성과 24시간 내 서면으로 신속한 조정을 하도록 하고 있다.

　①항: 경찰서장은 실종아동등 및 가출인의 수색·추적 중 인지된 국가경찰 수사 범죄의 업무를 조정하기 위하여 실종수사 조정위원회를 구성하여 운영할 수 있다.

　　1호. 위원회는 위원장을 경찰서장으로 하고, 위원은 여성청소년과장(미직제시 생활안전과장), 형사과장(미직제시 수사과장) 등 과장 3인 이상으로 구성한다.

　　2호. 위원회는 경찰서 여성청소년과장이 회부한 국가경찰 수사 범죄 의심 사건의 범죄관련성 여부 판단 및 담당부서를 결정한다.

　②항: 위원회는 경찰서 여성청소년과장의 안건 회부 후 24시간 내에 서면으로 결정하여야 한다.

　③항: 경찰서장은 위원회 결정에 따라 실종아동등 및 가출인 발견을 위해 신속히 추적 또는 수사에 착수하여야 한다.

1. 실종 및 유괴경보 체계 구축운영

실종 및 납치된 아동을 발견하는 데 도움이 되는 신속한 긴급실종아동경보를 경찰에서 구축하고 활용하는 것은 오늘날 미디어와 인터넷 및 소셜네트워크가 발달된 사회에서 필수적인 사항이다. 최초의 경보 시스템인 AMBER 경보는 1996년 미국에서 구축되었다. 텍사스 알링턴에서 자전거를 타고 가다가 납치된 9세 Amber Hagerman의 이름을 따서 명명되었다.[5] 그 이후로 다른 국가에서도 유사한 방식을 채택했고, 이 경보시스템은 법 집행 기관, 방송사, 운송 기관, 비정부 기구(NGO), 소셜 미디어, 기타 미디어 간의 자발적인 파트너십으로 구성되고 활용된다. 우리나라는 실종경보와 유괴경보로 제도상 구분되어 있으나 하는 역할은 유사하다.

경찰은 실종아동등 및 가출인 업무처리 규칙 제23조에 의거해 실종·유괴경보 체계의 구축·운영을 하고 있으며, 상세한 시스템 구축과 활용은 다음과 같다.

①항: 경찰청장은 법 제9조의2제1항에 따라 실종·유괴경보 정책 수립 및 제도 개선 등에 관한 사항을 총괄하며 다음 각 호의 업무를 수행한다.

1호. 실종·유괴경보와 관련하여 협약을 체결한 기관·단체(이하 "협약기관"이라 한다)와의 협조체계 구축·운영

2호. 실종·유괴경보 발령시스템 구축 및 유지 관리

3호. 행정안전부, 영 제4조의5제2항에 따른 주요 전기통신사업자(이하 "주요 전기통신사업자"라 한다) 등 관계기관과의 협력

4호. 실종·유괴경보 발령 기준 및 표준문안·도안 개선

5호. 실종·유괴경보 운영실태 파악 및 통계 관리

6호. 관련 매뉴얼 및 교육자료 제작

7호. 그 밖에 실종·유괴경보 정책 수립 및 제도 개선 등과 관련된 제반사항

②항: 시·도경찰청장은 실종·유괴경보와 관련하여 다음 각 호의 업무를 수행한다.

1호. 협약기관과의 협조체계 구축·운영

2호. 실종·유괴경보의 발령 및 해제

3호. 타 시·도경찰청장의 발령 요청 등에 대한 협조

4호. 소속 경찰관에 대한 교육

---

[5] National Center for Missing & Exploited Children, AMBER Alert Program, at
http://www.missingkids.com/amber (last visited June 9, 2016). 2022.8.15.

5호. 그 밖에 실종·유괴경보 발령 및 해제와 관련된 제반사항

③항: 경찰서장은 다음 각 호의 업무를 수행한다.

1호. 협약기관과의 협조체계 구축·운영

2호. 실종·유괴경보의 발령 요청

3호. 소속 경찰관에 대한 교육

④항: 시·도경찰청장과 경찰서장은 실종·유괴경보와 관련한 업무를 수행하기 위하여 다음 각 호의 구분에 따라 운영책임자를 둔다.

1호. 실종경보 운영책임자

가목. 시·도경찰청 : 여성청소년과장(미직제시 생활안전교통과장)

나목. 경찰서 : 여성청소년과장(미직제시 생활안전과장 또는 생활안전교통과장)

2호. 유괴경보 운영책임자

가목. 시·도경찰청 : 형사과장(미직제시 수사과장)

나목. 경찰서 : 형사과장(미직제시 수사과장)

2. 실종 및 유괴경보 발령

실종이나 유괴 경보시스템에는 지역의 필요와 상황에 따라 언제 시작해야 하는지에 대한 자체 기준을 두고 있다. 하지만, 주요 기준에는 다음 사항이 포함되는 것이 바람직하다.

아동이 심각한 상해 또는 사망의 임박한 위험에 있음을 나타내는 정보가 있고, 국민들이 실종아동을 찾는 수색이나 수사를 도울 수 있는 충분한 정보가 있을 때에 발령하는 것이 바람직하다.

경찰은 실종아동등 및 가출인 업무처리 규칙 제24조에 따라 실종경보 또는 유괴경보를 발령한다. 인질이나 납치와 관련된 상당한 의심이 있으면 실종경보가 아닌 유괴경보를 발령해야 한다.

①항: 시·도경찰청장은 실종아동등의 조속한 발견과 복귀를 위하여 실종·유괴경보의 발령이 필요하다고 판단되는 경우 별표 1의 발령 요건·기준에 따라 실종·유괴경보를 발령할 수 있다.

②항: 제1항에 따라 실종경보를 발령한 시·도경찰청장은 타 시·도경찰청장의 관할 구역에도 실종경보의 발령이 필요하다고 인정하는 경우 타 시·도경찰청장에게 같은 내용의 경보발령을 요청할 수 있고, 경보발령을 요청받은 시·도경찰청장은 특별한 사유가 없는 한 지체 없이 실종경보의 발령에 협조하여야 한다.

③항: 시·도경찰청장은 별표 1에 규정된 경보해제 사유에 해당하는 경우 즉시 당해 실종·유괴경보를 해제하여야 한다.

3. 실종 및 유괴경보 문자메시지 송출

실종 및 유괴경보를 송출하는 가장 편리한 방법은 핸드폰 문자메시지를 활용하는 것이다. 핸드폰을 휴대하고 다니는 사람들에게 경찰에서 실종발생지역과 관련된 지역에 일방적으로 경보문자를 보내면 이를 보는 사람들이 주변을 확인하거나 수색하여 제보하거나 실종아동을 보호하다가 경찰에 연계하도록 하는 방법이다. 사진과 인상착의, 실종당시 상황들을 간결한 문자메시지로 보내므로 신속하고, 수신거부가 없는 장점이 있다. 실제 이러한 문자메시지의 효과가 매우 큰 것으로 나타나고 있다.

경보발령의 메시지는 가능한 오해를 피하기 위해 기준은 간단하고 명확해야 한다. 사건이 경보 기준에 맞지 않으면 다른 찾기 방법을 사용할 수 있다.[6]

경찰은 2021년 6월부터 아동 등(18살 미만 아동, 지적·자폐성·정신장애인, 치매 환자)의 실종사건이 발생하면 국민제보를 활성화하기 위해 '실종경보' 문자메시지 전송 제도를 시행했다. 실종경보 문자메시지는 현재 사용하고 있는 코로나19·기후 재난문자와 같은 방식으로 전송된다.[7]

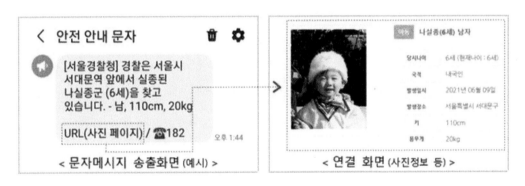

그림 8 **실종경보 문자메시지 화면 예시.**
*출처: https://www.hani.co.kr/arti/society/society_general/998442.html 2022.10.16.

경찰은 실종아동등 및 가출인 업무처리 규칙 제25조에 따라 경찰청 실종아동센터에서 실종·유괴경보 문자메시지 송출을 하고 있으며, 행정안전부의 재난문자방송 송출시스템을 활용하는 요건과 기준 및 절차가 상세히 구비되어 있다.

①항: 경찰청장은 법 제9조의2제2항제1호에 따라 주요 전기통신사업자에게 실종·유괴경보 문자메시지의 송출을 요청하기 위한 시스템을 직접 구축·운영하거나 행정안전부장관과 사전 협의하여 「재난 및 안전관리 기본법」 제38조의2제1항과 「재난문자방송 기준 및 운영규정」 제4조제1항에 따라 구축된 재난문자방송 송출시스템을 이용할 수 있다.

---

6) 예를 들면, 소셜미디어 이용, 포스터 제작지원, 강제수사 등.
7) https://www.hani.co.kr/arti/society/society_general/998442.html 2022.1.16.

②항: 시·도경찰청장은 제24조제1항에 따른 실종·유괴경보를 발령함에 있어 실종·유괴경보 문자메시지의 송출이 필요하다고 판단되는 경우 별표 2의 송출 기준에 따라 별표 3의 송출 문안을 정하여 실종아동찾기센터로 송출을 의뢰할 수 있다. 다만, 유괴경보 문자메시지의 송출을 의뢰하는 경우에는 국가수사본부장의 사전 승인을 받아야 한다.

③항: 시·도경찰청장이 실종경보 문자메시지의 송출을 의뢰함에 있어 송출 지역이 타 시·도경찰청장의 관할 구역에 속하는 경우 제24조제2항의 규정에도 불구하고 타 시·도경찰청장이 관할 구역에 대한 실종경보 문자메시지의 송출에 협조한 것으로 간주한다.

④항: 제2항에 따라 송출 의뢰를 받은 실종아동찾기센터는 제1항에 따른 송출시스템을 통하여 수요 전기통신사업자에게 실종·유괴경보 문자메시지의 송출을 요청하여야 한다. 다만, 시·도경찰청장이 의뢰한 내용에 대하여는 제2항 및 제3항에 따른 요건의 충족 여부를 확인하여야 하며, 위 요건에 대한 흠결이 있을 때에는 시·도경찰청장에게 보정을 요구할 수 있고, 그 흠결이 경미한 때에는 시·도경찰청장으로부터 그 내용을 확인하여 직권으로 보정할 수 있다.

[별표 1]

실종·유괴경보 발령 요건 및 기준

명 칭	발령 요건

가. 실종경보	1) 다음의 요건을 모두 갖춘 경우 실종경보를 발령할 수 있다.
	   가) 보호자가 별지 제7호서식의 동의서를 서면으로 제출할 것
	   나) 실종아동등의 상습적인 가출 전력이 없을 것
	   다) 실종아동등의 생명·신체에 대한 피해 발생이 우려될 것
	
	2) 1)의 나) 및 다)에 대하여는 범죄심리전문가의 의견을 들을 수 있다.
	
	3) 1)에 따른 기준을 충족하더라도 실종아동등이 유괴 또는 납치되었다는 명백한 증거가 존재하는 경우 실종경보를 발령하여서는 아니된다.

나. 유괴경보	1) 다음의 요건을 모두 갖춘 경우 유괴경보를 발령할 수 있다.
	   가) 보호자가 별지 제8호서식의 동의서를 서면으로 제출할 것
	   나) 유괴 또는 납치 사건으로 의심할 만한 증거나 단서가 존재할 것
	   다) 경보발령에 대한 국가수사본부장의 승인이 있을 것
	
	2) 1)의 나)에 대하여는 범죄심리전문가의 의견을 들을 수 있다.

다. 경보해제	1) 대상자를 발견하거나 범인을 검거한 경우 2) 보호자가 해제를 요구하거나 경보발령 기간이 종료된 경우 3) 기타 수사 등의 이유로 경보발령의 중단이 필요하다고 인정된 경우

* 비고
1. 보호자로부터 실종·유괴경보 관련 동의서를 제출받는 경우 담당 경찰관은 사전에 보호자에게 다음의 사항들을 설명하여야 한다.
  가. 실종아동등의 인적사항이 일반인에게 공개된다는 사실
  나. 실종·유괴경보 발령은 일반인들의 제보를 유도하여 실종아동등을 발견하기 위한 수단이라는 사실
  다. 그 밖에 당해 사건의 특성상 보호자에게 설명할 필요가 있다고 인정되는 사실
2. 시·도경찰청장은 필요한 경우 지역 실정, 발령 빈도 등을 고려하여 실종경보 발령 요건 중 1)의 나) 및 다)에 대한 구체적인 판단 기준을 마련할 수 있다.

4. 실종·유괴경보 발령 기준

구 분	발령 기준
가. 경보발령 지역·기간	1) 다음의 장소들을 고려하여 실종·유괴경보 발령 지역을 정한다. 　가) 실종아동등의 주거지 또는 주소지 　나) 실종 전 최종적으로 목격되었던 장소 　다) CCTV 영상자료, 위치추적, 카드 사용내역 등 객관적인 자료를 통하여 실종아동등이 소재하고 　　있다고 인정되는 장소 　라) 기타 정황상 실종아동등이 소재하고 있을 가능성이 높은 장소 2) 경보발령 기간은 보호자와 협의하여 정하되, 특별한 사유가 없으면 실종아동등 발견시까지로 한다.
나. 송출 수단·매체	1) 실종·유괴경보 발령 시 실종아동등 사건의 중대성과 발령의 효과성 등을 고려하여 다음의 범위 내 에서 송출 수단·매체를 정한다. 　가) 협약기관을 통한 정보 공개 　나) 실종·유괴경보 문자메시지 송출 　다) 기관 홈페이지, 사회관계망서비스를 통한 정보 공개 　라) 전단지, 현수막 등 그 밖의 수단·매체 활용 2) 1)의 가)에 따라 협약기관에 정보 공개를 요청하는 경우 표준 문안·도안 등 발령에 필요한 자료를 첨부하여 협조를 요청하여야 한다. 다만, 협약기관과 협의하여 별도의 협조절차·방법 등을 정한 경우 그에 따른다. 3) 1)의 나)에 따른 문자메시지 송출은 [별표 2]의 기준을 적용한다.
다. 공개정보 의 범위	1) 실종·유괴 경보 발령 시 다음의 정보를 공개한다. 　가) 실종·유괴 경위 및 일시·장소, 대상 구분 　나) 실종아동등의 성명, 사진, 나이, 성별, 국적, 신장, 몸무게, 착의 2) 필요한 경우 다음의 구분에 따라 정보를 추가 공개할 수 있다. 　가) 실종경보 : 체격, 얼굴형, 두발색상·형태, 점·흉터 등 신체특징 등 실종아동등의 발견 및 복귀 　　를 위하여 필요한 최소한의 정보 　나) 유괴경보 : 용의자의 성명, 사진, 나이, 직업, 신체특징, 착용의상, 차량정보 등 유괴된 아동등 　　의 발견 및 복귀를 위하여 필요한 최소한의 정보

[별표 2]

실종·유괴경보 문자메시지 송출 기준

○ 실종경보 문자메시지 송출 기준

구 분	송출 기준		
	시 간	지 역	횟 수
발령문자	07~21시	다음의 범위 내에서 시·도경찰청장이 정하는 지역 1. 최종목격지 관할 시·군·구 2. 실종아동등의 주거지 관할 시·군·구 3. 현재지 관할 시·군·구	• 원칙 : 송출시점까지 확인된 지역에 한하여 1회 송출 • 예외 : 수사 등을 통해 새로운 현재지가 확인된 경우, 해당 현재지에 한하여 1회 한도로 추가송출 가능
해제문자	07~21시	발령문자가 송출되었던 지역	최대 1회

* 비고 : "현재지"란 CCTV 영상자료, 위치추적, 카드 사용내역 등 객관적인 자료를 통하여 실종아동등이 소재하고 있다고 인정되는 가장 최근의 장소를 말한다.

○ 유괴경보 문자메시지 송출 기준

구 분	송출 기준		
	시 간	지 역	횟 수
발령문자	07~21시	시·도경찰청장이 정하는 지역	최대 2회
해제문자	07~21시	발령문자가 송출되었던 지역	최대 1회

[별표 3]

실종·유괴경보 문자메시지 표준문안

○ 실종경보 문자메시지 표준문안

구 분		문안
실종경보	발령문자	[◇◇경찰청] 경찰은 △△시 △△지역에서 ▢▢▢▢* 실종자 ○○○씨(군,양, 00살)를 찾고 있습니다 – 성별, 키, 체중, 착용의상 [URL] / ☏182
	* ①최종목격지 : 최종 목격된 / ②주거지 : 거주 중인 / ③현재지 : 배회 중인	
	해제문자	[◇◇경찰청] 시민 여러분의 관심과 제보로 경찰은 오늘 실종된 ○○○씨(군,양, 00살)를 안전하게 발견했습니다. 감사합니다.

○ 유괴경보 문자메시지 표준문안

구 분		문안
유괴경보	발령문자	[◇◇경찰청] 경찰은 △△시 △△지역에서 유괴·납치된 것으로 의심되는 ○○○씨(군,양, 00살)를 찾고 있습니다. - 성별, 키, 체중, 착용의상 [URL] / ☎182
	해제문자	[◇◇경찰청] 시민 여러분의 관심과 제보로 경찰은 오늘 ○○○씨(군,양, 00살)를 안전하게 ㅁㅁㅁㅁㅁㅁ* 하였습니다. 감사합니다.
	* ①유괴·납치범을 검거한 경우 ; 구조하고 용의자를 검거 / ②미검거 또는 일반사건 : 발견	

'실종 경보 문자' 효과와 문제점

~중략.

또한 문자 제보로 인한 실종자 발견 시간은 평균 3시간 10분이 소요됐다. 이는 2021년 실종아동등의 평균 발견 소요 시간인 34시간과 비교해 10.7배 단축된 수치다. 실제로 각종 언론에 지역주민들의 제보로 실종자가 조기 발견되어 가족들의 품에 안전히 돌아갔다는 훈훈한 기사도 자주 볼 수 있다.

하지만 실종 경보 문자 제도가 아직은 초기 단계인 만큼 몇 가지 문제점도 있다. 실종자가 발견될 가능성이 높은 지역에만 문자가 발송되기 때문에 실종자가 다른 지역으로 이동했을 경우 제보를 받을 수 없게 된다. 또한 실종자의 개인 정보 유출 가능성, 실종 경보 문자를 사칭하는 보이스피싱범죄의 가능성 등의 문제점도 있다. 실종자 발견에 큰 역할을 하는 실종 경보문자 제도이지만 개선되어야 할 사안도 분명 있다.

실종자의 조속한 발견과 동시에 국민의 불편을 줄일 수 있는 제도가 될 수 있도록 실종 경보 문자 제도에 대해 많은 논의가 이루어지고, 실종 경보 문자를 받은 지역주민들도 적극적으로 관심을 가지고 협력을 가지는 사회가 되길 바란다.

고우리 전북경찰청 제3기동대 순경

*출처: https://www.jeonmin.co.kr/news/articleView.html?idxno=353550 2022.4.14. 편집

1. 가출인 신고접수 처리

보호자로부터 이탈된 18세 이상의 자로서, 보호자가 찾고 있는 18세 이상에서 19세 미만의 자를 '가출청소년'으로 분류하며, 보호자가 찾고 있는 19세 이상의 자는 '가출성인'이라고 분류한다. 「실종아동 등의 보호 및 지원에 관한 법률」에 의한 '아동등'은 실종 당시 18세 미만 아동과 「장애인복지법」 제2조의 장애인 중 정신지체인·발달장애인·정신장애인을 말한다. '실종아동등'은 약취·유인·유기·사고 또는 가출하거나 길을 잃는 등의 사유로 인하여 보호자로부터 이탈된 아동 등을 말한다.

따라서 경찰에서 실종신고나 가출신고를 접수하면서 어떤 분류를 하고 처리를 해야 하는지 나이와 가출 또는 실종의 원인을 조사하여 처리해야 한다. 신고내용으로 보아 약취·유인·유기·사고 등에 관련되어 있다는 합리적 의심이 있다면 수사에 착수하여야 한다. 가출인의 실종에 관련된 성폭력, 가정폭력, 아동학대, 소년범죄 등 범죄혐의를 발견할 때는 즉시 수사에 착수할 필요가 있다. 최초 신고접수자의 적극적인 조사노력이 요구되는 것이다.

가출신고 또는 실종신고를 접수한 경찰은 실종아동등 및 가출인 업무처리 규칙 제15조에 따라 접수된 신고를 처리해야 한다.

①항: 가출인 신고는 관할에 관계없이 접수하여야 하며, 신고를 접수한 경찰관은 범죄와 관련 여부를 확인하여야 한다.

②항: 경찰서장은 가출인에 대한 신고를 접수한 때에는 정보시스템의 자료 조회, 신고자의 진술을 청취하는 방법 등으로 가출인을 발견하기 위한 조치를 하여야 하며, 가출인을 발견하지 못한 경우에는 즉시 실종아동등 프로파일링시스템에 가출인에 대한 사항을 입력한다.

③항: 경찰서장은 접수한 가출인 신고가 다른 관할인 경우 제2항의 조치 후 지체 없이 가출인의 발생지를 관할하는 경찰서장에게 이첩하여야 한다.

2. 가출인 신고에 대한 조치

처음에 가출인으로 신고가 접수되면, 가출인이 이미 정보시스템에 입력되어 있는 사람인지를 확인하여야 하고, 가출인을 발견하면 등록을 해제한다. 가출인에 관련된 성폭력, 가정폭력, 아동학대 등으로 인해 가출인이 귀가나 보호자에게 소재를 알리기를 거부하는 경우도 있으므로 이들을 보호하기 위해 보호자에게 알려주는 것이 제한되는 경우도 있다.

이러한 사항들을 반영하여 경찰은 실종아동등 및 가출인 업무처리 규칙 제16조에 따라 가출인 신고에 대한 조치를 다음과 같이 하여야 한다.

①항: 가출인 사건을 관할하는 경찰서장은 정보시스템 자료의 조회, 다른 자료와의 대조, 주변인물과의 연락 등 가출인을 발견하기 위해 지속적으로 추적하고, 실종아동등 프로파일링시스템에 등록한 날로부터 반기별 1회 보호자에게 귀가 여부를 확인한다.

②항: 경찰서장은 가출인을 발견한 때에는 등록을 해제하고, 해당 가출인을 발견한 경찰서와 관할하는 경찰서가 다른 경우에는 발견 사실을 관할 경찰서장에게 지체 없이 알려야 한다.

③항: (삭제)

④항: 경찰서장은 가출인을 발견한 경우에는 가출신고가 되어 있음을 고지하고, 보호자에게 통보한다. 다만, 가출인이 거부하는 때에는 보호자에게 가출인의 소재(所在)를 알 수 있는 사항을 통보하여서는 아니 된다.

경찰청장 또는 지방자치단체의 장은 보호자가 가정폭력에 해당하는 행위자이거나 복귀가 아동의 보호 양육을 위해 부적절하다고 인정되는 경우에는 전문기관의 장과 협의해 복귀절차를 진행하지 않을 수 있다. 실종아동의 복귀가 부적절한 사유에는 보호자가 실종아동 등을 학대를 했거나 학대를 한 것으로 볼만한 사유가 있는 경우, 또는 보호자가 마약류 알콜중독, 감염성 질환이나 그 밖에 정신질환이 있는 경우, 그 밖에 보호자가 실종 이전에 아동 등의 의식주를 포함한 기본적인 보호 양육 및 치료 의무를 태만히 한 사실이 있는 경우 등을 들 수 있다.[8]

3. 입법 개선 필요성

가출인에게는 자발적 가출이나 자살의심, 연락 두절 등 다양한 상황이 있다. 실종신고를 하면 경찰이 즉각적인 수색에 나서는 '실종아동등'과 달리 성인은 강제수사를 가능케 하는 관련 법이 없다. 수사기관이 위치 추적이나 카드 사용 내역을 조회할 수 없다 보니 사고가 의심되는 상황에서도 즉각적인 수사에 나서기 어려운 형편이다. 사라진 가족을 찾기 위해 가족들이 정보를 얻는 것도 곤란하다. 반면 실종아동은 카드 내역 조회에는 영장이 필요하지만 위치 추적은 관련 법에 따라 가능하다. 따라서 현행 '실종아동 등의 보호 및 지원에 관한 법률'이 실종 당시 18세 미만인 아동과 지적장애인, 치매환자 등의 실종에 대해서만 규정하고 있을 뿐이고 실종 성인에 대한 부분은 법률적 공백 상태인 점도 개선이 필요하다.[9]

---

8) https://www.easylaw.go.kr/CSP/UnScRlt.laf?search_put=%EC%8B%A4%EC%A2%85%EC%95%84%EB%8F%99 2022.10.16.
9) https://www.ajunews.com/view/20220422161332824 2022. 10. 16.

PART

04

실종자 추적 및 수사

01

일반적 수사 원칙

1. 현장 탐문 및 수색 실시 후 수사여부 결정

실종신고를 접수하여 현장탐문 및 수색을 바로 실시하여야 한다. 이어서 범죄나 사고 관련성과 피해자가 처한 위험 등을 종합적으로 판단하여 수사여부를 결정한다. 실종아동등 및 가출인 업무처리 규칙 제18조에서는 현장 탐문 및 수색의 방법을 절차와 방법을 다음과 같이 정하고 있다. 이러한 절차를 참조하여 신속하게 수사를 진행하도록 한다.

①항: 찾는실종아동등 및 가출인발생신고를 접수 또는 이첩 받은 발생지 관할 경찰서장은 즉시 현장출동 경찰관을 지정하여 탐문·수색하도록 하여야 한다. 다만, 경찰관서장이 판단하여 수색의 실익이 없거나 현저히 곤란한 경우에는 탐문·수색을 생략하거나 중단할 수 있다.

②항: 경찰서장은 제1항의 규정에 따라 현장을 탐문·수색한 결과, 정밀수색이 필요하다고 인정될 경우에는 추가로 필요한 경찰관 등을 출동시킬 수 있다.

③항: 현장출동 경찰관은 제1항의 규정에 따라 현장을 탐문·수색한 결과에 대해 필요한 보고서를 작성하여 실종아동등 프로파일링시스템에 등록하고 경찰서장에게 보고하여야 한다.

필요한 경우 실종수사 조정위원회를 개최하여 운영한다. 실종아동등 및 가출인 업무처리 규칙 제20조에 따라 실종수사 조정위원회는 위원장을 경찰서장으로 하고, 위원은 여성청소년과장(미직제시 생활안전과장), 형사과장(미직제시 수사과장) 등 과장 3인 이상으로 구성한다. 위원회는 경찰서 여성청소년과장이 회부한 국가경찰 수사 범죄 의심 사건의 범죄관련성 여부 판단 및 담당부서를 결정한다. 또한, 위원회는 경찰서 여성청소년과장의 안건 회부 후 24시간 내에 서면으로 신속히 결정하여야 한다. 경찰서장은 위원회 결정에 따라 실종아동등 및 가출인 발견을 위해 신속히 추적 또는 수사에 착수하여야 한다.

2. 실종아동등 추적 및 수사

실종자에 대한 탐문과 현장 등 수색에도 불구하고 발견되지 않을 경우 실종아동등 및 가출인 업무처리 규칙 제19조에 따라 추적 및 수사에 착수하여야 한다.

찾는실종아동등 및 가출인에 대한 발생지 관할 경찰서장은 신고자·목격자 조사, 최종 목격지 및 주거지 수색, 위치추적 등 통신수사, 유전자검사, 실종아동등 프로파일링시스템 정보조회 등의 방법을 통해 실종아동등 및 가출인을 발견하기 위한 추적에 착수한다.

경찰서장은 실종아동등 및 가출인이 범죄관련 여부가 의심되는 경우, 신속히 수사에 착수하여야 한다.

범죄학에서 수사란 증거 등 이미 밝혀진 사실을 바탕으로 아직 미확인된 범죄사실을 규명하고, 궁극적으로 사후 조사에서 밝혀낼 수 있는 모든 진실을 결정해 나가는 활동을 의미한다. 어떤 범죄를 저지른 범인을 찾아 법정에 세움으로써, 자신이 행한 죄에 대한 응분의 대가를 받게 하는 과정으로 본다. 실종사건의 추적 수사에도 적용될 수 있다.

형사법학에서 수사란 ①범죄의 협의유무를 명백히 하여, ②공소제기와 유지 여부를 결정하기 위해, ③범인을 발견 및 확보하고, ④증거를 수집 및 보전하는, ⑤수사기관의 활동으로 본다. 즉, 수사는 범죄혐의가 있을 때 개시되어 주로 검사의 공소제기전에 하는 것이 일반적이나 반드시 이에 제한되지는 않고, 공소제기 이후에도 공소를 유지하거나 공소유지 여부를 결정하기 위해서 필요한 경우에는 계속해서 이루어진다. 실종사건 추적 수사에서도 중요하다.

수사는 정부수사기관에 의하여 이루어지기 때문에 정부수사기관이 아닌 민간 탐정에 의해서 이루어지는 탐정활동과는 구분된다. 실종사건 추적 수사 역시 경찰 수사기관에 의해 이루어지며 사설탐정의 활동이 아니다. 탐정에 추적을 의뢰하여 추적하는 경우에도 정부기관 수사와 다르다.

또한, 수사는 국가의 형사소송절차의 일환이라는 점에서 개별 행정목적 달성을 위한 일반 행정기관의 단순한 행정활동을 위한 조사와는 구별된다. 다만, 일반행정기관 공무원이라도 형법 제245조의10에 근거한 특별사법경찰관리는 사법경찰관리의 직무를 수행할 자와 그 직무범위에 관한 법률에 의거하여 실질적인 범죄수사활동을 하고 있다. 그렇지만 실종 추적 수사는 일반경찰의 업무로 되어 있다.

3. 일반적 수사준칙

1) 기본원칙

실종수사 역시 수사의 일종이기 때문에 실체적 진실의 발견, 인권보호 등에 관련된 일반적 준칙을 지키면서 효과적인 수사를 하는 것이 중요하다. 일반적으로 수사는 '검사와 사법경찰관의 상호협력과 일반적 수사준칙'에 관한 규정에 따라 다음과 같은 원칙을 기본으로 하고 있다.

① 수사종사자는 모든 수사과정에서 헌법과 법률에 따라 보장되는 피의자와 그 밖의 피해자·참고인 등(이하 "사건관계인"이라 한다)의 권리를 보호하고, 적법한 절차에 따라야 한다.

② 수사종사자는 예단(豫斷)이나 편견 없이 신속하게 수사해야 하고, 주어진 권한을 자의적으로 행사하거나 남용해서는 안 된다.

③ 수사종사자는 수사를 할 때 다음 각 호의 사항에 유의하여 실체적 진실을 발견해야 한다.

    1호. 물적 증거를 기본으로 하여 객관적이고 신빙성 있는 증거를 발견하고 수집하기 위해 노력할 것

    2호. 과학수사 기법과 관련 지식·기술 및 자료를 충분히 활용하여 합리적으로 수사할 것

    3호. 수사과정에서 선입견을 갖지 말고, 근거 없는 추측을 배제하며, 사건관계인의 진술을 과신하지 않도록 주의할 것

④ 수사종사자는 다른 사건의 수사를 통해 확보된 증거 또는 자료를 내세워 관련이 없는 사건에 대한 자백이나 진술을 강요해서는 안 된다.

2) 불이익 금지

수사종사자는 피의자나 사건관계인이 인권침해 신고나 그 밖에 인권 구제를 위한 신고, 진정, 고소, 고발 등의 행위를 하였다는 이유로 부당한 대우를 하거나 불이익을 주어서는 안 된다.

3) 형사사건의 공개금지

① 수사종사자는 공소제기 전의 형사사건에 관한 내용을 공개해서는 안 된다.

② 수사종사자는 수사의 전(全) 과정에서 피의자와 사건관계인의 사생활의 비밀을 보호하고 그들의 명예나 신용이 훼손되지 않도록 노력해야 한다.

4) 임의수사 우선의 원칙

① 수사종사자는 수사를 할 때 수사 대상자의 자유로운 의사에 따른 임의수사를 원칙으로 해야 하고, 강제수사는 법률에서 정한 바에 따라 필요한 경우에만 최소한의 범위에서 하되, 수사 대상자의 권익 침해의 정도가 더 적은 절차와 방법을 선택해야 한다.

② 수사종사자는 피의자를 체포·구속하는 과정에서 피의자 및 현장에 있는 가족 등 지인들의 인격과 명예를 침해하지 않도록 유의해야 한다.

③ 수사종사자는 압수·수색 과정에서 사생활의 비밀, 주거의 평온을 최대한 보장하고, 피의자 및 현장에 있는 가족 등 지인들의 인격과 명예를 침해하지 않도록 유의해야 한다.

5) 회피

수사종사자는 피의자나 사건관계인과 친족관계 또는 이에 준하는 관계가 있거나 그 밖에 수사의 공정성을 의심받을 염려가 있는 사건에 대해서는 소속 기관의 장의 허가를 받아 그 수사를 회피해야 한다.

6) 수사진행상황의 통지

① 수사종사자는 수사에 대한 진행상황을 사건관계인에게 적절히 통지하도록 노력해야 한다.
② 통지의 구체적인 방법·절차 등은 법무부장관, 경찰청장 또는 해양경찰청장이 정한다.

7) 변호인의 피의자신문 참여·조력

① 수사종사자는 피의자신문에 참여한 변호인이 피의자의 옆자리 등 실질적인 조력을 할 수 있는 위치에 앉도록 해야 하고, 정당한 사유가 없으면 피의자에 대한 법적인 조언·상담을 보장해야 하며, 법적인 조언·상담을 위한 변호인의 메모를 허용해야 한다.
② 수사종사자는 피의자에 대한 신문이 아닌 단순 면담 등이라는 이유로 변호인의 참여·조력을 제한해서는 안 된다.
③ 제1항 및 제2항은 검사 또는 사법경찰관의 사건관계인에 대한 조사·면담 등의 경우에도 적용한다.

8) 변호인의 의견진술

① 피의자신문에 참여한 변호인은 수사종사자의 신문 후 조서를 열람하고 의견을 진술할 수 있다. 이 경우 변호인은 별도의 서면으로 의견을 제출할 수 있으며, 수사종사자는 해당 서면을 사건기록에 편철한다.
② 피의자신문에 참여한 변호인은 신문 중이라도 수사종사자의 승인을 받아 의견을 진술할 수 있다. 이 경우 검사 또는 사법경찰관은 정당한 사유가 있는 경우를 제외하고는 변호인의 의견진술 요청을 승인해야 한다.
③ 피의자신문에 참여한 변호인은 제2항에도 불구하고 부당한 신문방법에 대해서는 검사 또는 사법경찰관의 승인 없이 이의를 제기할 수 있다.
④ 수사종사자는 제1항부터 제3항까지의 규정에 따른 의견진술 또는 이의제기가 있는 경우 해당 내용을 조서에 적어야 한다.

9) 피해자 보호

① 수사종사자는 피해자의 명예와 사생활의 평온을 보호하기 위해 「범죄피해자 보호법」 등 피해자 보호 관련 법령의 규정을 준수해야 한다.
② 수사종사자는 피의자의 범죄수법, 범행 동기, 피해자와의 관계, 언동 및 그 밖의 상황으로 보아 피해자가 피의자 또는 그 밖의 사람으로부터 생명·신체에 위해를 입거나 입을 염려가 있다고 인정되는 경우에는 직권 또는 피해자의 신청에 따라 신변보호에 필요한 조치를 강구해야 한다.

4. 과학수사 기본원칙

1) 과학수사의 의의

실종아동등이 발생하여 신고를 접수한 후 조기에 발견을 하기 위해 경찰이 여러 가지 찾기방법을 동원하거나 대규모의 경찰관을 투입하여 수색을 하게 된다. 그러나 실종아동등이 발견되지 않고 장시간이 지나면 수사를 할 필요가 있는지 수사전환여부 회의를 하고 범죄관련성이 의심되는 경우 수사로 전환하여 범죄수사절차를 진행한다. 실종아동이 유괴, 인신매매, 성매매, 가정폭력 피해 등 다양한 범죄와 관련될 수 있으므로 수시진행을 하면서 일반적 수사순칙을 따라서 수사를 하되, 증거와 자료에 기초하여 논리적이고 합리적인 수사를 하여야 한다. 또한, 경찰수사는 역사적으로 과학적으로 검증된 지식, 기술, 기법, 장비, 시설 등의 활용을 확대해 오고 있다. 실종아동등찾기를 위한 수사과정에서도 당연히 역사적으로 발전되어온 경찰의 과학수사 방식을 적용하여야 한다. 실종아동등찾기를 위한 수사에 중요한 과학수사 개념과 과학수사방법, 절차 등 중요한 내용들을 활용하는 것이 중요하다.

과학수사는 범인을 발견하고 증거를 수집하여 사건의 진상을 밝히는 수사활동 과정에서 과학적 지식 및 기술, 조직적인 자료와 시설 및 장비 등을 합리적으로 활용하는 것을 말한다. 경찰청의 '과학수사 기본규칙'에서 "과학수사"란, '과학적으로 검증된 지식·기술·기법·장비·시설 등을 활용하여 객관적 증거를 확보하기 위한 수사활동'으로 정의하고 있다.[1]

경찰에서는 과학수사 업무의 원칙과 증거물의 수집·채취, 관리·보관, 감정 등 과학수사의 절차와 방법에 대한 지속적 연구를 통해 사건의 실체적 진실 발견과 국민의 인권 보호에 기여하고 있다.

일반적인 과학수사의 대상과 범위는 지문, 족적, 윤적, 영상, 플리그래프 검사, 법최면 검사, 몽타쥬 작성, 디엔에이(DNA) 감식, 미세증거물, 음성분석, 법곤충학, 법보행분석, 기타 수사에 필요한 자료가 포함된다. 과학수사를 위해서는 수사자료와 용의자에 대한 종합적인 범죄분석이 이루어져야 하는데 범죄분석은 용의자군 분석, 범죄행동 분석, 지리적 분석, 진술 분석, 심리부검, 수사면담, 심리평가, 통계 분석 등을 포함한다.

2) 과학수사에 활용되는 학문

과학수사는 여러 가지 학문의 이론과 법칙들을 빌려서 활용하고 있다. 사건현장의 자연현상을 과학적으로 수사하기 위하여는 병리학, 법의학, 생물학, 화학, 물리학 등을 포함하고 있다. 사건의 사회적 현상을 과학적으로 수사하기 위하여는 범죄학, 범죄심리학, 논리학 등을 다양하게 이용하고 있다. 쉽게 말하면 과학을 수사에 적용하는 것이다. 여기서 활용하는 과학은 주로 법과학을 의미한다.[2]

---

1) 경찰청 과학수사 기본규칙, 제2조
2) 박노섭, 이동희, 이윤, 장윤식 공저(2020). 핵심요해 범죄수사학, 경찰공제회, 182쪽.

과학수사는 법과학의 발전에 도움을 받고 있다. 법과학은 과학적인 관찰과 실험을 통하여 수사 또는 재판에 필요한 지식이나 자료를 제공하는 학문을 말한다. 법의학은 크게 법의병리학, 법의혈청학, 임상법의학 분야로 나눌 수 있다.[3] 범죄현장에서 가져간 것이 있으면 남기고 간 것이 있으며 현장에 대한 과학적 조사를 통해 수사의 실마리와 증거를 찾을 수 있다. 법과학에서는 DNA, 지문, 혈흔, 변사체 감식 등 다양한 기법들을 활용하고 있다. 최근에는 정보과학의 발전에 따라 많은 디지털포렌식, 암호학, 영상과학 등이 활용되고 있다.

경찰청은 수사과정에서 증거에 의한 객관적이고 공정한 과학수사를 기본으로 하여 수사관이 현장수사와 증거수사를 하도록 하고 있다. 이를 위해 '경찰청 과학수사 기본규칙'을 제정하여 준수하도록 하고 있다. 이 규칙은 과학수사 업무의 원칙과 증거물의 수집·채취, 관리·보관, 감정 등 과학수사의 절차와 방법에 관한 사항을 규정함으로써 사건의 실체적 진실 발견과 국민의 인권 보호에 기여하고 있다.[4]

3) 과학수사의 기본원칙

과학수사를 하면서 인권보호, 실체적 진실의 발견, 합리적 수사를 위한 원칙을 경찰청 과학수사 기본규칙(제5조)에 정하여 적용하고 있다.

① 과학수사를 통해 확보한 증거물은 수집·채취 단계부터 감정, 송치 또는 수사종결 시까지 업무처리자 변동 등 모든 단계의 이력이 연속적으로 관리함으로써 증거물의 연계성을 확보하여야 한다.
② 과학수사관은 어떠한 경우에도 편견과 예단 없이 중립적이고 객관적으로 업무를 수행하여야 한다.
③ 과학수사관은 과학적 근거를 바탕으로 업무를 수행하여 그 절차와 결과의 신뢰성과 타당성을 확보하여야 한다.

5. 사이버수사 방법과 유의사항

최근 추적이나 수사는 대부분 사이버자료를 추적하고 수사하는 과정이 상당히 많고 추적수사의 성패를 좌우하기도 한다. 사이버수사를 위한 방법은 대상자의 동의를 받아서 하는 임의수사가 많지만 임의수사가 어려운 경우 강제수사를 동원해야 하는데, 이와 관련하여 '검사와 사법경찰관의 상호협력과 일반적 수사준칙'에서 규정하고 있는 것 중에서 중요한 것을 살펴보면 다음과 같다.

---

3) 박노섭, 이동희, 이윤, 장윤식 공저(2022) 핵심요해 범죄수사학, 경찰공제회, 189쪽.
4) (경찰청) 과학수사 기본규칙, 경찰청훈령 제1033호

1) 전자정보의 압수·수색 또는 검증 방법

① 검사 또는 사법경찰관은 형사소송법 제219조[5]에서 준용하는 형사소송법 제106조(압수)제3항[6]에 따라 컴퓨터용디스크 및 그 밖에 이와 비슷한 정보저장매체(이하 이 항에서 "정보저장매체등"이라 한다)에 기억된 정보(이하 "전자정보"라 한다)를 압수하는 경우에는 해당 정보저장매체등의 소재지에서 수색 또는 검증한 후 범죄사실과 관련된 전자정보의 범위를 정하여 출력하거나 복제하는 방법으로 한다.

② 제1항에도 불구하고 제1항에 따른 압수 방법의 실행이 불가능하거나 그 방법으로는 압수의 목적을 달성하는 것이 현저히 곤란한 경우에는 압수·수색 또는 검증 현장에서 정보저장매체등에 들어 있는 전자정보 전부를 복제하여 그 복제본을 정보저장매체등의 소재지 외의 장소로 반출할 수 있다.

③ 제1항 및 제2항에도 불구하고 제1항 및 제2항에 따른 압수 방법의 실행이 불가능하거나 그 방법으로는 압수의 목적을 달성하는 것이 현저히 곤란한 경우에는 피압수자 또는 형사소송 제123조(영장의 집행과 책임자의 참여)[7]에 따라 압수·수색영장을 집행할 때 참여하게 해야 하는 사람(이하 "피압수자등"이라 한다)이 참여한 상태에서 정보저장매체등의 원본을 봉인(封印)하여 정보저장매체등의 소재지 외의 장소로 반출할 수 있다.

---

5) 형사소송법 제219조(준용규정) 제106조, 제107조, 제109조 내지 제112조, 제114조, 제115조제1항 본문, 제2항, 제118조부터 제132조까지, 제134조, 제135조, 제140조, 제141조, 제333조제2항, 제486조의 규정은 검사 또는 사법경찰관의 본장의 규정에 의한 압수, 수색 또는 검증에 준용한다. 단, 사법경찰관이 제130조, 제132조 및 제134조에 따른 처분을 함에는 검사의 지휘를 받아야 한다.

6) 형사소송법 제106조(압수) ①법원은 필요한 때에는 피고사건과 관계가 있다고 인정할 수 있는 것에 한정하여 증거물 또는 몰수할 것으로 사료하는 물건을 압수할 수 있다. 단, 법률에 다른 규정이 있는 때에는 예외로 한다. 〈개정 2011.7.18〉
②법원은 압수할 물건을 지정하여 소유자, 소지자 또는 보관자에게 제출을 명할 수 있다.
③ 법원은 압수의 목적물이 컴퓨터용디스크, 그 밖에 이와 비슷한 정보저장매체(이하 이 항에서 "정보저장매체등"이라 한다)인 경우에는 기억된 정보의 범위를 정하여 출력하거나 복제하여 제출받아야 한다. 다만, 범위를 정하여 출력 또는 복제하는 방법이 불가능하거나 압수의 목적을 달성하기에 현저히 곤란하다고 인정되는 때에는 정보저장매체등을 압수할 수 있다. 〈신설 2011.7.18〉
④ 법원은 제3항에 따라 정보를 제공받은 경우 「개인정보 보호법」 제2조제3호에 따른 정보주체에게 해당 사실을 지체 없이 알려야 한다.

7) 형사소송법 제123조(영장의 집행과 책임자의 참여) ① 공무소, 군사용 항공기 또는 선박·차량 안에서 압수·수색영장을 집행하려면 그 책임자에게 참여할 것을 통지하여야 한다.
② 제1항에 규정한 장소 외에 타인의 주거, 간수자 있는 가옥, 건조물(建造物), 항공기 또는 선박·차량 안에서 압수·수색영장을 집행할 때에는 주거주(住居主), 간수자 또는 이에 준하는 사람을 참여하게 하여야 한다.
③ 제2항의 사람을 참여하게 하지 못할 때에는 이웃 사람 또는 지방공공단체의 직원을 참여하게 하여야 한다.

2) 전자정보의 압수·수색 또는 검증 시 유의사항

① 검사 또는 사법경찰관은 전자정보의 탐색·복제·출력을 완료한 경우에는 지체 없이 피압수자등에게 압수한 전자정보의 목록을 교부해야 한다.

② 검사 또는 사법경찰관은 제1항의 목록에 포함되지 않은 전자정보가 있는 경우에는 해당 전자정보를 지체 없이 삭제 또는 폐기하거나 반환해야 한다. 이 경우 삭제·폐기 또는 반환확인서를 작성하여 피압수자등에게 교부해야 한다.

③ 검사 또는 사법경찰관은 전자정보의 복제본을 취득하거나 전자정보를 복제할 때에는 해시값(파일의 고유값으로서 일종의 전자지문을 말한다)을 확인하거나 압수·수색 또는 검증의 과정을 촬영하는 등 전자적 증거의 동일성과 무결성(無缺性)을 보장할 수 있는 적절한 방법과 조치를 취해야 한다.

④ 검사 또는 사법경찰관은 압수·수색 또는 검증의 전 과정에 걸쳐 피압수자등이나 변호인의 참여권을 보장해야 하며, 피압수자등과 변호인이 참여를 거부하는 경우에는 신뢰성과 전문성을 담보할 수 있는 상당한 방법으로 압수·수색 또는 검증을 해야 한다.

⑤ 검사 또는 사법경찰관은 제4항에 따라 참여한 피압수자등이나 변호인이 압수 대상 전자정보와 사건의 관련성에 관하여 의견을 제시한 때에는 이를 조서에 적어야 한다.

02 실종자 추적 수사

제1절 초동수사

1. 의의

범죄 사건발생 직후, 범행과 관련된 사실과 범죄행위를 조사하고, 범인을 체포하거나 증거를 확보하기 위하여 행하는 긴급 수사활동을 말한다. 범죄현장은 시간이 경과 할수록 증거가 멸실되며, 범인이 도주하거나 제2 또는 제3의 범행이 발생하기도 한다. 나아가 모방범죄도 발생한다. 따라서 사전에 이를 예방하기 위해서도 초동수사는 매우 긴요하다.

실종사건에서 약취, 유인, 인신매매, 성범죄 등 실종 관련 범죄현장 관찰, 수사자료 발견 및 확보, 목격자나 주변의 참고인 증언을 청취하여 조사를 시작하게 된다.

2. 초동수사의 목적

초동수사의 목적은 다음과 같은 것들이 중요하다.
1) 범인체포: 현장 및 현장주변에서 신속하게 범인을 체포
2) 범인의 도주로 차단: 수사 긴급배치, 추적 등을 통해 범인의 도주로 막아 도주 차단
3) 참고인 등 진술 확보: 피해자, 범행목격자, 사건관계자 등으로부터 생생한 진술 청취
4) 사건초기 상황 확보: 범죄현장 주변의 상황, 사람, 물건 등에 대한 사진이나 영상촬영, 녹음, 조사 기록을 통해 초기의 상황을 확보하여 추후 수사 및 증거 조사에 대비

3. 평상시 초동수사체제 확립 방안

1) 수사관들의 24시간 근무체계를 확립해야 사건발생시 긴급출동이 가능하다. 교대근무를 통해 24시간 365일 출동태세를 갖추는 것이 필요하다.
2) 신속한 출동을 위해서는 신속하고 정확한 보고 및 연락 습관을 생활화하여야 한다.
3) 출동시간 단축을 위해 차량이나 오토바이 등 기동력을 확보한다.
4) 출동한 현장에서 수사를 위한 장비(카메라, Police Line, 지문감식 세트 등) 및 통신 기자재 준비 및 적절한 활용능력을 갖추어야 한다.
5) 관내의 기초자료 수집 및 정비(관내지도, 주요 교통관련 기관, 전과자, 우범자 자료 등)를 해두어야 한다.
6) 관내 교통 관련 사업자와 협력체제를 확립(철도경찰, 택시기사, 버스기사 등), 제보협조 유지

4. 중요사건 발생시 단계별 처리

일반적인 중요사건 발생시의 단계별 초동수사는 다음과 같이 진행된다. 이러한 단계는 원칙적인 것이며, 범인, 피해자 등의 상황변화에 따라 달라질 수 있다.

1) 사건 인지(認知): 피해자, 목격자 등의 신고 등에 의해 인지
2) 긴급전파; 최초 사건접수자가 형사, 지구대 등 자기 경찰서 및 인접서, 상급서 등에 전파
3) 긴급출동: 지구대 외근경찰관, 당일 당직 형사 등 현장출동
4) 긴급배치: 도주경로를 차단하고 범인체포를 위해 1,2,3선 개념으로 배치
5) 긴급조치: 범인체포, 사태진압, 확산방지, 피해자보호 등 현장에서 조치
6) 긴급채증: 범인 및 피해자 관련 사항, 증거에 관련된 사항
7) 현장보존: 현장에 과학수사반이 도착할 때까지 Police Line 설치하고 관계자 외 출입금지 조치
8) 현장수사; 사사단서 확보, 주변 CCTV 위치와 저장내용 기록 등
9) 현장탐문: 목격자 및 참고인 확보
10) 현장감식: 최초 출동 형사의 긴급감식, 이어서 공식 감식팀의 전문적 감식 실시

그림 9 **일반적 초동수사의 단계**

이후의 수사는 수사계획을 수립하고 수사를 실제로 실행하게 된다.

수사계획을 수립하기 위해서는 사건을 분석, 종합, 판단을 하여야 한다. 이때 기초수사한 초동수사 내용과 평상시 수집한 자료, 첩보, 제보, 감식자료 등을 참조하여 활용한다.

초동수사한 결과 수사본부나 수사전담반 설치운영 등 수사방침을 결정하여 적극 수사를 시작한다. 구체적인 수사방향은 치정, 이욕, 원한, 면식범 등 다양한 방향에서 검토를 한다. 구체적 수사계획을 수립할 때는 피해자 주변 수사, 피해품 수사, 용의자 수사, 유류품 수사, 증거품 수사, 통신 수사 등 세부적인 수사내용을 반영한다.

인력과 수사능력을 고려하여 수사실행에 중심을 두고 해야 효과적으로 이루어질 수 있다. 현장중심 수사, 피해자중심 수사, 감식수사, 알리바이 수사 등이 주가 되고 있다.

제2절 초동수사의 구체적인 방법

1. 신고접수

신고는 관할을 불문하고 친절하게 접수하여 처리하여야 한다. 타 경찰서 관할사건인 경우에도 일단 접수하여 초동조치를 한 후에 해당 경찰서로 인계하여야 한다.

2. 즉시 보고

1) 1보 보고

보고할 사항을 정리하여 보고한다. 죄명이나 발생 일시 및 장소 등 사건개요, 수배를 요하는지 및 범인의 인상착의, 실종자등의 인적사항, 피해품 등 상황, 초동조치한 내용 등을 우선 1차로 보고한다.

1인근무시에는 상세한 내용을 듣기 전에 우선 주무 부서로 보고하며, 2인근무시에는 1인은 피해내용을 청취하면서 다른 1인에게 알려서 보고하도록 한다.

2) 2보 보고

범인추적을 하고 있는지 여부, 실종자등의 수색, 범인 체포 및 수배사항, 피해자의 상황 등을 상급 수사 담당자들에게 신속히 보고하여 필요한 지시를 받아서 즉시 이행하도록 한다.

3. 현장 급행

신속한 출동이 중요하다. 현장출동 도중에도 범인으로 사료되는자, 실종자등, 거동수상자 등의 발견을 위해 예의주시하며 발견하도록 하고 발견시에는 불심검문이나 확인을 한다.

현장출동을 가기 전에 반드시 보고하고 도착 후에도 수색이나 초동수사 등 현장상황을 수시로 보고한다.

4. 현장 도착

현장책임자는 통상 지구대 팀장이나 형사팀장이 하게 되며, 수색, 범죄진압, 현행범인 체포 등의 조치를 한다. 부상자가 있으면 구호조치를 하여 준다. 중상자를 후송하는 중에도 범인은 누구인지, 도주로는 어디인지, 피해자의 주거, 성명, 연령, 범행의 원인, 피해상황, 목격자 등에 대해 가능한 물어보거나 조사한다.

현장 임장요원은 현장조사, 실종자등 수색, 범행 추정시간, 도주시간, 시체 상태, 범행대상 물색 흔적 유무 등을 파악하여 즉시 보고하도록 해야 한다.

5. 현장보존

현장은 증거의 보물창고라고 한다. 실종이 범죄와 관련된 경우로 판단되면, 가능한 한 보존범위는 넓게 설정하여 보존한다. 현장 출입자, 참여자, 배회자에 대한 인적사항, 현장 출입시간과 이유, 피해자와의 관계 등을 조사해서 보고한다.

1) 현장보존 요령

경찰청 범죄수사규칙 제168조(현장보존)[8]에 따라야 한다.
① 경찰관은 범죄가 실행된 지점뿐만 아니라 현장보존의 범위를 충분히 정하여 수사자료를 발견하기 위해 노력하여야 한다.

---

8) 경찰청 범죄수사규칙 제168조(현장보존) ① 경찰관은 범죄가 실행된 지점뿐만 아니라 현장보존의 범위를 충분히 정하여 수사자료를 발견하기 위해 노력하여야 한다.
② 경찰관은 보존하여야 할 현장의 범위를 정하였을 때에는 지체 없이 출입금지 표시 등 적절한 조치를 하여 함부로 출입하는 자가 없도록 하여야 한다. 이때 현장에 출입한 사람이 있을 경우 그들의 성명, 주거 등 인적사항을 기록하여야 하며, 현장 또는 그 근처에서 배회하는 등 수상한 사람이 있을 때에는 그들의 성명, 주거 등을 파악하여 기록하도록 노력한다.
③ 경찰관은 현장을 보존할 때에는 되도록 현장을 범행 당시의 상황 그대로 보존하여야 한다.
④ 경찰관은 부상자의 구호, 증거물의 변질·분산·분실 방지 등을 위해 특히 부득이한 사정이 있는 경우를 제외하고는 함부로 현장에 들어가서는 아니된다.
⑤ 경찰관은 현장에서 발견된 수사자료 중 햇빛, 열, 비, 바람 등에 의하여 변질, 변형 또는 멸실할 우려가 있는 것에 대하여는 덮개로 가리는 등 적당한 방법으로 그 원상을 보존하도록 노력하여야 한다.
⑥ 경찰관은 부상자의 구호 그 밖의 부득이한 이유로 현장을 변경할 필요가 있는 경우 등 수사자료를 원상태로 보존할 수 없을 때에는 사진, 도면, 기록 그 밖의 적당한 방법으로 그 원상을 보존하도록 노력하여야 한다.

② 경찰관은 보존하여야 할 현장의 범위를 정하였을 때에는 지체 없이 출입금지 표시 등 적절한 조치를 하여 함부로 출입하는 자가 없도록 하여야 한다. 이때 현장에 출입한 사람이 있을 경우 그들의 성명, 주거 등 인적사항을 기록하여야 하며, 현장 또는 그 근처에서 배회하는 등 수상한 사람이 있을 때에는 그들의 성명, 주거 등을 파악하여 기록하도록 노력한다.

③ 경찰관은 현장을 보존할 때에는 되도록 현장을 범행 당시의 상황 그대로 보존하여야 한다.

④ 경찰관은 부상자의 구호, 증거물의 변질·분산·분실 방지 등을 위해 특히 부득이한 사정이 있는 경우를 제외하고는 함부로 현장에 들어가서는 아니된다

⑤ 경찰관은 현장에서 발견된 수사자료 중 햇빛, 열, 비, 바람 등에 의하여 변질, 변형 또는 멸실할 우려가 있는 것에 대하여는 덮개로 가리는 등 적당한 방법으로 그 원상을 보존하도록 노력하여야 한다.

⑥ 경찰관은 부상자의 구호 그 밖의 부득이한 이유로 현장을 변경할 필요가 있는 경우 등 수사자료를 원상태로 보존할 수 없을 때에는 사진, 도면, 기록 그 밖의 적당한 방법으로 그 원상을 보존하도록 노력하여야 한다.

2) 현장 수사사항 범위

경찰관은 현장에서 수사를 할 때는 현장 감식 그 밖의 과학적이고 합리적인 방법에 의하여 다음 각호의 사항을 명백히 하도록 노력하여 범행의 과정을 전반적으로 파악하여야 한다. 경찰청 범죄수사규칙 제169조에 따른 현장에서의 수사사항은 다음과 같다.

1호. 일시 관계

　　가. 범행의 일시와 이를 추정할 수 있는 사항

　　나. 발견의 일시와 상황

　　다. 범행당시의 기상 상황

　　라. 특수일 관계(시험일, 명절, 축제일 등)

　　마. 그 밖의 일시에 관하여 참고가 될 사항

2호. 장소 관계

　　가. 현장으로 통하는 도로와 상황

　　나. 가옥 그 밖의 현장근처에 있는 물건과 그 상황

　　다. 현장 방실의 위치와 그 상황

　　라. 현장에 있는 기구 그 밖의 물품의 상황

　　마. 지문, 족적, DNA시료 그 밖의 흔적, 유류품의 위치와 상황

　　바. 그 밖의 장소에 관하여 참고가 될 사항

3호. 피해자 관계

　　가. 범인과의 응대 그 밖의 피해 전의 상황

　　나. 피해 당시의 저항자세 등의 상황

　　다. 상해의 부위와 정도, 피해 금품의 종류, 수량, 가액 등 피해의 정도

　　라. 시체의 위치, 창상, 유혈 그 밖의 상황

　　마. 그 밖의 피해자에 관하여 참고가 될 사항

4호. 피의자 관계

　　가. 현장 침입 및 도주 경로

　　나. 피의자의 수와 성별

　　다. 범죄의 수단, 방법 그 밖의 범죄 실행의 상황

　　라. 피의자의 범행동기, 피해자와의 면식 여부, 현장에 대한 지식 유무를 추정할 수 있는 상황

　　마. 피의자의 인상·풍채 등 신체적 특징, 말투·습벽 등 언어적 특징, 그 밖의 특이한 언동

　　바. 흉기의 종류, 형상과 가해의 방법 그 밖의 가해의 상황

　　사. 그 밖의 피의자에 관하여 참고가 될 사항

제3절　수사 긴급배치

1. 의의

중요 범죄사건이 발생하였을 때 적시성이 있다고 판단되는 경우에 신속히 경찰력을 배치하여 범인의 도주로 차단한다. 검문검색을 통해 범인을 체포하거나 현장을 보존하는 등의 조치도 한다. 광범위한 지역에서 수사자료를 수집하는 활동이기도 하다. 실종사건이 발생했을 때 주변을 수색하기 위해 경찰관을 배치하기도 하며, 유괴나 납치 사건이 발생하여 도주를 막기 위한 활동으로 긴급배치하기도 한다.

2. 발령권자

경찰청 국가수사본부장은 전국적인 긴급배치를 할 수 있고, 시도경찰청장은 사건발생지 인접청에 요청하여 배치할 수 있다. 경찰서장은 사건발생지 관할경찰서 또는 인접경찰서에 요청하여 배치할 수 있다.

국가수사본부장 또는 시·도경찰청장은 긴급배치의 장기화로 인하여 당면 타업무 추진에 지장을 가져온다고 인정될 때에는 긴급배치를 해제하고 필요한 최소한도의 경찰력만으로 경계 및 수사를 명할 수 있다.

3. 긴급배치 종별 동원경력

1) 갑호 배치

동원경력은 형사요원, 지구내용원, 섬분소요원 등 가용경령 100%를 동원한다. 살인, 강도, 방화, 총기 범죄, 약취유인, 피의자 도주 등 사건발생시 발령한다.

2) 을호 배치

동원경력은 형사요원 100%, 지구대 및 검문소 요원 50%이다. 사건은 갑호 외에 사회적으로 이목을 끄는 중요한 사건이 있을 때 발령한다.

표 2 **긴급배치종별 사건범위**

갑 호	을 호
1. 살인사건 강도·강간·약취·유인·방화살인 2명이상 집단살인 및 연쇄살인 2. 강도사건 인질강도 및 해상강도 금융기관 및 5,000만원이상 다액강도 총기, 폭발물 소지강도 연쇄강도 및 해상강도 3. 방화사건 관공서, 산업시설, 시장 등의 방화 열차, 항공기, 대형선박 등의 방화 연쇄방화, 중요한 범죄은익목적 방화 보험금 취득목적 방화 기타 계획적인 방화 4. 기타 중요사건 총기, 대량의 탄약 및 폭발물 절도 조직 폭력사건 약취유인 또는 인질강도 구인 또는 구속피의자 도주	1. 다음 사건중 갑호이외의 사건 살인 강도 방화 중요 상해치사 1억원이상 다액절도 관공서 및 국가중요시설 절도 국보급 문화재 절도 2. 기타 경찰관서장이 중요하다고 판단하여 긴급배치가 　필요하다고 인정하는 사건

*출처: 경찰수사긴급배치규칙 별표 1

4. 긴급배치 생략 및 해제 사유

1) 생략 사유

상당한 시간의 경과로 인해 범인체포가 사실상 어려운 경우, 범인의 인상착의 확인 불가, 사건내용 애매, 범인의 성명이나 주거 및 연고지가 판명된 경우. 사건의 성질상 긴급배치가 필요하지 않다고 인정되는 때에는 생략한다.

2) 해제 사유

범인 체포, 허위신고 판명, 또는 더 이상 긴급배치의 효과가 없을 때 해제할 수 있다.

5. 긴급배치 해제 시 보고

긴급배치를 발령하거나 해제하는 때에는 즉시 상부에 보고한다. 해제하는 때에는 6시간 이내에 해제 일시, 사유, 실적 등을 보고한다.

제4절   현장 관찰

1. 현장관찰의 의의

현장관찰이란 범행이나 실종과 직접 또는 간접으로 결부되어 있는 유형이나 무형의 자료를 발견하고 수집하기 위해 범행현장에 있는 물체의 존재 및 상태를 관찰하는 것을 의미한다.

2. 현장관찰의 목적

1) 사건의 재구성: 어떤 범죄가 언제, 어디서, 누구에 의해 발생했는지를 관찰한다.
2) 범행수법 확인: 수법확인을 통해 수사방향을 설정하고 용의자를 추정한다.
3) 범행동기 확인: 용의자가 많을 때 용의자 수를 압축해서 수사의 효율성을 높인다.
4) 피해물 확인: 피해물로 범행동기 파악과 범인추적의 단서를 얻는다.
5) 증거 수집: 현장은 증거의 보고이며 추적의 단서가 많이 있을 수 있다.

3. 현장관찰의 순서

1) 범인에 관한 사항

범인의 신체적 및 생리적 특징: 지문, 혈액형, 신장, 체격, 치아흔적 등을 통해 범인의 생물학적 특징을 파악한다.

범인의 착의, 소지품, 휴대품: 범행전에 기다렸던 장소, 침입구 부근, 범행장소, 도주경로 주변에 유류된 모자, 장갑, 흉기, 라이터, 잠바, 핸드폰 등을 파악한다

범인의 지식과 지능: 협박편지, 낙서, 대화내용, 연고감, 지리감 등을 파악한다.

범인의 수, 공범유무, 침입 방법, 도주 방법: 단독범행인지, 2명 이상의 공범인지, 침입 방법, 장물운반방법, 족흔, 흉기, 유류품의 종류와 수 등을 통해 파악한다.

2) 범행일시에 관한 사항

시계의 정지상태, 우편물 투입상황, 택배배달일시, 축제일 등

3) 범행장소에 관한 사항

범죄장소와 유기장소의 동일성 여부, 현장의 지리적 상황, 교통기관의 상황, 문을 잠근 상황, 실내외 구조와 통로, 피해품 보관장소 등

4) 범행동기에 관한 사항

피해품의 유무에 따라 물욕, 원한, 치정, 이해관계 등 추정을 한다. 신체적 피해상황에 따라 원한, 치정, 미신 등을 추정한다. 우발범인지 계획범인지 여부나 연고감, 지리감 등도 관찰한다.

5) 범행방법에 관한 사항

침입 방법, 침입통로의 특이성, 범행용구 사용흔적, 목적물의 특이성, 특수한 행동의 유무, 옥내 행동의 순서, 경로, 피해품의 반출상황, 도주로 등을 파악한다.

1. 의의

수사 개시 초기에 수사에 관련된 사항을 결정하고 수사방침 수립을 위해 필요한 기초자료를 수집하는 활동을 말한다. 수사자료란 범죄의 존재를 명백히 하고, 범죄와 범인과의 관계를 추리하여 판단하고 단정하기 위해 수집되는 유형 또는 무형의 증거로서 가치가 있는 자료 및 수사활동에 도움이 되는 모든 자료를 말한다.

2. 기초수사의 유용성

기초수사는 범인의 대체적인 윤곽인 범인상 및 범행의 조건을 명확히 해준다. 또한 사건의 판단 및 범행의 목표장소를 확인하게 해준다. 현장자료 검토를 통해 효과적인 수사방침을 세울 수 있게 해주게 된다.

3. 내용

1) 현장 중심 수사

범죄현장에 유류된 물품을 발견, 범행일시 추정, 범인의 현장출입에 관련된 사항, 참고인 발견, 지리감 파악 등을 조사한다.

2) 피해자 중심 수사

범죄 피해자 및 가족의 생활상태, 재산상태, 교우관계, 고용관계, 가정내 사정 등을 중심으로 조사를 진행한다. 나아가 지리감 및 연고감 등의 감의 유무 또는 범행동기 등을 조사하고 추정한다.

3) 피해품 중심 수사

범죄로 인한 피해품이 판명되면 장물수배서를 발행하거나, 대상업소에 대한 임검을 하는 등 장물수사를 실행하여 피해품 발견을 위한 조사를 적극적으로 한다.

1. 탐문수사의 의의

탐문수사는 수사관이 범인 이외의 제3자로부터 어떤 범죄에 대하여 전문(傳聞)으로 듣거나 직접 체험한 사실을 탐지하기 위해 하는 조사활동을 말한다. 탐문을 통해 수사관이 알지 못하는 범죄자, 범죄행위, 당시의 상황 등에 대해 알아내며 수사의 속도를 높일 수 있다.

2. 탐문 상대방 선정

탐문은 가능한 한 대상 사건을 직접 체험하고 관찰한 사람을 선정하는 것이 바람직하다. 수사관의 선입견을 배제하고 공평한 위치에 있는 사람을 우선 면담하여 객관성을 높인다. 가족 등 이해관계인은 숨기는 경우도 많고 왜곡된 정보를 제공하기도 하므로 원칙적으로는 제외하고 하되 관련성을 따져봐야 한다.

3. 탐문방법

1) 직접탐문

수사관이 직접 상대자와 대면하여 탐문을 하는 것으로 일반적인 탐문 방법이다. 수사관은 신분을 명시하거나 위장하고 탐문할 수 있다.

(1) 수사관 신분을 명시하고 탐문하는 것이 바람직한 경우

증거인멸이나 수사기밀 누설 우려가 없는 때로 다음과 같은 경우이다.
① 범죄사실 등이 명확할 때
② 제3자의 협력을 얻어서 탐문하고자 할 때
③ 사후의 수사진행에 영향이 없을 것이라고 판단할 때
④ 상대방이 범인과 통모하거나 증거인멸을 할 염려가 없을 때

(2) 수사관 신분을 은닉하고 탐문하는 것이 바람직한 경우

증거인멸이나 수사기밀 누설의 우려가 있을 때로 다음과 같은 경우이다.
① 장물취득자에 대한 탐문
② 선거사범에 대한 탐문
③ 전과자에 대한 탐문

④ 직접 대면 탐문 또는 탐문의 효과를 거두기 어려운 상대방인 경우

⑤ 우범지역 등에서 탐문하고자 할 때

⑥ 피의자 가족, 친족, 이해관계가 있는 자에 대한 탐문 시

(3) 수사관 신분 위장 주의사항

① 언동, 보강 등에 세심한 주의

② 자연스럽게 탐문하여 상대방에게 신분이 발각되지 않도록 주의

③ 관계법령에 저촉되지 않도록 주의(예를 들면, 관명사칭 등)

④ 직근 상사로부터 구체적인 지휘를 받아서 실행하여야 함.

2) 간접탐문

범죄 또는 피의자를 탐지하기 위하여 꼭 필요한 정보를 얻어야 하는데, 경찰관이 직접 탐문을 하기가 어렵거나 효과를 거두기 어려울 경우, 제3자의 협력을 얻어서 알아보는 방법이다.

4. 질문방식

1) 전체법

막연하게 "어떤 수상한 점이 없었나요?", "무엇을 보았지요?" 등으로 개방형으로 답할 수 있게 묻고 상대방이 자유롭게 응답하게 하는 방법이다.

장점으로는 암시나 유도의 염려가 없어서 올바른 대답을 이끌어 낼 수 있는 반면에 단점으로는 답변이 장황하고 정리가 곤란한 면이 있다.

2) 일문일답법

질문자가 듣고 알려고 하는 것을 하나하나씩 구체적으로 묻는 방법이다. "그 때 시각은 몇 시였지요?", "범인은 어떤 옷을 입고 있었나요?" 등 세부사항을 확인하는 식으로 묻고 응답하게 한다.

장점으로는 문제점을 명확히 하고 질문의 내용이 알기 위운 반면에 단점으로 질문 이외의 정보는 청취하기 곤란하며 암시나 유도의 염려가 있다.

3) 자유응답법

"무엇을 보았나요?"처럼 의문사를 수반한 질문과 응답방법이다. 수사관의 질문에 대하여 상대방이 자유롭게 대답하도록 한다.

장점으로는 예기치 않은 중요 자료를 얻어들을 수 있으며, 암시나 유도의 염려가 적다. 하지만 중요 사항을 누락하거나 진술하기 싫은 내용은 대답을 안하거나 주사기간이 길어지고 허비되는 등 단점도 있다.

4) 선택응답법

"A였나요?, B였나요?"처럼 상대방이 답변을 고를 수 있는 질문을 하고 응답하게 하는 방법이다. 장점으로는 중점적으로 물어야 할 사항을 놓치지 않고 시간절약이 가능하다는 점이다. 반면 단점은 선백된 답 이외의 것을 얻기 어려우며 암시나 유도의 우려가 있다는 점이다.

5) 긍정 또는 부정 질문

"그 사람 A였지요?" "B는 아니겠지요?"와 같이 긍정이나 부정어로 질문하고 응답하게 하는 방법이다. 답변에 대한 암시나 유도가 되는 경우가 많고, 정답을 얻기에는 매우 어려움이 있다.

5. 탐문수사 주의사항

정보제공자의 신변보호를 철저히 해야 하며, 신고자의 인적사항은 공개금지해야 하고, 보복에 대비해 신변안전 조치도 해가면서 탐문하도록 한다.

제7절 선면수사

1. 선면(選面)수사의 의의

범인의 인상이나 특징을 알고 있는 피해자 및 참고인 등의 협력을 얻어서 범인을 여러 사진 또는 인물 중에서 선별하여 특정하게 하는 수사방법이다. 변사체의 사진 등에 의하여 그 신원을 발견하거나 확인하는 수사방법도 포함된다. 여러 명의 사람을 줄세워 보여주거나, 하나씩 보여주거나 하는 방식을 사용한다.

2. 선면수사의 방법

1) 범인 특정 및 발견

(1) 실물에 의한 선면

피해자 등이 직접 용의자의 실물 즉, 실제 얼굴을 보고 확인하는 방법이다.

(2) 사진 등에 의한 선면

피해자 등에게 특정한 용의자의 사진을 관찰하게 하거나, 다수의 사진 가운데서 용의자를 선정하게 하는 방법이다.

(3) 사진 등에 의한 식별

수사관이 사건 용의자의 사진이나 몽타주 등을 가지고 다니면서 불특정 다수인 중에서 범인을 확인하거나 선별해 내는 방법이다. 미행이나 잠복 활동을 하면서 사용하는 방법이다.

(4) 인상서(人相書)에 의한 선면

얼굴형 등의 인상의 각 부분의 형태나 특징 등을 탐문하여 글로써 표현한 자료를 이용해 대상자 범주를 선정하는 방법이다. 예를 들면, 역삼각형, 네모, 세모, 동그란 형 등 얼굴 타입을 가지고 찾아보게 하는 것이다.

2) 변사체의 신원 확인

변사체의 사진을 연고자에게 관찰하게 하여 신원을 확인하는 방법이다. 백골사체의 경우에는 복안법에 의해 만들어진 몽타주 사진을 보여주고 신원을 확인하기도 한다. 복안(複眼)법은 죽은 사람의 두개골에 살을 붙여서 사망 이전의 얼굴을 재생시키는 기술을 말한다.

3) 유의사항

피해자 등이 범인으로 특정하더라도 반드시 관련 증거를 확보하여 보완하고 검증해야 한다. 실물에 의한 선면방법은 목격 당시와 동일한 환경과 조건하에서 실시하여야 정확성을 담보할 수 있다. 피해자와 용의자의 직접 대면은 보복행위, 공포심 등이 우려되므로 피하고, 원칙적으로 피의자 식별실을 활용하는 것이 좋다. 가급적 비슷한 표정이나 차림을 한 여러 명의 사람을 관찰시켜서 선별하여 특정하도록 하는 것이 더 정확성을 높일 수 있다.

3. 범인 식별 선면수사 방법

1) Line up

범죄 피해자 또는 목격자에게 범인을 식별하기 위해 주요 피의자를 포함한 여러 사람을 줄로 세워서 보여주는 방법이다.

2) Show up

현장에서 피의자 체포 직후, 범죄피해자나 목격자에게 특정한 한 사람의 피의자만을 보여주고 식별하도록 하는 방법이다.

제8절 감별(鑑別) 수사

1. 감별(鑑別)수사의 의의

감별수사란 범인과 피해자, 범인과 범행지 또는 범인과 주변지역 간에 존재하는 사정이나 관계 등에 근거를 두고 수사하는 방법이다. 어떠한 감(鑑)이 있다는 것은 범인과 어떠한 관계에 있다는 것을 의미한다.

2. 감(鑑)의 종류

1) 연고(緣故)감

범인과 피해자나 피해자 가족 등 주변인물과의 인연 관계가 있을 경우를 말한다. 연고를 통해 범행동기를 파악할 수 있는 수사기법이며, 연고감이 있는 경우에는 대부분 지리감도 같이 가지는 것이 일반적이다.

2) 지리(地理)감

범인과 범행지 및 주변지역과의 관계가 있는 경우를 말한다. 연고감에 비해 수사대상도 많고 수사의 범위가 매우 넓다.

3) 농(濃)감

범인과 피해자의 관계가 매우 밀접한 경우를 말한다.

4) 박(薄)감

범인과 피해자의 관계가 옅은 경우를 말한다.

5) 직접(直接)감

범인과 피해자가 직접적인 관련성이 있는 경우를 말한다.

6) 간접(間接)감

범인과 피해자가 직접적인 관련성이 아니라 간접적인 관련성이 있는 경우를 말한다.

3. 감별수사의 방법

1) 연고감 수사

연고감 유무의 판단을 할 수 있는 자료를 조사해 수집해 본다. 현장관찰, 현장감식, 기초수사 등을 통해 연고감이 있는지 여부를 판단한다.

연고감 유무를 판단하는 방법은 다음과 같은 점들을 조사하여 추정해 본다.

(1) 범행장소

피해자의 동의 없이 갈 수 없는 장소인지?,

자발적으로 동행한 장소인지?

강제로 끌려간 장소인지?

(2) 피해자의 집 내부사정

돈이 없어 보이는 집에 현금 입수를 목적으로 침입했는지?

가족의 수, 수입상황, 가옥 내부구조 등을 알고 있는지?

부동산 매도대금, 보험금 등 수입이 많이 들어온 날짜를 알고 있는지?

(3) 침입구 및 침입방법

침입구와 도주로를 알 수 없는 경우, 열심히 찾은 흔적이 있는지?

번호키로 된 문을 열었을 경우, 난폭한 방법으로 침입했는지?

(4) 폭행 및 협박 수단

흉기를 들이대면서 특별히 어떠한 말도 없이 협박했는지?

공범 중 일부가 피해자들이 있는 곳에 들어오지 않으려고 했는지?

(5) 물색방법

목적물이 있는 곳으로 직행했는지?

여기 저기 찾아보면서 범행을 했는지?

범행현장을 위장해 놓은 경우 밀접한 관계가 있는 자일 가능성 높다.

범죄발각 방지 공작을 해 놓은 경우 가족 등 내부자 소행 가능성이 높다.

(6) 사체에 대한 조치

근친자에 의한 살인일 경우 보자기나 수건 등으로 사체의 얼굴을 덮어 놓거나 얼굴을 깨끗이 씻어놓거나 착의를 고쳐 놓기도 한다.

면식자에 의한 살인일 경우 대체로 참혹한 방법으로 살해하는 편이다.

(7) 접대나 숙박 상태

커피를 대접했거나 함께 잠을 잔 흔적 등이 있으면 아는 사이일 경우가 많다.

(8) 연고감 적격자 대상 수사

연고가 있는 자인지 여부에 대한 판단자료를 수집해본다. 피해자의 일기, 메모, 핸드폰 통화내역, 컴퓨터 사용기록 등을 살펴보면 연고자료를 얻을 수 있다.

가족, 친척, 직장동료, 외판원, 배달원, 공사관계자 등이 연고감 수사에서 흔한 대상이다.

(9) 연고감 적격자 여부 수사방법

피해자나 목격자 중심 탐문수사를 해본다. 피해자 진술에만 의존하지 말고 물증을 확보하여 입증을 해야 한다. 호기심에 의한 추궁보다 목적을 가지고 탐문하여야 하며, 탐문내용은 비밀유지해주어야 하므로 언행에 신중을 기해야 한다. 수사관이 스스로 종합적으로 판단하고 상대방에게 자체 판단의견을 요구하지는 말아야 한다.

2) 지리(地理)감 수사

지리감 유무를 판단하기 위해 피해자 진술이나 참고인 진술을 들어본다. 또한, 범죄현장과 그 주변의 지리적 상황과 환경을 관찰하여 지리를 잘 아는 사람의 소행인지를 파악한다. 지리감 유무의 판단방법에는 다음과 같은 것들을 참고한다.

(1) 범행장소

범행장소가 그 지역에 정통한 자가 아니면 잘 알 수 없는 장소인 경우인지?

그 지방 사람들만 알고 다니는 농로나 지름길 등을 이용했는지?

(2) 범행 전후의 행동

범인의 도망장소, 은신장소, 휴식장소 등을 조사해 잘 알고 있었는지 파악해 본다.

(3) 교통기관 이용상황

범인이 그 지방 교통기관의 발착시간이나 운행계통, 노선 등을 사전에 알고 이를 범행에 이용했는지?

(4) 피해자의 선택상황

정기적으로 그 지역을 통행하는 자를 피해자로 선택했는지?

(5) 범인이 한 말

범행 전후에 한 말 중에서 지명, 인명, 도로, 축제일, 사투리, 억양 등을 통해 그 지역에 지리감이 있는지 판단해본다.

(6) 지리감 적격자 여부 수사

지리감이 있는 동일수법 전과자, 우범자, 최근 출소자 등에 관한 자료, 범행지 부근 거주자, 부근에서 일하는 자 등에 대해 탐문을 하거나 행적을 조사하여 본다. 또한, 범행 당시 주변을 배회하던 자 등 CCTV 영상을 통해 확인해본다. 영상의 저장기간이 짧은 것들도 있으므로 최대한 신속하게 주변 카메라를 확인해보는 것이 중요하다.

제9절 광역-공조 수사

1. 광역수사

1) 의의

어떤 사건에 대한 수사의 대상 범위를 일반 행정구역이나 경찰관할구역 중심의 특정 지역으로 한정하지 않고 범죄 발생지 인근 경찰관서의 관할 지역까지 넓은 범위에 걸쳐 조사하는 수사활동을 말한다.

2) 광역수사의 대상사건

- 범죄행위 및 사건관계자, 그리고 범인의 연속적 범행이 수개의 시도에 걸쳐 있는 사건
- 사건의 성질상 여러 기관이나 부서의 협력 또는 공조를 요하는 사건

2. 공조(共助)수사

1) 의의

여러 경찰기관 또는 소속 경찰관이 서로 협력하여 범인을 검거하고 범죄를 구증하는 수사활동을 말한다. 여러 경찰기관 또는 소속 경찰관이 상호간에 특정 범죄에 관한 정보 교환, 합동수사, 범인 수배,

조회, 검거요청 등을 통해 범인검거를 하거나 여죄 및 장물의 발견, 신원불상자의 신원파악 등을 서로 공동으로 도와주는 활동이다.

2) 공조수사의 종류

(1) 평상공조: 평소 일반적인 공조활동으로 수배, 통보, 조회, 촉탁 등의 활동
(2) 비상공조: 중요사건 발생시 공조활동으로 긴급배치, 수사본부 설치 수사활동 등
(3) 횡적공조: 대등한 관서간의 공조, 동료가 협력, 국제형사기구 Interpol과 협력 등
(4) 종적공조: 상하 관서간의 공조, 상하 계급간의 공조 활동
(5) 자료공조: 수사정보 자료 조회, 수법원지, 피해통보표, 지명수배, 지명통보자 관련 협력
(6) 활동공조: 수사비상배치, 불심검문, 미행, 잠복, 현장 긴급출동 등의 협력

제10절 수법수사

1. 수법수사의 의의

1) 의의

어떤 행위를 할 때, 동일한 수단이나 방법을 반복적 또는 습관적으로 사용하는 특징을 이용하여 범인을 검거하는 수사활동을 말한다.

2) 범죄수법의 특징

① 반복성

개인적인 습성이나 행동특성은 반복성을 가진다는 것으로, 일정한 정해진 형태로 고착화되는 경향이 있다. 고정된 행동특성은 쉽사리 변경되지 않는다.

② 필존성

수법이 있는 범죄자의 행위는 현장에 반드시 수법을 남긴다. 위장하기도 하지만 그 자체가 수법을 포함하고 있는 것이다.

2. 수법수사의 근거 법규

경찰청에서 제정한 범죄수법공조자료관리규칙[9]이 있으며, 경찰청 범죄분석 담당관 소관이다. 이 규칙은 범죄수법과 피의자의 사진 등 각종 인적, 물적 특징에 관한 자료의 수집, 관리방법과 그 조직적인 운영절차를 규정함으로써 과학적인 범죄수사에 기여함을 목적으로 하고 있다.

3. 주요 용어의 정의

수법수사에 관련하여 사용하는 용어의 정의는 다음과 같다.

1) "범죄수법": 반복적인 범인의 범행수단·방법 및 습벽에 의하여 범인을 식별하려는 인적특징의 유형기준을 말한다.
2) "수법범죄": 범죄수법자료를 활용하여 범죄수사를 실행할 수 있는 범죄를 말한다.
3) "수법·수배·피해통보 진산자료 입력코드번호부": 수법원지, 피해통보표 입력사항과 지명수배통보자의 죄명에 전산입력번호를 부여한 부책을 말한다.
4) "수법원지": 수법범인의 인적사항, 인상특징, 수법내용, 범죄사실, 직업, 사진 등을 전산입력한 것을 말한다.
5) "피해통보표": 피해사건이 발생하여 그 범인이 누구인지 판명되지 아니하였을 때에 해당사건의 피해자, 범인의 인상·신체·기타특징, 범행수법, 피해사실, 용의자 인적사항, 피해품, 유류품 등 수사자료가 될 수 있는 내용을 전산입력한 것을 말한다.
6) "공조제보": 경찰관서 상호간에 있어서 범인, 여죄, 장물을 발견하고 범인을 검거하기 위하여 필요한 수사자료를 서면, 전신, 영상 또는 전산자료로 행하는 수배, 통보, 조회 등을 말한다.
7) "지문자동검색시스템(AFIS)": 개인의 인적사항 및 십지지문 등이 채취되어 있는 주민등록발급 신청서를 고속의 대용량 컴퓨터에 이미지 형태로 입력, 필요시 단말기에 현출시켜 지문을 확인하거나 변사자 인적사항 및 현장유류 지문 등을 자동으로 검색하여 동일인 여부를 확인하는 체계로서 범죄분석담당관에서 구축·운영중인 것을 말한다.
8) "경찰 형사사법정보시스템(약칭 '경찰시스템')": 형사사법정보시스템 중 경찰이 직접 운영 및 관리하는 시스템을 말한다.

---

9) (경찰청) 범죄수법공조자료관리규칙 [경찰청훈령 제1003호]. 경찰청(범죄분석담당관). 02-3150-1761 소관이며, 이 규칙은 범죄수법과 피의자의 사진 등 각종 인적, 물적 특징에 관한 자료의 수집, 관리방법과 그 조직적인 운영절차를 규정함으로써 과학적인 범죄수사에 기여함을 목적으로 한다.

4. 수법원지 전산입력

1) 법죄수법 적용 대상 범죄

다음에 해당하는 피의자를 검거하였거나 인도받아 조사하여 구속 송치할 때에는 경찰시스템을 활용하여 수법원지를 전산입력하여야 한다. 다만 불구속 피의자도 재범의 우려가 있다고 인정되는 자에 대하여는 전산입력 할 수 있다.

① 강도
② 절도
③ 사기
④ 위조·변조(통화, 유가증권, 우편, 인지, 문서, 인장)
⑤ 약취·유인
⑥ 공갈
⑦ 방화
⑧ 강간
⑨ 제1호 내지 제8호중 특별법에 위반하는 죄
⑩ 장물

수법원지는 해당 범인을 수사하거나 조사 송치하는 경찰공무원이 직접 전산입력하여야 한다. 사건 담당과장은 사건송치기록 검토 후 수법원지 입력누락 여부 및 입력된 수법원지 내용의 오류나 입력사항 누락 여부를 검토하여 수정하고 경찰시스템에서 승인하여야 한다.

2) 수법원지 전산입력방법

수법원지 각 항의 전산입력은 다음과 같이 하여야 한다.
① 해당죄명 입력
② 작성관서·일자순으로 수법원지 작성번호 부여 및 사건연도·번호 입력
③ 피의자의 성별 입력
④ 피의자의 성명과 주민등록번호는 타인의 인적사항을 도용하는 일이 없도록 지문자료 대조확인 등 정확히 파악 입력
⑤ 피의자의 공범 등에게 확인, 이명·별명·아명·속명 등 최대한 입력
⑥ 직업은 단순히 "무직", "없음" 등으로 기재하기 보다는 과거의 직업 등도 파악하여 주된 것을 입력
⑦ 수법 소분류는 "수법·수배·피해통보 전산자료 입력코드번호부"에 따라 피의자의 주된 범행수법을 정확히 분류 입력

⑧ 수법내용은 해당 코드번호와 그 내용을 동시 입력

⑨ 출생지, 등록기준지, 주소는 수법원지 입력 당해 피의자 1명에 한하여 입력

⑩ 공범은 당해 피의자의 공범 모두(미검거 공범포함)의 성명과 생년월일을 입력하고, 그 수가 많을 경우에는 각 공범이 수법원지상 상호 연계될 수 있도록 입력

⑪ 인상 및 신체적 특징은 수사자료로 활용할 수 있도록 특징종별 부위, 형태 또는 크기 등을 상세하게 파악 입력

⑫ 혈액형은 "A, 에이", "B, 비", "AB, 에이비", "O, 오"로 입력하되, 혈액형을 모르거나 불확실한 경우에 한하여 "X, 모름"으로 입력

⑬ 지문번호는 반드시 피의자의 신원확인조회 또는 범죄경력조회를 실시하여 전산상의 지문분류 번호를 입력한다. 다만 전산상 신원확인자료·범죄경력이 없는 피의자의 경우에는 지문번호를 직접 분류하여 입력한다.

⑭ 범행(수법)개요는 피의자의 주된 범행수단과 방법이 부각되도록 상세히 입력

5. 피의자 사진촬영

검거피의자 사진은 다음 방법에 의해 촬영하여야 한다.

① 명함판(5cm×8cm) 크기로 전신상과 상반신 정면, 측면 상을 촬영할 것

② 측면상은 원칙적으로 좌우면상을 촬영하되 좌우면에 신체적 특징이 있을 때에는 좌측면상을 촬영할 것

③ 사진은 인상 및 신체적 특징부위가 크게 부각되도록 촬영할 것

④ 정면상 촬영시는 촬영관서, 년, 월, 일, 성명을 기재한 가로 24cm, 세로 8cm의 표식판을 앞가슴에 부착하고 얼굴이 크게 나타나도록 할 것

⑤ 사진의 배경이 단색(회색)이 되고 전신상에 있어서는 신장을 나타내는 눈금이 선명하게 표시되도록 촬영할 것

6. 피해통보표의 전산입력

① 경찰서장은 범죄의 신고를 받았거나 또는 인지하였을 때에는 지체없이 "수법·수배·피해통보 전산자료 입력코드번호부"에 수록된 내용에 따라 경찰시스템을 활용하여 피해통보표를 전산입력하여야 한다. 다만 당해 범죄의 피의자가 즉시 검거되었거나 피의자의 성명·생년월일·소재 등 정확한 신원이 판명된 경우에는 입력하지 아니한다.

② 피해통보표는 반드시 당해 사건을 담당하는 수사경찰관이 전산입력하여야 한다.

③ 사건 담당과장은 사건발생보고서 검토시 경찰청 및 시·도경찰청에 보고되는 속보 사건을 포함한

해당 범죄의 피해통보표의 입력여부 및 입력된 피해통보표 내용의 오류나 입력사항 누락여부를 검토, 수정하여야 한다.

7. 피해통보표의 관리 및 활용

① 피해통보표를 입력한 담당경찰관은 입력누락 여부를 수시로 확인하고, 입력된 전산자료를 관리하여야 한다.

② 범행수법이 동일한 피해통보표를 2건 이상 입력하였을 때에는 동일범에 의한 범죄여부, 개범 우려 등을 종합분석하여 수사자료로 활용한다.

③ 피해통보표는 동일한 수법범죄의 발생여부, 검거피의자의 여죄와 중요장물의 수배, 통보, 조회 등 수사자료로 활용한다.

8. 공조제보의 실시

시·도경찰청장 및 경찰서장은 발생사건의 범인검거 또는 검거피의자의 여죄 및 장물 등의 발견을 위하여 다른 경찰관서에 수배·통보·조회를 할 때에는 서면, 전신, 전산기 등으로 신속히 공조제보를 하여야 한다. 공조제보가 긴급을 요할 때에는 경찰전화로 할 수 있다.

9. 피해통보표의 장물 수배

① 재산범죄 사건의 피해품은 경찰시스템 피해통보표의 피해품 란에 각각 전산입력하여 장물조회 등의 수사자료로 활용한다.

② 피해통보표에 전산입력한 피해품은 장물수배로 본다.

10. 수법, 여죄 및 장물조회

1) 조회 및 관리

경찰공무원은 수법범죄사건 현장을 임장하였거나 수법범인을 검거한 경우 또는 수사활동 과정에 있어서 필요한 사안에 관하여는 다음의 구분에 따라 해당사항을 적극적으로 조회·관리하여야 한다.

① 수법범죄가 발생하였으나 즉시 범인을 검거하지 못하고 수사중인 사건에 대하여는 유형의 유류물 외에도 무형의 유류물인 범행수법 등을 수집·분석한 후 경찰 시스템 등을 이용 동일수법 조회를 실시, 수사에 활용하여야 한다.

② 동일수법 조회는 수법코드·신체특징·성명(이명)별로 각각 또는 종합적으로 하는 것을 원칙으로 하여 신상·사진·범행사실을 검색하고 검색된 자료는 교통면허사진, 지문자동검색시스템(AFIS) 지문, 수용자, 수배자, 주민자료 등을 연계 검색하여 수사자료의 효용성을 높인다.

③ 수사경찰관은 필요한 때에는 수법원지를 직접 열람하거나 범인을 목격한 목격자에게 수법원지에 첨부된 피의자의 사진을 경찰시스템을 이용하여 열람하게 할 수 있다. 다만 열람에 의하여 알게 된 피의자 및 경찰시스템 관련사항을 누설하여서는 아니된다.

④ 동일수법 조회결과 검색한 용의자에 대하여는 행적수사 등을 철저히 하고 그 결과를 명확히 기록 관리하여야 하며, 검색자료의 편철 및 폐기 등은 보안에 유의, 합리적인 방법으로 관리한다.

2) 장물조회

현재 검거 조사중인 피의자의 여죄 및 발생사건들의 범죄수법의 동일성 또는 불심대상자 등이 소지한 수상한 물건, 중고품 상가나 사회에서 거래·유통되고 있는 수상한 물건, 출처 불명품 등에 대한 장물여부는 다음의 구분에 따라 적극적으로 조회하여야 한다.

① 검거한 피의자의 여죄 및 발생사건의 동일성 조회는 경찰시스템을 활용, 동일수법 분류·내용·특성·발생지(관서)·발생기간 등을 다각적으로 대조·검색하고 지명수배·통보 중인 여죄는 인적사항 등에 의한 수배조회의 실시로 파악하여야 한다.

② 장물조회는 경찰시스템을 활용, 전산 입력되어있는 피해통보표의 피해품과 물품 고유번호, 품명, 재료, 중량 등 특징을 대조·검색하여야 한다.

③ 발견한 여죄 및 장물은 각 피해통보표 입력 경찰관서 및 지명수배·통보관서와 공조수사하여야 한다.

11. 수법원지 및 피해통보표의 삭제

1) 수법원지 삭제

수법원지가 다음에 해당할 때에는 전산자료를 삭제하여야 한다.

① 피작성자가 사망하였을 때
② 피작성자가 80세 이상이 되었을 때
③ 작성자의 수법분류번호가 동일한 원지가 2건 이상 중복될 때 1건을 제외한 자료

2) 피해통보표 삭제

피해통보표가 다음에 해당할 때에는 전산자료를 삭제하여야 한다.

① 피의자가 검거되었을 때
② 피의자가 사망하였을 때
③ 피해통보표 전산입력 후 10년이 경과하였을 때

1. 의의

범죄현장이나 그 부근에 남아 있는 범인의 흉기나 입었던 옷 등을 유류품이라고 하며 그 유류품에 대하여 출처를 추적하고 범인을 검거하는 수사방법을 의미한다.

2. 유류품의 종류

1) 유류품

범인이 휴대하거나 착용하고 있다가 현장에 남긴 흉기, 신발, 의류, 안경, 담배, 휴대폰 등

2) 유류물

지문, 장문, 족문, 분변, 타액, 정액 등 범인의 인체에서 나와서 남아 있는 것들

3. 유류품 수사 착안점

1) 동일성(범행에 그 유류품을 사용했는지)

- 유류품이 직접적으로 범행에 사용된 것인가의 여부를 조사
- 물건의 존재상태를 명확히 하고, 특징이 범행과 합치하는지, 유류상황과 추후 범인의 진술 합치 여부를 조사
- 특히 흉기의 경우 피해자의 상해부위와 합치되는지 여부를 조사

2) 관련성(범인과 유류품과의 관계)

- 유류품이 범인 소유의 물건이 확실한지, 범행과 상관성이 있는 것인지 여부를 조사
- 유류품 또는 그 일부 소유자인지, 휴대했는지, 유류품에 부착된 물건의 소유나 휴대 사실, 유류품에 존재하는 사용 습관 등을 조사

3) 기회성(현장과 유류품과의 관계)

- 범인이 사실상 현장에 갈 수 있었는지 조사
- 범인이 어떤 물건 등을 유류할 기회가 있었는지 조사
- 범인이 물건 등을 남기고 떠날 만한 시간적 여유가 있었는지 조사

4) 완전성(범행 당시 유류품과의 관계)

- 유류품이 범행 당시와 동일한 성질 및 상태로 잘 보존되어 있는가 조사
- 유류품이 범행 당시의 성질 및 상태에서 얼마나 변했는지 조사

제12절 장물(贓物)수사

1. 장물수사의 의의

장물은 절도, 강도, 사기, 횡령 등 재산죄에 해당하는 범죄행위로 부당하게 취득한 타인 소유의 물품을 말한다. 범죄 피해품의 특징을 파악해 그 이동경로를 추적하여 나가다 보면 장물을 물론 범인을 찾아서 검거할 수 있기 때문에 재산범죄자 추적에 주로 쓰이는 수사방법이다.

2. 장물수사의 기법

1) 장물수배

수사중인 사건의 장물에 대해 다른 경찰관서에 그 장물의 발견을 요청하여 주도록 통지하는 방법이다. 경찰청 범죄수사규칙 제108조(장물수배)에 의하면, 장물수배란 수사중인 사건의 장물에 관하여 다른 경찰관서에 그 발견을 요청하는 수배를 말한다.

경찰관은 장물수배를 할 때에는 발견해야 할 장물의 명칭, 모양, 상표, 품질, 품종 그 밖의 특징 등을 명백히 하여야 하며 사진, 도면, 동일한 견본·조각을 첨부하는 등 필요한 조치를 하여야 한다. 「범죄수법 공조자료 관리규칙」 제10조의 피해통보표에 전산입력한 피해품은 장물수배로 본다.

2) 장물수배서

경찰청 범죄수사규칙 제109조(장물수배서)에 의하여, 경찰서장은 범죄수사상 필요하다고 인정할 때에는 장물과 관련있는 영업주에 대하여 장물수배서를 발급할 수 있으며, 장물수배서는 다음의 3종으로 구분한다.

① 특별 중요 장물수배서(수사본부를 설치하고 수사하고 있는 사건에 관하여 발하는 경우의 장물수배서를 말한다)
② 중요 장물수배서(수사본부를 설치하고 수사하고 있는 사건 이외의 중요한 사건에 관하여 발하는 경우의 장물수배서를 말한다)

③ 보통 장물수배서(그 밖의 사건에 관하여 발하는 경우의 장물수배서를 말한다)

특별 중요 장물수배서는 홍색, 중요 장물수배서는 청색, 보통장물수배서는 백색이다.

3. 장물수사의 종류

1) 일반수사

대상업기 등에 대히여 수사를 하고 상물을 말선하여 그것을 단서로 범인을 검거하는 수사방법이다.

2) 특별수사

① 특정 장물 수사

뚜렷한 특징이 있는 특정한 장물의 발견을 목적으로 하는 수사
② 범인 상대 장물 수사

범인의 거소 등 생활장소에서 발견된 물품의 장물 여부 수사

3) 장물 발견 후의 수사

장물 소지자 또는 장물 처분자에 대하여 범죄 관련성 수사

제13절 알리바이 수사

1. 알리바이(Alibi) 수사의 의의

알리바이는 범죄가 일어난 때에 피고인 또는 피의자가 범죄현장 이외의 장소에 있었다는 사실을 주장함으로써 무죄를 입증하는 방법이다. 형사소송에서 알리바이가 입증되면 혐의를 벗게 된다. 다른 말로는 "현장부재증명"이라고도 한다.

경찰에서 수사에서 알리바이는 어떤 사건에서 당해 범죄 혐의자가 범죄가 행하여진 시간에 범죄현장 이외의 장소에 있었다는 사실이 명확하게 되어 결론적으로 그 범죄 현장에는 있지 않았음을 증명하는 수사방법이다. 알리바이(Alibi)가 성립되려면 범죄현장 이외의 장소에 있었다는 제3자의 증언이나 증거자료가 필요하다.

2. 알리바이의 종류

1) 절대적 알리바이

범죄가 행하여진 그 시각에는 혐의자가 현실적으로 범죄현장에 있지 않았고 그 외의 다른 장소에 있었다는 사실이 명확하게 증명되는 경우이다.

2) 상대적 알리바이

범죄 발생 전이나 후의 시각을 고려하여 용의자가 도저히 범죄현장에는 도달하지 못할 것이라고 인정되는 경우이다.

3) 위장 알리바이

사전에 계획을 가지고 자기의 존재를 확실히 인상 깊게 해놓고 그 사이에 극히 단시간 내에 범행을 하는 경우이다.

4) 청탁 알리바이

범죄실행 후 자기의 범행사실을 은폐하기 위해 가족, 동료, 친지나 아는 사람에게 시간과 장소를 약속 또는 부탁해 놓은 경우이다. 이러한 경우에는 수사관이 철처한 수사를 통해 모순점을 찾아 알리바이 성립이 깨지도록 하여야 한다.

3. 알리바이 단계별 수사 진행

1) 먼저 범행 날짜와 시간을 확인한다. 알리바이 수사의 시작점이다.
2) 체류장소와 시간, 출현 장소와 시간 등을 조사한다.
3) 이동 소요시간을 용의자의 입장에서 측정해본다.
4) 범죄의 태양을 고찰한다. 우발적 범죄의 경우 알리바이 조작 가능성이 낮고, 계획적 범죄의 경우에는 알리바이 조작 가능성이 높다.
5) 알리바이를 조작했는지 조사한다.
6) 알리바이 파괴
   위장이나 청탁 알리바이 조사에서 가담자가 많을수록 교묘하게 꾸밀수록 합리적으로 볼 때 모순되는 점이 많이 나타날 수 있다. 주변의 관련자를 가능한 많이 조사해볼 필요가 있다.

1. 미행(尾行)의 의의

일반적으로는 다른 사람의 행동을 감시하거나 증거를 잡기 위해 그 사람 몰래 뒤를 밟는 것을 의미한다.

경찰수사에서는 수사관이 범행의 증거 등 수사자료 수집 또는 범인의 체포나 발견을 위해 용의자나 우범자 등을 일정기간 은밀히 추적하며 감시하는 것을 말한다.

2. 잠복(潛伏)의 의의

잠복은 드러나지 않게 숨는 것을 의미하며, 의학에서는 병원체에 감염되어 있으면서도 병의 증상이 겉으로 드러나지 않는 상태를 의미한다.

경찰수사에서 잠복은 범죄의 증거 등 수사자료의 수집, 범인의 발견 및 검거, 소재확인, 용의자발견 등을 위해 일정한 장소에 은신하여 은밀히 감시하는 것을 의미한다.

3. 미행 및 잠복의 분류

1) 미행의 종류

(1) 미행의 수단에 따라 도보 미행과 자동차 미행 등으로 분류
(2) 미행원의 수에 따라 단독 미행과 공동미행으로 분류

2) 잠복의 종류

(1) 외부 잠복감시

대상자가 배회할 염려가 있는 가옥 또는 시설에 대하여 그 외부 또는 주변에서 잠복감시하는 것

(2) 내부 잠복감시

대상자가 배회할 염려가 있는 가옥 또는 시설의 내부에 직접 들어가서 잠복감시하는 것

(3) 유인 잠복감시

범인 체포 등의 경우에 가족이나 제3자의 협력을 얻어서 어떤 용무를 핑계로 범인을 잠복감시 장소로 꾀어내어 잠복감시하는 것

제15절 CCTV 수사

1. 의의

탐문수사의 한 영역으로 영상촬영 및 저장매체에 보관된 자료를 수집하여 용의자 선정, 증거자료 수집, 수사방향 설정 등을 하는 수사방법이다. 이미 발생된 범죄나 용의자가 누구인지를 확증하는데 1차적으로 사용되며 수사선을 설정하는 기회를 제공하는 강력한 수단이다.

2. 수사절차

1) 현장임장

수사관이 현장에 진출하여 사건의 개요를 파악한 후 범행시간 전후의 영상분석을 통해 수사를 진행한다.

영상을 발췌하려는 사건현장에는 설치기종의 다양성, 노후화 등 여러 가지 문제가 있어서 영상분석을 위한 장비를 가지고 가는 것이 좋다. USB, 외장하드, USB허브, 모니터, 노트북컴퓨터 등 장비를 미리 준비한다.

2) 범죄분석 및 가설설정

범죄분석을 통한 가설을 증명하기 위하여 CCTV수사의 방향을 설정할 필요가 있다. 주변의 CCTV가 너무나 많고 다양하기 때문에 범죄행위 주변을 중심으로 범위를 정해 분석해들어가는 것이 효율적이다.

또한, CCTV에서 찾고자 하는 것이 무엇인지를 명확히 설정하는 것이 분석의 효율화를 위해 중요하다. 사건현장으로 가거나 떠나는 모습이 있을 것으로 추정되는 피해자, 목격자, 용의자 모습 등을 우선 선정해 일일이 분석해야 한다.

3) 자료수집 범위 설정

한정된 수사인력으로 최대의 수사효율을 높이기 위해서는 사건의 특성, 발생시간대, 현장상황 특성 등을 고려하여 자료수집의 범위를 설정하는 것이 중요하다.

(1) 장소적 범위

용의자의 사건현장 출입경로, 전후 이동경로 등 기본적 변수 파악이 먼저 이루어져야 한다. 대중교통을 이용했는지, 도보 또는 승용차를 이용했는지에 따라 예상 이동경로를 추정하여 분석한다.

(2) 시간적 범위

사건발생 시간 특정이 되는 경우에는 그 시간을 기점으로 한 전후 인접한 시간대를 조사한다.

사건현장의 목격자가 없고 시간도 알 수 없는 경우에는 범죄징후가 있던 시점을 추정해본다. 경보장치 작동, 유리창 깨지는 소리, 피해자가 주차장에 들어가고 나오는 시간 등을 전후해 분석해본다.

4) 자료수집시 유의사항

(1) CCTV촬영시간과 실제시간 간 편차 수정

최초 설치단계부터 시간 설정을 잘못 하였거나 이후 일정 주기별로 데이터 삭제 또는 포맷 등을 하지 않을 경우에는 내부 타이머 오류가 있다. 영상자료 확보현장에서 실제시간과 CCTV시간을 대조하여 그 시간차이를 명확하게 기록해 두어야 한다.

(2) 이동 노선간 실제 측정된 소요시간의 용도

CCTV영상에서 용의자가 A지점에서 포착되었고, 이어서 B,C 지점에 포착되었을 경우, 각 지점간 실제 이동에 필요한 소요시간을 측정하여 기록해 둔다. 추후 재판에서 판사가 각 지점에 촬영된 인물이 동일인이라는 자유심증을 형성하도록 해야 한다.

실제 소요시간 대비 큰 오차가 있다면 그 구간에서 범행 도구 유기 내지 증거인멸 행위 등이 있었는지 확인이 필요하다.

5) CCTV자료 분석 유의사항

(1) 사본활용 분석 원칙

자료의 원본은 수사관의 컴퓨터로 다운로드나 업로드 등 과정을 거치면서 파일 손상이나 멸실 등 해당 녹화물의 증거능력에 훼손의 문제가 발생할 수 있다. 따라서 원본자료는 별도의 저장장치에 저장 보관하고, 사본을 이용하여 분석을 한다.

(2) 분석 방법

① 특정된 용의자의 동선 추적

특정 용의자의 착의, 보행자세, 보행시간 등 특징점 중심으로 이동예상 동선상에 있는 CCTV를 연속적으로 분석하여 용의자의 인적사항을 특정하는 단서를 찾아낸다.

이어서 CCTV에 나온 용의자가 이용한 승용차, 대중교통수단, 편의점, PC방, 숙박업소 투숙 여부 등을 추적하여 그가 사용한 교통카드, 신용카드, 현금영수증 이용자 대상으로 수사해 나간다.

② **불특정 용의자 추적**

이미 수집된 감식자료 등을 토대로 범행 예상 시간대 통행하는 보행자 중에서 의심이 가는 특징이 있는 통행인을 대상자로 선정하여 분석한다. 예를 들어, 구두 족적을 발견했다면 그 구두를 신고 가는 용의자 대상으로 조사한다.

만일, 범행장소 주변의 어느 CCTV에서 특정인이 현장 방향으로 이동했는데, 그 외 CCTV에는 포착되지 않았다면 그는 용의자로 분류해서 조사하여 본다.

③ **각 지점간 용의자의 행동 예측**

통상의 보행속도로 추정했을 때, 다음 위치에 나타나야 할 시간에 용의자가 나타나지 않고 일정 시간 지연되었을 경우, CCTV 사각지대에서 흉기 등 증거물을 버리거나, 다른 공범과의 접촉, 사체 유기 등 특이행동을 한 것으로 예측된다면 해당지역을 정밀하게 수색하여 추가적인 단서를 찾아나 간다.

6) 분석된 CCTV 자료의 정리

(1) CCTV 배치 현황 및 이동 동선의 도식화

CCTV 사각지대에 대한 판단 및 이동 동선을 추적할 때 공간추리가 용이해진다. 발췌된 CCTV 자료를 토대로 특정 용의자의 범행 전후 이동경로 확인도 할 수 있다. 그렇게 되면 용의자와 범행과의 관련성 입증이 쉬워진다.

(2) 분석결과 보고서 작성 방법

① 특정 용의자를 검거하기 위한 체포영장이나 압수수색영장을 발부받기 위해서는 해당 자료들을 논리적으로 시간대별로 나열하여 정리한 수사보고서를 작성해야 한다.

② CCTV 발췌 경위, 실제 시간과의 편차 설명, 분석내용 등을 적어준다.

③ 각 지점별 CCTV에 촬영된 용의자가 왜 동일인으로 판단되었는지를 설명한다.

④ 범행현장 및 이동 동선을 따라 발견된 유류품의 특징점 등을 이용해 범죄를 재구성하여 설명한다.

7) 분석된 CCTV 자료를 용의자 조사

(1) 조사전략 수립

용의자는 범행을 숨기기 위해 증거가 없는 부분에 대해서 부인하기 마련이다. 증거를 제시해도 변호인 등 조력을 얻어 자기자신과 동일성이 없다고 부인하기도 한다. 따라서 해상도가 낮아 용의자와 동일성 여부를 입증하기 어려운 경우에는 조사 단계에서 섣불리 CCTV 증거자료를 제시하지 말아야 한다.

만일, 조사과정에서 CCTV 제시를 하려면, 치밀한 조사계획의 일환으로써 왜 어떤 점에서 해당 영상자료를 보여주어야 하는 지 그 이유를 확실히 해야 한다.

(2) 화질이 명확하고 범행 입증이 가능한 CCTV 자료가 확보된 경우

조사의 초기단계에서 해당자료를 피의자에게 제시하는 것은 최대한 지양한다. 결정적 증거물을 조기에 제시하면 알리바이 조작이나 변명기회를 부여할 수도 있다.

피의자는 부인하지만 명확한 CCTV 영상이 존재한다면, 우선 피의자가 해당 CCTV 설치 경로로 이동하지 않았다는 진술을 먼저 끌어낸 뒤, 나중에 종합적으로 피의자의 진술이 허위임을 밝혀내는 단계에서 해당 영상을 제시하는 것이 바람직하다.

피의자가 자백할 때는 자백의 임의성 부각을 위해 스스로 CCTV 경로 상 이동 동선과 맞는 진술을 하게 한 뒤, 그 진술을 입증하기 위한 방편으로 영상을 제시하는 것이 바람직하다.

(3) CCTV 자체 만으로는 동일인 판명 또는 범행 입증이 어려운 경우

이 경우에 피의자에게 CCTV 열람을 시키는 것을 최대한 피해야 한다. 피고인의 자백이 그 피고인에게 불이익 하나 유일한 증거일 때는 이를 유죄의 증거로 하지 못하기 때문에 불명확한 영상자료 제시는 피의자에게 수사기관이 자신의 혐의를 입증할 만한 다른 증거자료가 빈약하다는 인식을 심어준다. 다른 물적 또는 인적 증거가 많고, 여러 정황 상 피의자 범행입증이 가능하도록 자료를 조사하여 제시하여야 한다.

8) CCTV 자료의 보관 및 관리

(1) 자료 보관 관리의 중요성

조사하기 위해 백업한 CCTV 자료는 추후 공판단계까지 중요 증거가 되므로 원본은 무결성(無缺性)과 동일성(同一性)을 담보한 상태로 안전하게 보관했다가 송치한다.

경찰이 용의자를 특정하여 검거했더라도, 피의자가 공판정에서 증거물 보관 및 관리 등 절차상 하자를 지적하면, 자칫 증거능력이 부정되어 무죄가 될 수도 있으므로 주의한다.

(2) 미제사건 CCTV 자료 보관 및 관리

경찰 수사관이 중요 영상물 확보, 자신의 컴퓨터에 보관한 채 일정 기간 수사하던 중에 더 이상 진행이 곤란하여 잠정 미제사건으로 편철 시, 수사기록만 남겨놓고 영상증거물을 첨부하지 않아서 이후 재수사 시 결정적 증거물 분실로 인해 영구미제 사건이 된 사례도 있다. 모든 사건 수사 시에는 CCTV 증거물 원본을 반드시 CD나 DVD 또는 적절한 장치에 저장하고 봉인하여야 한다. 설령 사건수사가 잠정 중단되더라도 반드시 기록과 함께 보관한다.

3. CCTV 정보의 원천

1) 통합관제센터

방범용, 쓰레기투기 방지, 시설물 관리, 교통정보수집, 주정차관리, 재난 및 화재 감시, 공항만 관리, 철도 및 지하철 관리용 등 다목적으로 통합관제를 하고 24시간 상시 모니터링 요원을 배치해 운용하고 있어서 협조를 받으면 많은 정보를 얻을 수 있다.

2) 버스 CCTV

블랙박스, 버스정보시스템 등 연계된 정보를 얻을 수 있다. 교통사고 및 버스 내 안전사고, 차량 내부와 외부 등 촬영된 영상을 얻을 수 있다.

3) 택시 CCTV

대부분 블랙박스 형태로 되어 있으며, 개인택시는 지역 개인택시 공제조합, 법인택시는 콜센터나 해당 운수회사에서 관리한다.

4) 지하철 CCTV

지하철 내부, 역사 내부, 역사 외곽 주요 통로 등을 촬영한다. 지하상가나 건물로 이어지는 곳의 CCTV 자료를 보면 이동 동선파악이 용이하게 된다.

5) 고속도로 CCTV

톨게이트 요금소의 출입구, 도로 중간 등 여러 곳에 설치되어 있다. 요금징수, 과속단속, 갓길단속, 교통정보 수집 등의 목적으로 설치되어 있으며 차량번호나 이동 방향, 이동 동선, 승차자, 차종 등을 파악할 수 있다.

6) 금융기관 CCTV

입출금 내역, 거래계좌 정보 확인 등 연계하여 조사한다. 대포통장 사용 범인 인상착의를 파악할 수도 있다. 용의자를 특정하기 위해서는 금융기관 주변의 CCTV 자료도 조사할 필요가 있다.

7) 사설 CCTV

공공기관 이외에도 개인이 방범, 시설관리, 어린이보호 등을 위해 설치한 CCTV 자료는 개인이 관리하고 있어서 설치자나 관리자 협조를 얻어야만 자료를 볼 수 있다. 기기도 다양하고, 열람과 저장에 많은 애로가 있다. 또한, 고장이나 이동 설치 등 변동사항이 많이 있어서 최근 설치된 CCTV 자료 중심으로 확인해 들어가야 한다.

8) 차량용 블랙박스

차량에 설치된 블랙박스는 범죄자들이 그다지 인식하지 않고 다니기도 하므로 숨겨진 행동이 영상에 담겨 있기도 한다. 범인들은 대개 노출된 CCTV 위치는 피하면서 차량용 블랙박스는 인식하지 않으므로 차량용 블랙박스 영상의 중요성이 커지고 있다. 기기나 배열장치가 다양하고 최신 기종들이 많이 나오고 있어서 미리 알고 조사준비를 하여야 한다.

9) 차량번호 자동판독기

주요도로에 cctvfmf 설치해 주행중인 차량을 카메라로 촬영하며, 차량번호를 자동으로 판독해준다. 수배차량이나 도주차량 및 무적차량을 자동으로 검색할 수 있다. 검문소가 설치된 도로에서는 경찰검문소에 수배정보를 전송하면 검문소 요원이 차량을 차단하고 범인을 검거하도록 시스템이 되어 있다.

용의자의 차종, 색상, 번호판 규격 및 색, 부착된 스티커, 창문의 썬팅, 운전석과 조수석 시트 색상 및 모양, 바퀴모양, 타이어휠의 생상 및 모양, 윤적, 동승자, 차량내부 물건, 내비게이션 또는 블랙박스 설치여부 및 색상, 사고로 파손된 위치 및 정도 등의 정보를 얻을 수 있다.

4. CCTV 수사의 기본원칙 및 법적 문제

1) CCTV 수사 기본원칙

(1) CCTV 수사의 특성

정보주체의 동의 없이 타인의 얼굴이나 모습을 촬영하여 저장하고 있다. 헌법상의 기본권인 초상권이나 사생활의 비밀과 자유 및 개인정보의 자기결정권 침해의 취약성을 가지고 있다. 수사과정에서 노출, 유출, 공개 등이 되지 않도록 주의하여야 한다.

(2) CCTV 자료 취득시 준수 원칙

① **적합성 원칙**

수사목적을 달성하기 위해 적합한 수단이어야 한다.

② **필요성 원칙**

많은 수단들 중에서 수사에 필요하고 가장 적은 피해를 주는 것이어야 한다.

③ 비례성 원칙

    CCTV 영상을 취득함으로써 침해되는 개인의 불이익과 그로 인해 보호되는 수사의 공익을 비교형량하여 공익이 보다 더 큰 경우에 취득해야 한다.

2) CCTV 설치 운영의 법적 규제 문제

(1) 판례 경향

CCTV 수사자료의 증거능력에 대해 위법수집증거 배제 원칙에 위배하는지를 판단하고 있으며, CCTV 설치운영시 개인정보보호법에 위배 여부를 신중히 검토하는 추세다.

(2) 개인정보보호법상 설치운영 제한

① 개인정보보호법 제25조에 의해 영상정보처리기기의 설치·운영 제한이 되고 있다.

    누구든지 다음의 경우를 제외하고는 공개된 장소에 영상정보처리기기를 설치·운영하여서는 안 된다.
- 법령에서 구체적으로 허용하고 있는 경우
- 범죄의 예방 및 수사를 위하여 필요한 경우
- 시설안전 및 화재 예방을 위하여 필요한 경우
- 교통단속을 위하여 필요한 경우
- 교통정보의 수집·분석 및 제공을 위하여 필요한 경우

② 누구든지 불특정 다수가 이용하는 목욕실, 화장실, 발한실(發汗室), 탈의실 등 개인의 사생활을 현저히 침해할 우려가 있는 장소의 내부를 볼 수 있도록 영상정보처리기기를 설치·운영하여서는 아니 된다. 다만, 교도소, 정신보건 시설 등 법령에 근거하여 사람을 구금하거나 보호하는 시설로서 대통령령으로 정하는 시설에 대하여는 그러하지 아니하다.

③ 영상정보처리기기를 설치·운영하는 자(이하 "영상정보처리기기운영자"라 한다)는 정보주체가 쉽게 인식할 수 있도록 안내판을 설치하는 등 필요한 조치를 하여야 한다. 다만, 「군사기지 및 군사시설 보호법」 제2조제2호에 따른 군사시설, 「통합방위법」 제2조제13호에 따른 국가중요시설, 그 밖에 대통령령으로 정하는 시설은 예외다.
- 설치 목적 및 장소
- 촬영 범위 및 시간
- 관리책임자 성명 및 연락처 등

④ 영상정보처리기기운영자는 영상정보처리기기의 설치 목적과 다른 목적으로 영상정보처리기기를 임의로 조작하거나 다른 곳을 비춰서는 아니 되며, 녹음기능은 사용할 수 없다.

⑤ 영상정보처리기기운영자는 개인정보가 분실·도난·유출·위조·변조 또는 훼손되지 아니하도록 안전성 확보에 필요한 조치를 하여야 한다.

3) 수사 목적 CCTV 영상 확보의 법적 근거

(1) 형사소송법 제199조 수사와 필요한 조사 권한

수사관은 형사소송법 제199조에 의해 범죄의 수사와 필요한 조사를 할 수 있다.

① 수사에 관하여는 그 목적을 달성하기 위하여 필요한 조사를 할 수 있다. 다만, 강제처분은 이 법률에 특별한 규정이 있는 경우에 한하며, 필요한 최소한도의 범위 안에서만 하여야 한다.

② 수사에 관하여는 공무소 기타 공사단체에 조회하여 필요한 사항의 보고를 요구할 수 있다.

(2) 경찰관직무집행법 제8조 사실의 확인 등

① 경찰관서의 장은 직무 수행에 필요하다고 인정되는 상당한 이유가 있을 때에는 국가기관이나 공사(公私) 단체 등에 직무 수행에 관련된 사실을 조회할 수 있다. 다만, 긴급한 경우에는 소속 경찰관으로 하여금 현장에 나가 해당 기관 또는 단체의 장의 협조를 받아 그 사실을 확인하게 할 수 있다.

② 경찰관은 다음 각호의 직무를 수행하기 위하여 필요하면 관계인에게 출석하여야 하는 사유·일시 및 장소를 명확히 적은 출석요구서를 보내 경찰관서에 출석할 것을 요구할 수 있다.
- 1호. 미아를 인수할 보호자 확인
- 2호. 유실물을 인수할 권리자 확인
- 3호. 사고로 인한 사상자(死傷者) 확인
- 4호. 행정처분을 위한 교통사고 조사에 필요한 사실 확인

(3) 개인정보보호법 제18조

원칙적으로 개인정보의 목적외 이용 및 제공이 제한된다. 하지만 제2항에 의거해, 개인정보처리자는 다음 각호의 어느 하나에 해당하는 경우에는 정보주체 또는 제3자의 이익을 부당하게 침해할 우려가 있을 때를 제외하고는 개인정보를 목적 외의 용도로 이용하거나 이를 제3자에게 제공할 수 있다. 범죄수사와 공소제기 및 유지를 위해서 제공이 공익목적상 허용되고 있다.
- 1호. 정보주체로부터 별도의 동의를 받은 경우
- 2호. 다른 법률에 특별한 규정이 있는 경우
- 3호. 정보주체 또는 그 법정대리인이 의사표시를 할 수 없는 상태에 있거나 주소불명 등으로 사전 동의를 받을 수 없는 경우로서 명백히 정보주체 또는 제3자의 급박한 생명, 신체, 재산의 이익을 위하여 필요하다고 인정되는 경우
- 4호 삭제
- 5호. 개인정보를 목적 외의 용도로 이용하거나 이를 제3자에게 제공하지 아니하면 다른 법률에서 정하는 소관 업무를 수행할 수 없는 경우로서 보호위원회의 심의·의결을 거친 경우

- 6호. 조약, 그 밖의 국제협정의 이행을 위하여 외국정부 또는 국제기구에 제공하기 위하여 필요한 경우
- 7호. 범죄의 수사와 공소의 제기 및 유지를 위하여 필요한 경우
- 8호. 법원의 재판업무 수행을 위하여 필요한 경우
- 9호. 형(刑) 및 감호, 보호처분의 집행을 위하여 필요한 경우

4) CCTV 증거수집 주의사항

(1) 원본 압수 때

① 압수물확인서 작성
② 봉인
③ 제출자의 확인을 위한 '압수물 전자정보 확인서' 작성

(2) 사본 제작 때

① 증거수집 현장에서 책임자 등을 참여토록 한 후 '해시값' 추출
② 디지털 증거수집 복사 이후 '압수물 전자정보 확인서' 작성

(3) '압수물 전자정보 확인서' 작성 서명 및 날인/수사보고서 작성 제출

CCTV 제출자와 참여인이 '압수물 전자정보 확인서' 작성하여 서명 날인하도록 한다. 제출자나 참여자가 확인서 작성을 거부하거나 작성하기 곤란한 경우에는 그 증거를 수집한 수사관이 별도의 '수사보고서'를 작성하여 제출한다.

제16절 통신수사

1. 의의 및 근거 법규

1) 의의

전기통신의 발달에 따라 사람간의 관계는 통신으로 연결되어 있고 범죄행위도 통신기록을 남기게 되므로 통신사실을 확인하여 범죄사실관계를 확인하고 범인을 추적하며 검거해 나가는 수사활동을 말한다. 통신이 이루어진 시간과 위치 등은 실종아동등을 추적하고 수사하는데 없어서는 안되는 수사의 핵심이 되고 있다.

2) 통신수사 근거 법규

통신은 개인간의 비밀이나 사생활에 관계된 것들이 대부분으로 수사를 위해서 필요한 최소한의 범위에서 법으로 허용하고 있다. 근거법규를 보면 다음과 같은 법규가 중요한 것들이다.

(1) 통신비밀보호법

통신 및 대화의 비밀과 자유에 대한 제한은 그 대상을 한정하고 엄격한 법적 절차를 거치도록 함으로써 통신비밀을 보호하는 법률이다. 통신에는 우편물 및 전기통신이 포함된다 "전기통신"이란 전화·선사우변·회원제정보서비스·모사전송·무선호출 등과 같이 유선·무선·광선 및 기타의 전자적 방식에 의하여 모든 종류의 음향·문언·부호 또는 영상을 송신하거나 수신하는 것을 말한다.

① 통신사실 확인자료(제2조 제11호) 범위

"통신사실확인자료"라 함은 다음 각목의 어느 하나에 해당하는 전기통신사실에 관한 자료를 말한다.

가목. 가입자의 전기통신일시

나목. 전기통신개시·종료시간

다목. 발·착신 통신번호 등 상대방의 가입자번호

라목. 사용도수: 1회 사용시간

마목. 컴퓨터통신 또는 인터넷의 사용자가 전기통신역무를 이용한 사실에 관한 컴퓨터통신 또는 인터넷의 로그기록자료

바목. 정보통신망에 접속된 정보통신기기의 위치를 확인할 수 있는 발신기지국의 위치추적자료

사목. 컴퓨터통신 또는 인터넷의 사용자가 정보통신망에 접속하기 위하여 사용하는 정보통신기기의 위치를 확인할 수 있는 접속지의 추적자료

② 통신제한조치 허가요건 및 대상(제5조)

범죄수사를 위한 통신제한조치는 통신비밀보호법 제5조제1항에 정한 범죄를 계획 또는 실행하고 있거나 실행하였다고 의심할만한 충분한 이유가 있고 다른 방법으로는 그 범죄의 실행을 저지하거나 범인의 체포 또는 증거의 수집이 어려운 경우에 한하여 허가할 수 있다.

통신제한조치는 통신비밀보호법 제5조제1항의 요건에 해당하는 자가 발송·수취하거나 송·수신하는 특정한 우편물이나 전기통신 또는 그 해당자가 일정한 기간에 걸쳐 발송·수취하거나 송·수신하는 우편물이나 전기통신을 대상으로 허가될 수 있다.

3) 통신수사의 내용 및 절차

경찰청 범죄수사규칙(152조~165조)[10]에 정한 절차를 준수하여야 하며, 정해진 서식을 작성하여 허가신청, 통지, 집행결과보고 등의 절차를 거친다. 많은 서식을 작성하는데 시간도 많이 소요되는 작업이다.

범죄수사규칙에서 통신비밀보호 원칙을 준수하며 수사하도록 다음과 같은 규정들을 두고 있다.

제152조(통신비밀보호의 원칙) 경찰관은 통신수사를 할 때에는 통신 및 대화의 비밀을 침해하지 않도록 필요 최소한도로 실시하여야 한다.

제153조(남용방지) ① 경찰관은 통신제한조치 허가신청을 할 때에는 「통신비밀보호법」 제5조, 제6조에서 규정한 대상범죄, 신청방법, 관할법원, 허가요건 등을 충분히 검토하여 남용되지 않도록 하여야 한다.

② 경찰관은 통신사실 확인자료 제공요청 허가신청을 할 때에는 요청사유, 해당 가입자와의 연관성, 필요한 자료의 범위 등을 명확히 하여 남용되지 않도록 하여야 한다.

제154조(범죄수사목적 통신제한조치 허가신청 등) ① 경찰관은 「통신비밀보호법」 제6조제2항 및 제4항에 따라 검사에게 통신제한조치 허가를 신청하는 경우에는 별지 제63호서식의 통신제한조치 허가신청서(사전)에 따른다.

② 경찰관이 「통신비밀보호법」 제6조제7항에 따라 검사에게 통신제한조치 기간연장을 신청하는 경우에는 별지 제65호서식의 통신제한조치 기간연장 신청서에 따른다.

③ 경찰관은 제1항에 따라 통신제한조치 허가를 신청한 경우에는 별지 제73호서식의 통신제한조치 허가신청부에 필요한 사항을 적어야 한다.

제155조(긴급통신제한조치 등) ① 경찰관이 「통신비밀보호법」 제8조제1항에 따라 긴급통신제한조치를 하는 경우에는 별지 제67호서식의 긴급검열·감청서에 따른다.

② 경찰관이 「통신비밀보호법」 제8조제2항에 따라 긴급통신제한조치를 하고 검사에게 사후 통신제한조치 허가를 신청하는 경우에는 별지 제64호서식의 통신제한조치 허가신청서(사후)에 따른다.

③ 경찰관이 「통신비밀보호법」 제8조제3항에 따라 검사의 지휘를 받아야 할 때는 별지 제69호서식의 긴급통신제한조치 지휘요청서, 검사의 승인을 얻어야 할 때는 별지 제68호서식의 긴급통신제한조치 승인요청서에 따른다.

④ 경찰관은 제1항에 따른 긴급통신제한조치를 한 경우에는 별지 제70호서식의 긴급통신제한조치 대장에 소정의 사항을 적어야 한다.

⑤ 경찰관은 「통신비밀보호법」 제8조제5항에 따라 긴급통신제한조치가 단시간 내에 종료되어 법원의 허가를 받을 필요가 없는 경우에는 지체 없이 별지 제71호서식의 긴급통신제한조치 통보서를 작성하여 관할 지방검찰청 검사장에게 제출하여야 한다.

---

10) (경찰청) 범죄수사규칙 [경찰청훈령 제1057호]. 경찰청(수사심사정책담당관) 소관이며, 이 규칙은 경찰공무원이 범죄를 수사할 때에 지켜야 할 방법과 절차 그 밖에 수사에 관하여 필요한 사항을 정함으로써 수사사무의 적정한 운영을 기함을 목적으로 한다.

제156조(통신제한조치의 집행 등) ① 경찰관은 「통신비밀보호법」 제9조제1항에 따라 통신제한조치 집행위탁을 하는 경우에는 별지 제74호서식의 통신제한조치 집행위탁의뢰서에 따른다. 이 경우 통신제한조치 집행위탁의뢰서의 비고란에는 녹취교부까지 포함하는지 또는 청취만 위탁하는지 등 구체적인 업무위탁의 범위를 기재할 수 있다.

② 경찰관은 집행위탁한 통신제한조치의 통신제한조치 허가기간을 연장한 경우에는 별지 제66호서식의 통신제한조치 기간연장통지서로 수탁기관에 통지한다.

③ 경찰관은 「통신비밀보호법」 제9조제1항에 따라 통신제한조치를 집행하는 경우 또는 통신제한조치의 집행을 위탁하는 경우에는 별지 제84호서식의 통신제한조치 집행대장에 소정의 사항을 적어야 한다.

④ 통신제한조치를 집행한 경찰관은 별지 제75호서식의 통신제한조치 집행조서를 작성하여야 한다.

⑤ 경찰관은 통신제한조치의 집행이 불가능하거나 필요 없게 된 때에는 별지 제78호서식의 통신제한조치 허가서 반환서를 작성하여 검사에게 「통신비밀보호법」 제9조제2항의 통신제한조치 허가서를 반환하여야 한다.

⑥ 경찰관이 통신제한조치의 집행이 필요없게 되어 통신제한조치를 중지하고자 하는 경우에는 별지 제77호서식의 통신제한조치 집행중지 통지서를 수탁기관에 통지한다.

제157조(통신제한조치의 집행에 관한 통지절차 등) ① 경찰관은 「통신비밀보호법」 제9조의2제2항 또는 제6항에 따라 우편물 검열의 대상자 또는 감청의 대상이 된 전기통신의 가입자에게 통신제한조치를 집행한 사실과 집행기관 및 그 기간 등을 통지하는 경우에는 별지 제79호서식의 통신제한조치 집행사실 통지서에 따른다. 이 경우 경찰관은 별지 제80호서식의 통신제한조치 집행사실 통지부에 소정의 사항을 적어야 한다.

② 경찰관은 「통신비밀보호법」 제9조의2제5항 및 같은 법 시행령 제19조제1항에 따라 통신제한조치 집행사실의 통지유예에 관한 관할 지방검찰청 검사장의 승인을 얻고자 하는 경우에는 별지 제81호서식의 통신제한조치 집행사실 통지유예 승인신청서에 따른다.

③ 경찰관은 제2항에 따른 승인신청을 하거나 관할 지방검찰청 검사장의 승인을 얻은 때에는 별지 제82호서식의 통신제한조치 집행사실 통지유예 승인신청부에 해당 사항을 적어야 한다.

제158조(범죄수사목적 통신사실 확인자료 제공요청 허가신청) ① 경찰관은 「통신비밀보호법」 제13조제3항 및 같은 조 제9항에서 준용하는 같은 법 제6조제2항에 따라 검사에게 통신사실 확인자료 제공요청허가를 신청하는 경우에는 별지 제85호서식의 통신사실 확인자료 제공요청 허가신청서(사전)에 따른다.

② 경찰관은 제1항에 따라 허가를 신청한 경우에는 별지 제87호서식의 통신사실 확인자료 제공요청 허가신청부에 해당 사항을 적어야 한다.

제159조(긴급 통신사실 확인자료 제공요청 허가신청 등) ① 경찰관은 「통신비밀보호법」 제13조제3항 단서 및 같은 조 제9항에서 준용하는 같은 법 제6조제2항에 따라 전기통신사업자에게 긴급 통신사실

확인자료 제공을 요청하는 경우에는 별지 제103호서식의 긴급 통신사실 확인자료 제공요청서에 따른다.

② 경찰관은 제1항에 따라 긴급 통신사실 확인자료 제공을 요청하고, 사후에 검사에게 통신사실 확인자료 제공요청 허가를 신청하는 경우에는 별지 제86호서식의 통신사실 확인자료 제공요청 허가신청서(사후)에 따른다.

③ 경찰관은 제1항에 따라 긴급 통신사실 확인자료 제공을 요청한 경우에는 별지 제88호서식의 통신사실 확인자료 제공요청 집행대장(사후허가용)에 해당 사항을 적어야 한다.

제160조(통신사실 확인자료제공 요청 등) ① 경찰관은 「통신비밀보호법」 제13조제1항에 따라 전기통신사업자에게 통신사실 확인자료 제공을 요청하는 경우에는 별지 제90호서식의 통신사실 확인자료 제공요청서에 따르고, 별지 제89호서식의 통신사실 확인자료 제공요청 집행대장(사전허가용)에 해당 사항을 적어야 한다.

② 통신사실 확인자료 제공을 요청한 경찰관은 별지 제91호서식의 통신사실 확인자료 제공요청 집행조서를 작성하여야 한다.

③ 경찰관은 통신사실 확인자료 제공을 요청하는 것이 불가능하거나 필요없게 된 때에는 별지 제98호서식의 통신사실 확인자료 제공요청 허가서 반환서를 작성하여 검사에게 통신사실 확인자료 제공요청 허가서를 반환하여야 한다.

④ 경찰관은 통신사실 확인자료 제공요청이 필요 없게 된 경우에는 별지 제93호서식의 통신사실 확인자료 제공요청 중지 통지서를 해당 전기통신사업자에게 통지하여야 한다.

⑤ 경찰관은 제1항에 따라 전기통신사업자로부터 통신사실 확인자료를 제공받은 때에는 별지 제94호서식의 통신사실 확인자료 회신대장에 해당 사항을 적어야 한다.

제161조(통신사실 확인자료 제공요청에 관한 통지절차 등) ① 경찰관은 「통신비밀보호법」 제13조의3 제1항에 따라 통신사실 확인자료 제공의 대상이 된 당사자에게 통신사실 확인자료를 제공받은 사실과 제공요청기관 및 그 기간 등을 통지하는 경우에는 별지 제99호서식의 통신사실 확인자료 제공요청 집행사실 통지서에 따른다. 이 경우 경찰관은 별지 제100호서식의 통신사실 확인자료 제공요청 집행사실 통지부에 해당 사항을 적어야 한다.

② 경찰관은 「통신비밀보호법」 제13조의3제2항·제3항 및 「통신비밀보호법 시행령」 제37조제3항에서 준용하는 같은 법 시행령 제19조제1항에 따라 통신사실 확인자료 제공요청 집행사실의 통지유예에 관한 관할 지방검찰청 검사장의 승인을 얻고자 하는 경우에는 별지 제95호서식의 통신사실 확인자료 제공요청 집행사실 통지유예 승인신청서에 따른다.

③ 경찰관은 제2항에 따른 승인신청을 하거나 관할 지방검찰청 검사장의 승인을 얻은 때에는 별지 제96호서식의 통신사실 확인자료 제공요청 집행사실 통지유예 승인신청부에 해당 사항을 적어야 한다.

제162조(압수·수색 또는 검증의 집행에 관한 통지절차 등) 경찰관은 「통신비밀보호법」 제9조의3제2항에 따라 수사대상이 된 가입자에게 송·수신이 완료된 전기통신에 대한 압수·수색 또는 검증의 집행사실을 통지하는 경우에는 별지 제106호서식의 송·수신이 완료된 전기통신에 대한 압수·수색·검증 집

행사실 통지서에 따른다. 이 경우 경찰관은 별지 제107호서식의 송·수신이 완료된 전기통신에 대한 압수·수색·검증 집행사실 통지부에 해당 사항을 적어야 한다.

제163조(통신자료 제공요청) ① 경찰관은 「전기통신사업법」 제83조제3항에 따라 전기통신사업자에게 통신자료 제공을 요청하는 경우에는 별지 제105호서식의 통신자료 제공요청서에 따른다.

② 제1항에 따른 통신자료 제공요청서에는 경찰서장 및 시·도경찰청·국가수사본부장 과장 이상 결재권자의 직책, 직급, 성명을 명기하여야 한다.

제164조(집행결과보고) 경찰관은 「통신비밀보호법 시행령」 제18조제2항 또는 제37조제3항에 따라 검사에게 보고할 때에는 별지 제76호서식의 통신제한조치 집행결과 보고 또는 별지 제92호서식의 통신사실 확인자료 제공요청 집행결과 보고에 따른다.

제165조(통신수사 종결 후 조치) 다른 관서에서 통신수사를 집행한 사건을 이송받아 입건 전 조사한 후 입건 전 조사 종결한 경우는 입건 전 조사 종결한 관서에서 통신제한조치 또는 통신사실 확인자료 제공요청 허가서를 청구한 검찰청에 집행결과를 보고한 후 허가서를 신청한 관서로 사건처리결과를 통보하고, 통보를 받은 관서는 담당자를 지정하여 통지하도록 하여야 한다.

4) 실종아동등의 위치정보를 요청하는 방법 및 절차

실종아동등 및 가출인 업무처리 규칙 제14조(실종아동등의 위치정보를 요청하는 방법 및 절차)에 의해 위치정보를 요청하고 수사에 활용한다. 경찰로부터 위치정보를 요청받은 사업자는 정당한 이유가 없으면 이에 따라야 한다. 위치정보요청에 대한 사업자들의 거부로 인해 추적과 수사가 지연되는 문제는 어느 정도 해소가 되었지만 일부 별정통신 사업자 등은 24시간 근무하는 시스템이 아닌 경우도 있어서 위치정보 확인이 늦어지기도 한다.

①항: 찾는실종아동등의 신고를 접수하여 현장에 출동한 경찰관은 보호자·목격자의 진술, 실종 당시의 정황 등을 종합하여 실종아동등의 조속한 발견을 위해 실종아동법 제9조에 따른 위치정보 제공 요청의 필요 여부를 판단하여야 한다.

②항: 현장 출동 경찰관은 신고자로부터 가족관계 등록사항에 관한 증명서, 장애인등록증 등 필요한 서류를 확인하는 등의 방법으로 신고대상자가 실종아동등에 해당하는지와 신고자가 실종아동등의 보호자가 맞는지 확인하여야 한다. 다만, 현장에서 관련 서류를 확인하기 어려운 때에는 신고자의 진술로 이를 확인할 수 있다.

③항: 경찰관이 실종아동법 제9조에 따른 위치정보 제공을 요청하는 때에는 다음 각 호에 따른 결재권자의 결재를 받아 요청하여야 한다. 다만, 야간 또는 공석 등의 이유로 즉시 결재를 받기 어려운 때에는 사후에 보고하도록 해야 한다.

　　1호. 지구대·파출소 지역경찰관 : 지구대장 또는 파출소장

　　2호. 경찰서 여성청소년부서 담당 경찰관 : 소속 과장

　　3호. 시·도경찰청 여성청소년과 담당 경찰관 : 소속 계장

④항: 담당 경찰관은 찾는실종아동등의 위치정보를 제공받아 수색하는 과정에서 해당 실종아동등이 범죄 피해로 인해 실종되었다고 확인되는 때에는 즉시 해당 위치정보를 폐기하여야 한다.
⑤항: 경찰관서의 장은 위치정보가 실종아동등 찾기 이외의 목적으로 오·남용되지 않도록 관리하여야 한다.

제17절 범인 체포

범죄수사에 있어서 피의자의 신체의 자유를 빼앗는 형사소송법상의 강제처분이다. 범인으로 추정되는 자의 체포과정에서 경찰관 부상, 사망, 도주 등의 다양한 경우에 대비해야 한다.

1. 기본적 요령

경찰장구나 무기휴대 등 준비를 철저히 하여 역습이나 경찰관 부상에 대비한다. 배후나 측면에서 접근하여 체포하도록 한다. 가능한 상대방의 약점을 찔러 기선을 제압하고 저항하지 못하도록 하여 쌍방의 피해를 줄인다.

2. 건물 내에서 체포

건물의 출입구나 창문 등 도주로를 차단한다. 건물 내 진입을 할 때 처음부터 입구로 접근하기 보다 벽이나 울타리 등에 은신하며 목표물에 접근 후 문뒤에서 실내 상태를 은밀히 확인하고 들어간다.

3. 야외에서 체포

체포장소를 선정할 때 가능한 혼잡한 장소나 교통이 빈번한 큰 길, 교차로, 절벽, 강변 등 위험한 장소는 지양한다. 아울러 통행인 등에 대한 위해방지를 철저히 하여야 한다.

4. 승차 중인 범인 체포

상대차를 확실히 정차시킨 다음 자동차 엔진정지 및 하차하도록 한다. 특별히 교통사고 예방에 주의하여야 한다. 완전히 정지하지 않은 차량 앞으로 가거나 막거나 하면서 사고로 이어지는 경우가 있다. 정차한 차량의 창으로 머리나 손을 넣거나 승강구의 발판에 걸치는 등의 행위는 급발진하여 도주할 경우 경찰관 부상 등 위험이 크므로 지양해야 한다.

CHAPTER

03

수사와 인권보호

제1절 수사과정에서의 인권보호

1. 수사와 인권보호의 의의

인권보호는 수사과정에서 최고의 규범으로 헌법과 형사소송법 및 각종 수사관련 법령 또는 규칙의 지도이념이다. 실종사건 수사를 포함한 모든 범죄사건의 수사에서 인권보호를 위한 제도적 장치들이 마련되어 있으며, 적법절차를 준수하면서 수사를 하여야 한다. 법무부령인 인권보호수사규칙[11]은 수사업무종사자가 지켜야 할 사항을 가장 세부적으로 정하고 있다. 실종사건 수사를 담당하는 수사업무종사자(약칭: 수사종사자)들도 물론 이러한 규칙이 정하고 있는 내용을 준수할 필요가 있다. 실종사건과 관련된 소년, 장애인, 외국인 등 수사절차에서는 특별한 규정을 하고 있는 점을 주목해야 한다.

경찰의 경우 경찰청에서 따로 경찰 인권보호 규칙 및 '경찰관 인권행동강령'[12]을 제정해 운영하고 있다. 이 강령은 추상적으로만 느껴지는 인권의 규범들을 현장에서 실천하기 위해 만들어졌으며, 일반적인 경찰관의 직무집행 과정에서 인권보호를 위한 것이다. 이에 비해 법무부령 '인권보호수사규칙'은 수사과정에서 인권보호 및 피해자보호를 위한 상세한 규정을 하고 있다. 실종아동등을 수사하면서 혐의자나 주변인 조사에 필요한 인권보호 준칙과 피해자를 보호하기 위한 내용을 지킬 필요가 있다.

---

[11] 인권보호수사규칙 [시행 2021. 6. 9.] [법무부령 제1010호, 2021. 6. 9., 일부개정]. 법무부(형사기획과), 02-2110-3545 소관

[12] 경찰관 인권행동강령 https://www.police.go.kr/user/bbs/BD_selectBbs.do?q_bbsCode=1041&q_bbscttSn=20200728151346585 2022.8.5.

2. 실종아동등 수사와 인권보호

우선 수사과정에서 인권보호를 위해 인권보호수사규칙은 수사종사자에게 인권보호 책무를 부과하고, 가혹행위 금지, 차별 금지, 공정한 수사, 수사의 비례성, 사생활의 비밀 등의 보호, 수사지휘를 통한 인권보호 등을 규정하고 있다. 이어서 수사의 단계별로 인권보호를 위한 내용을 규정하고 있다. 수사착수에서의 인권보호, 체포 및 구속절차에서의 인권보호, 압수수색검증등의 과정에서의 인권보호, 피의자신문절차에서의 인권보호, 범죄피해자 및 참고인 조사 절차에서의 인권보호, 소년, 장애인, 외국인 수사 절차에서의 인권보호, 사건의 처분 절차에서의 인권보호를 규정하고 있다.

여기서는 인권보호수사규칙 중에서 실종아동 추적수사에 관련된 인권보호를 위한 관련 주요 내용을 상세하게 살펴보기로 한다.

1) 소년에 대한 조사(제58조)

① 수사종사자는 소년인 피의자에 대하여 심신상태, 성행, 경력, 가정상황, 그 밖의 환경을 조사하고 피의자의 비행 원인을 진단한 후 그에 따라 적절히 처분하여 피의자가 건전한 사회인으로 복귀할 수 있도록 노력해야 한다.

② 소년을 조사하는 경우에는 나이, 지적 능력, 심신상태 등을 이해하고 조사에 임해야 하며, 친절하고 부드러운 어조를 사용해야 한다.

2) 구속의 억제 등(제59조)

① 소년에 대한 구속수사는 당사자의 심신이나 장래에 미칠 영향을 고려하여 특히 신중해야 한다.

② 소년인 피의자가 체포·구속된 경우에는 다른 사건보다 우선하여 그 사건을 조사하는 등 신속한 수사를 위해 노력해야 한다.

3) 장애인에 대한 조사(제60조)

① 청각 및 언어장애인이나 그 밖에 의사소통이 어려운 장애인을 조사하는 경우에는 수화·문자통역을 제공하거나 의사소통을 도울 수 있는 사람을 참여시켜야 한다.

② 장애인인 피의자에게는 대한법률구조공단의 법률구조 신청에 대하여 안내해 준다.

4) 피해자에 대한 정보 제공(제50조)

① 수사종사자는 피해자의 요청이 있는 경우 공소제기·불기소·기소중지·참고인중지·이송 등 처분 결과에 대한 정보를 제공하여야 한다.

② 제1항의 경우에 정보 제공을 요청하는 사람이 피해자인지 여부가 확인되지 않는 경우 또는 정보 제공으로 피의자등 사건관계인의 명예나 사생활의 비밀 또는 생명·신체의 안전이나 생활의 평온을 해칠 우려가 있는 경우에는 그 사유를 설명하고 정보 제공 요청에 응하지 않을 수 있다.

5) 2차 피해 방지(제51조)

수사종사자는 수사와 공판과정에서 다음 각 호의 사항에 유의하여 피해자가 추가적인 피해를 입지 않도록 노력해야 한다

1호. 피해자의 인격과 사생활의 비밀을 존중하고 피해자가 입은 정신적·육체적 고통을 충분히 고려한다.

2호. 피해자를 정당한 사유 없이 반복적으로 조사하거나 증인으로 신청하지 않는다.

3호. 피해자가 피의자나 그 가족 등과의 접촉을 원하지 않는 경우 별도의 대기실에서 머물도록 하는 등 분리조치를 한다.

6) 피해자 등 조사 시 신뢰관계인의 동석(제52조)

수사종사자는 피해자나 그 밖의 참고인이 다음 각 호의 어느 하나에 해당하는 경우에는 수사에 특별한 지장이 없고 본인의 의사에 반하지 않는 한 가족 등 신뢰관계에 있는 자의 동석을 허용하여야 한다.

1호. 피해자나 그 밖의 참고인이 신체적 또는 정신적 장애로 사물을 변별하거나 의사를 결정·전달할 능력이 미약한 경우

2호. 피해자나 그 밖의 참고인의 연령·성별·국적 등의 사정을 고려하여 그 심리적 안정의 도모와 원활한 의사소통을 위하여 필요한 경우

3호. 피해자나 그 밖의 참고인이 미성년자인 경우

7) 피해자 등의 신변 보호(제54조)

① 수사종사자는 「특정범죄신고자 등 보호법」에 규정된 특정범죄를 수사하는 과정에서 보복이 우려되는 경우에는 같은 법에 따라 신고자나 피해자 및 그 가족 등의 신변 보호를 위해 참고인 또는 증인으로 출석·귀가할 때의 동행 등 필요한 조치를 해야 한다.

② 제1항의 경우 외에도 피해자 등이 형사소송절차에서의 진술·증언과 관련하여 보복을 당할 우려가 있는 경우에는 이를 방지하기 위하여 피고인이나 방청인이 퇴정(退廷)하거나 공개법정 외의 장소에서 증인신문할 것을 법원에 신청하는 등 필요한 조치를 해야 한다.

8) 피해자의 권리 고지와 유익한 정보 제공(제55조)

① 수사종사자는 피해자를 조사할 때 법정에서의 진술권, 처분결과에 대한 정보 요청권 등 피해자의 권리를 알려주어야 한다.

② 수사종사자는 압수물 환부·가환부, 배상명령, 형사재판상 화해, 범죄피해자구조, 교통사고피해자 보상 등 해당 피해자가 피해를 회복하는 데에 도움이 될 수 있는 제도를 안내한다.

③ 수사기관의 장은 피해자지원센터나 「법률구조법」 제8조에 따른 대한법률구조공단의 위치와 연락처 등 피해자에게 유익한 정보를 제공하기 위하여 안내 자료를 비치하는 등 필요한 노력을 하여야 한다.

9) 성폭력 등 피해자의 보호(제56조)

① 성폭력·가정폭력(이하 "성폭력등"이라 한다) 범죄의 피해자를 조사하는 경우에는 특히 다음 각 호의 사항에 유의해야 한다.

1호. 피해자의 나이, 심리상태, 후유장애의 유무 등을 신중하게 고려하여 조사과정에서 피해자의 인격이나 명예가 손상되거나 사생활의 비밀이 침해되지 않도록 주의한다.

2호. 피해자가 편안한 상태에서 진술할 수 있는 조사환경을 조성하고 조사 횟수는 필요한 범위에서 최소한으로 한다.

3호. 피해자에게 출석 요구를 하거나 피해자를 조사할 때에는 피해사실이 다른 사람에게 노출되지 않도록 주의한다.

4호. 피해자에게 친절하고 온화한 태도로 질문하고, 피해자를 비난하는 발언이나 피해자가 수치심을 느낄 수 있는 저속한 표현을 해서는 안 된다.

5호. 성적 수치심을 불러일으킬 수 있는 신체의 전부 또는 일부를 촬영한 사진이나 영상물(CD, 비디오테이프 등을 말한다)이 증거자료로 제출된 경우에는 이를 수사기록과 분리·밀봉하여 수사기록 끝에 첨부하거나 압수물로 처리하는 등 일반인에게 공개되지 않도록 필요한 조치를 해야 한다.

6호. 피해자의 사생활 비밀의 보호 등 상당한 이유가 있을 때에는 재판을 비공개로 진행하여 줄 것을 법원에 요청한다.

② 수사기관의 장은 성폭력등 범죄에 대하여 전담요원을 지정·운영하고, 성폭력등 범죄의 수사업무에 종사하는 자에 대하여 수시로 필요한 교육·훈련을 실시해야 한다.

아동이 성폭력의 피해자인 경우 성인과 다른 발달과정에 있는 미성숙한 아동의 특성을 고려하면서 조사할 필요가 있다. 아동과의 라포형성과 발달정도에 따른 조사방법을 찾아 보아야 한다.

우리나라의 경우 '성폭력 피해아동 조사 매뉴얼'을 경찰에서 제정하여 사용하고 있는데 이것을 잘 활용하는 것이 바람직하다. 피해아동은 물론이고 목격자를 면담하고 그 시하는네노 활봉한다.[13] 이 매뉴얼은 소사자의 소개 및 사전 면담, 사건관련 면담, 종료 순서로 되어 있다. 주요한 내용만 살펴보면 다음과 같다.

1. 소개 및 사전 면담

1) 라포형성 및 조사관의 자세

피해아동과의 라포를 형성하여 신뢰를 얻고 의사소통을 위한 친밀한 관계를 형성한다. 천천히 조용한 말투로 시작한다. 시선과 눈높이를 맞추어야 하며 필요하면 앉거나 무릎을 구부리는 것도 해야 한다. 아동과는 45도 각도로 마주하여 대화하는 것이 편안하며, 아동과의 거리는 61~91cm 정도로 떨어져 있는 것이 좋다고 한다. 진술녹화를 하는 경우에는 진술녹화를 할 조사관이 라포를 형성하여야 한다.

2) 라포 형성 요령

아동이 편안한 마음으로 말할 수 있는 주제나 관심을 가지는 것들에 대해 물어보는 것이 좋으며, 아동의 인지발달 정도를 가늠하는 질문들을 해본다.

3) 진술녹화의 목적 알려주기

신뢰가 형성되면 아동에게 조사의 순서와 목적을 간략하게 설명하여 준다.

4) 진술녹화의 의미 및 진술시 고려사항 설명하기

조사받는 아동에게 대화하는 것이 녹화된다는 것, 아동의 말소리가 녹음된다는 것을 알려준다. 아동이 잘 말을 할 수 있도록 규칙을 이야기해 준다. '실제 있었던 일을 말해주면 된다', '자세히 말해 주기

---

13) 박노섭, 이동희, 이윤, 장윤식 공저(2022) 범죄수사학, 경찰공제회, 250~252쪽.

바란다', '모르는 것은 모른다고 말하면 된다', '반복해서 묻는 것은 대답이 틀렸기 때문이 아니라 한 번 더 확인하기 위한 것이다', '조사자가 잘못 이해한 것은 고쳐주기 바란다'고 설명해 주도록 한다.

2. 사건 관련 면담

1) 진술녹화 시작

조사자의 소속, 계급, 성명, 장소, 참여인을 먼저 소개한다.

2) 자유진술과 질문요령

먼저 개방형 질문으로 성폭력 피해에 대해 자유롭게 말하도록 한다., 조사관은 아동이 말하는 내용에 근거하여 세부내용을 이어서 질문한다. 자유진술을 계속하도록 중간에 끊지 말고 들어주는 것이 필요하다.

3) 구체적 조사

자신이 성폭력 피해사실을 말하기 시작하면 성폭력행위에 관련된 증거를 수집하는 조사를 해야 한다. 성폭력행위자의 접근, 성폭력 행위, 비밀유지, 노출, 억압 등 행위에 대해 상세히 조사하여 둔다.

3. 종료

진술녹화 조사를 마치기 전에 아동이 진술한 내용을 요약하고, 아동이 추가하여 물어보는 사항에 답변해준다. 가해자 처벌에 대한 의사를 물어서 확인한다. 그리고 아동이 잘 진술해 주어서 감사하다고 하고 격려를 해준다.

PART

05

실종아동찾기 및 예방

01 민관협력

1. 시민단체 활동

1) 실종아동찾기협회

본 협회는 1995년경부터 실종부모들이 아이를 찾아다니는 가족들 간에 시설등의 정보를 교환하고자 연락처를 주고 받았던 것이 계기가 되어 경찰청 NGO단체로 등록하게 되었고 이후 실종문제에 관심있는 국민들과 함께 활동하다가 2005년 실종아동보호에 관한 법률이 보건복지부법으로 제정되면서 실종부모들만 복지부 NGO로 등록하고 활동하다가 지난 2010년 1월에 사단법인 실종아동찾기협회로 승인되어 실종된 아이를 찾고 있는 단체이다. 이 협회는 실종아동을 찾기 위하여 정기적으로 홍보전단을 페이스북에 올리고 있다.[1] 나아가 실종자 가족을 돕는 다양한 활동을 전개하고 있다. 또한, 실종자를 찾기 위한 모바일 유튜브방송을 제작하여 실종자를 찾는 스토리를 보고 신고나 제보를 하도록 하고 있다.[2]

2) 실종아동지킴연대

실종아동의 인권찾기를 위한 모임으로 '전국실종아동인권찾기협회'에서 '실종아동지킴연대'로 명칭을 변경하여 운영하고 있다. 실종아동지킴연대 전화는 TEL : 051-514-1182이며, 주소는 부산광역시 금정구 장전동 230-21 2층(금정로 125)로 되어 있다.[3] 주요활동 실적으로 언론에 실종아동의 심각성 제보로 국민의식 개혁, 실종아동 법률안 제정촉구 및 법안내용 자문, 한국복지재단 실종전문기관과 경찰청 182센터의 활동 조언, 실종아동부모의 연대를 통한 정신적 위로활동, 실종아동 예방 캠페인 및 홍보 등을 하였다. 실종관련 교육과정을 개설하여 전문인 육성사업도 하고 있다.[4]

---

1) https://www.facebook.com/fmca02/about/?ref=page_internal 2022.8.7.
2) https://www.youtube.com/watch?v=1Xyy2d8MkP8 2022.8.7.
3) http://www.182safe.org/bbs/board.php?bo_table=sub01_03 2022.8.7.

그림 10 실종아동찾기 협회장의 '사라진 사람들 미씽유' 유튜브 방송장면

*출처: https://www.youtube.com/watch?v=1Xyy2d8MkP8 2022.8.7.

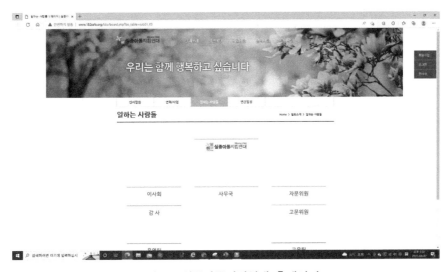

그림 11 실종아동지킴연대 홈페이지

*출처: http://www.182safe.org/bbs/board.php?bo_table=sub01_03 2020.8.7.

---

4) http://www.182safe.org/bbs/board.php?bo_table=sub01_02 2022.8.7.

3) 전국미아실종가족찾기시민의모임(전미찾모)

전국미아실종가족찾기시민의모임(전미찾모)는 미아예방과 미아실종가족을 지원하는 비영리민간단체로 사단법인이다.[5] 가족이나 자녀를 잃어버린 보호자나 가족들로 구성되어 실종자를 조속히 찾기 위한 정보공유 또는 상호 아픔을 나누며 돕는 실종부모와 보호자들이 모여서 만든 단체다. 장기실종자 송혜희 등 실종자찾기, 실종자나 미아 접수, DNA활용 실종아동찾기, 전국보호시설 안내를 지원하는 홈페이지를 운영하고 있다.[6] 이 단체는 구청의 보조금과 후원금을 받아 운영하며 후원금을 인터넷으로 모금하기도 한다. 실종가족 위로 및 지원, 현수막이나 전단제작 지원 등 활동을 건게히고 있다.[7] 실종 아동을 찾는 데 30년 이상을 쏟아부은 나주봉 대표가 서울 동대문구 청량리역 인근에 2001년 서울시민대상 상금으로 받은 300만원으로 꾸린 컨테이너 사무실을 운영하고 있다.[8]

그림 12 **전국미아실종가족찾기시민의모임**

*출처: http://www.mia182.or.kr/ 2022.9.16.

---

5) https://www.facebook.com/mia182/about/?ref=page_internal 202.9.16.
6) http://www.mia182.or.kr/sub03/sub0301.php 2022.9.16.
7) http://www.mia182.or.kr/board/board.php?id=notice&bid=&act1=view&vno=28&page=1&keyfield=&key=&list=10&ridx=0&level=0& 2022.9.16.
8) https://www.msn.com/ko-kr/news/national/%EC%8B%A4%EC%A2%85-%EA%B0%80%EC%A1%B1%EC%97%90%EA%B2%8C-%EC%B6%94%EC%84%9D%EC%9D%B4%EB%9E%80-%ED%95%9C%ED%8F%89%EC%83%9D-%EB%AF%B8%EC%95%84-%EC%B0%BE%EA%B8%B0-%EB%9B%B0%EC%96%B4%EB%93%A0-30%EB%85%84-%EC%A0%84-%EC%B2%AD%EB%9F%89%EB%A6%AC-%EA%B0%81%EC%84%A4%EC%9D%B4-%EB%82%98%EC%A3%BC%EB%B4%89%EC%94A8/ar-AA11CzNo 2022.9.16.

2. 민간기업 ESG 사회적 기여 사례

ESG는 기업의 비재무적 요소인 환경(Environment)·사회(Social)·지배구조(Gover- nance)를 뜻하는 말이다. 기업의 경영이나 투자 의사 결정 시 '사회책임투자' 혹은 '지속가능투자'의 관점에서 기업의 재무적 요소들과 함께 고려한다. 사회책임투자란 사회적·윤리적 가치를 반영하는 기업에 투자하는 방식이다.[9]

실종아동찾기를 지원하는 기업의 활동은 기업의 ESG경영에서 중요하기 때문에 우리나라 기업에서도 서서히 도입이 되고 있다. 한국전력공사는 고지서에 실종아동 정보를 게시하는 연중캠페인을 하였고, 서울랜드와 CU 입장권에 실종아동 사진과 정보를 게시하였고, 우주라이크커피 컵홀더에 실종아동 찾기 캠페인을 한 사례들이 있다. 또한, 경찰청과 에어서울이 협업해 기내 좌석 개인 모니터로 장기 실종아동 당시 및 현재 추정 사진 정보와 안전드림 앱 QR코드를 보여 준다. BGF리테일과 퍼스트유니온 엔터테인먼트사는 혹시 모를 해외 입양까지 고려하여 실종아동 포스터로 신규 앨범 재킷을 만들고, 음원 사이트에서 노래를 스트리밍하면 스마트폰 화면에 실종아동 포스터가 나타나도록 하기도 했다.[10]

1) BGF 리테일, CU 결제 단말기(POS) 긴급신고 '아이 CU' 운영[11]

국내 편의점 'CU'를 운영하는 BGF리테일, CU는 전국 최대 1만6000여 점포 네트워크와 비즈니스 인프라를 바탕으로 지자체, 경찰청, 행정안전부 등 다양한 기관들과 지역사회 안전망 구축을 위한 업무협약을 체결하고 실종 및 학대 아동 예방, 장기실종아동 찾기 캠페인, 재난 상황 긴급구호활동, 취약 계층 자립 지원 등 사회 안전망을 구축하고 있다.

CU 실종 예방 신고 시스템인 '아이 CU'를 통해 가족의 품으로 돌아간 사례자는 지금까지 120여 명에 이른다. '아이 CU'는 CU가 2017년부터 경찰청과 함께 전국 최대 오프라인 네트워크를 활용해 길을 잃은 아동 등을 점포에서 안전하게 보호하고 경찰 또는 가족에게 인계하는 민관 협력의 사회적 안전망이다.

길을 잃은 아동 등이 점포에 방문할 시 결제 단말기(POS) 긴급신고 버튼을 누르고 대상자의 간단한 신상정보를 입력하면 전국 CU에 정보가 공유됨과 동시에 경찰에 신고되는 실종 예방 시스템이다. 2020년엔 점포 POS에 송출된 실종아동 정보를 통해 무려 20년 동안 찾지 못했던 실종아동이 가족을 찾게 된 성과도 있었다.

'아이 CU'는 CU가 진출해 있는 몽골에도 전파돼 매년 1200여 명의 실종아동이 발생하는 몽골 울란바토르의 아동 안전 파수꾼으로 자리매김하며 한국 편의점의 착한 수출 사례로도 기록됐다.

---

9)　https://terms.naver.com/entry.naver?docId=5703698&cid=40942&categoryId=31821 2022.7.24.

10)　https://www.korea.kr/news/reporterView.do?newsId=148887721 2022.7.24.

11)　https://www.donga.com/news/article/all/20220721/114568231/1 2022.7.22.

2) 죠리퐁 뒷면에 실종아동 정보를 써서 찾아주다

크라운제과는 2016년부터 실종 아동 위한 '희망과자' 프로젝트를 시행하고 있다. 실종아동 정보가 죠리퐁에 적어 실종아동 정보를 제공하고 제보를 받아 찾아주기를 하는 것이다.

이재인 씨는 1965년 8월 실종 당시 8살이었던 동생 이영희(60) 씨를 찾기 위해 여러 곳을 수소문하고 오랜 시간 노력했다고 한다. 물론 재인 씨는 세월이 흐른 뒤 "먹고사는 데 치여서" 동생 영희 씨를 적극적으로 찾아다니진 못했지만, 우연히 초록우산 어린이재단과 연계하게 돼 52년 만에 동생을 찾을 수 있었다. 2016년 10월 이재인 씨는 사촌 동생의 권유와 초록우산 재단이 도움을 받아 그리운제과 '죠리퐁' 과자 봉지에 52년 전 잃어버린 동생을 찾는다는 광고를 냈다. 이후 자신의 유전자 정보와 동생 영희 씨의 인적사항을 등록하고 광고를 낸 지 7개월 뒤, '죠리퐁' 과자 봉지를 본 동생 영희 씨가 연락해 왔다.[12]

그림 13 **죠리퐁 실종아동 프로젝트 '희망아동'**

*출처: https://images.chosun.com/resizer/Mgxn7C-IX_qyNBwkY6ie7n7ocGo=/600x344/smart/cloudfront-ap-northeast-1.images. arcpublishing.com/chosun/N2UW6WFOHCSCBNVUNVUJUJNIWI.jpg 2022.7.24.

---

12) https://www.chosun.com/site/data/html_dir/2017/09/04/2017090402180.html 2022.7.24.

3) 기타 사회공헌기업과의 협업

경찰청은 아동의 실종 예방과 장기 실종아동의 조속한 발견을 위해 사회공헌기업과 함께 다양한 캠페인을 진행하고 있으며, 여기에 참여하는 기업이 늘어가고 있다.[13] 여기에 제시된 사례 외에도 많은 사회공헌을 하는 기업들이 언론에 많이 보도되고 있다.

(1) 호프테이프

경찰청은 코로나19로 실종자 가족의 대면 홍보 활동이 어려워진 만큼, 비대면 활동의 일환으로 ㈜한진(한진택배)과 함께 장기실종아동 부모의 희망 메시지를 담은 '호프테이프(Hope Tape)' 캠페인을 2021년에 진행했다. '호프테이프'는 장기 실종아동의 정보와 나이변환 몽타주가 인쇄된 포장용 박스테이프를 말하며, 호프테이프를 부착한 택배물을 전국 각지로 배송하여 장기실종아동에 대한 시민들의 관심과 제보를 유도하는 역할을 한다.

(2) 스포츠 채널 '스포티비(SPOTV)'와 협업

유튜브 주요 스포츠 경기 하이라이트 영상 말미에 장기 실종아동 정보를 송출하게 하여 홍보 효과를 높였다. 스포티비는 해외 인기 스포츠 단독 중계로 유튜브 채널 구독자 156만명 보유하여 해외까지 정보를 노출하고 제보를 받을 수 있는 장점이 있다. 실제 해외 프로축구단(AS로마) 홍보 영상에 실종아동 정보를 삽입하여 실종아동 발견한 사례가 있다고 한다.

(3) 에어서울 및 농협의 협업

에어서울·NH농협은행과 경찰이 협업을 통해 국민 관심을 유도하기 위한 홍보 활동을 전개하고 있다.

그림 14 **한진택배의 호프테이프**

*출처: https://www.korea.kr/docViewer/result/2021/08/26/8d1c0939d5aa1d03674cce077
eaaa7e4/8d1c0939d5aa1d03674cce077eaaa7e4.files/BIN000D.jpg 2022.7.24.

---

13) https://www.korea.kr/news/pressReleaseView.do?newsId=156452956 2022.7.24.

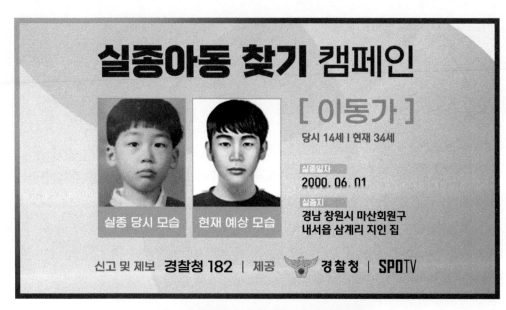

그림 15 스포티비 실종아동 찾기 영상송출

*출처: https://www.korea.kr/docViewer/result/2021.08/26/8d1c0939d5aa1d03674cce077eaaa7e4/
8d1c0939d5aa1d03674cce077eaaa7e4.files/BIN000E.png 2022.7.24.

그림 16 에어서울 실종아동 찾기 캠페인

*출처: https://www.korea.kr/docViewer/result/2021.08/26/8d1c0939d5aa1d03674cce077eaaa7e4/8d1c0939d
5aa1d03674cce077eaaa7e4.files/BIN000F.jpg 2022.7.24.

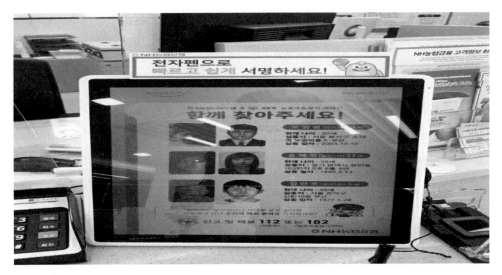

그림 17 **농협 실종아동 찾기 홍보**

*출처: https://www.korea.kr/docViewer/result/2021.08/26/8d1c0939d5aa1d03674cce077eaaa7e4/8d1c0939d5aa1d
03674cce077eaaa7e4.files/BIN0010.JPG 2022.7.24.

3. 대학생 동아리

'파동'은 실종아동찾기를 지원하는 활동을 하는 연세대학교 고등교육혁신원 소속 사회혁신팀원들의 모임이다.[14] 연세대학교 아동가족학과 학생으로 이루어져 있다.[15] 파동 @child_wave 페이지와 인스타그램을 운영하고 있다. 파동(波童)의 한자를 보면, 아동을 위한 변화의 물결이라는 의미를 담고 있다.[16] 또한, 파동은 2021년 장기실종아동의 홍보를 시작으로 미싱웨이브, 펀딩, BGF리테일과의 협업, 지하철 광고 유치, 유튜버와의 협업, 서포터즈 모집 및 활동, 논설 게재 등 활동을 전개하고 있다.[17]

MISSING WAVE는 실종아동 문제에 대한 청년 세대의 관심과 참여를 증진시키기 위한 파동의 첫 번째 프로젝트로, 인스타그램을 통해 개개인이 실종아동에 대한 정보를 일상과 함께 공유할 수 있도록 한다. 장기실종아동 문제를 SNS를 활용한다. "SNS에 게시물을 업로드할 때 딱 한 칸을 나누어주세요." 슬로건과 같이 인스타그램 게시글을 올릴 때, 일상 사진의 마지막 장에 장기실종아동 카드뉴스를 공유하도록 하여 실종아동을 홍보하여 실종아동등 가족을 돕고 있다. 장기실종아동정보가 많은 사람들에게 반복적으로 노출 및 확산될 뿐만 아니라, 사단법인 실종아동찾기협회에 기부금이 연계되기도 한다.[18]

---

14) https://www.instagram.com/child_wave/ 2022.8.7.

15) https://wave1540.tistory.com/3 2022.8.7.

16) https://linktr.ee/child_wave 2022.8.7.

17) https://docs.google.com/forms/d/e/1FAIpQLSe6hpHriQ8vNWkqro2RiXmuRg0MaIWF0YNpDGN9
mz53EJot-w/viewform 2022.8.7.

18) https://wave1540.tistory.com/13 2022.8.7.

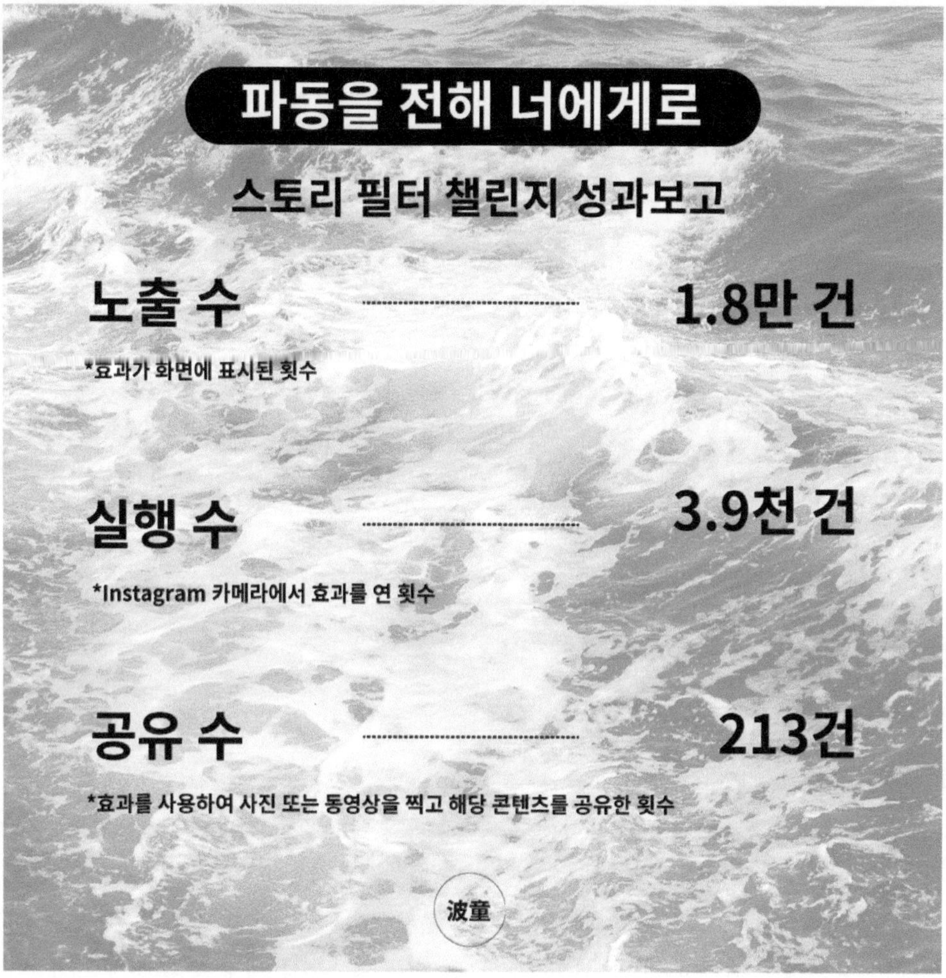

그림 18 '파동'의 '파동을 전해, 너에게로' 2021년 실종아동주간 기념 챌린지 성과
*출처: https://wave1540.tistory.com/14 2022.8.7.

02 국제적 활동

1. 국제실종아동센터(ICMEC)[19)]

국제실종아동센터 ICMEC(International Center for Missing & Exploited Children)는 120개 이상의 국가에서 활동하며 어린이를 위한 더 안전한 세상을 만들기 위한 도구, 교육 및 기술을 개발해 전 세계에 제공해주고 있다. 이 센터에서 하는 일들을 더 살펴보면 다음과 같은 것들이 있다.

- 실종 아동에 대한 전 세계 검색을 지원한다.
- 정부, 법 집행 기관, NGO 및 가족에게 예방에 대한 자원을 제공하고 아동이 실종된 경우 취해야 할 적절한 조치를 알려줌으로써 전 세계 아동이 실종되지 않고 보호받도록 한다.
- 실종아동 지원 활동을 다양하게 전개하고 있다.
- 아동 성 착취의 지하경제 및 메커니즘을 와해시키고 있다.
- 선도적인 기술 회사 및 금융 산업과 협력하여 아동을 성적 학대, 착취 및 실종 위험으로부터 보호하는 새로운 글로벌 솔루션을 개발해나가고 있다.
- 전 세계적으로 아동을 보호하기 위한 법률, 조약 및 시스템의 변화를 지원한다. 'Koons Family Institute on International Law & Policy'를 통해 전 세계 아동 보호법 현황에 대한 독창적인 연구를 수행하고 있다. 다른 나라에 사용이 가능한 법적 도구를 만들고 모범 사례를 홍보하고 국제 연대을 구축하고 현장 파트너와 협력하여 아동에 대한 위협을 식별하고 측정함으로써 전 세계에서 아동을 보호하는 방식에 변화를 가져오고 있다.
- 미아, 아동 성적 학대, 착취 사례를 예방하고 대응하기 위해 최전선에서 파트너를 교육해준다.

---

19) https://www.icmec.org/about/ 2022.7.25.

- 모든 어린이를 위한 더 안전한 세상을 만든다는 하나의 목표를 염두에 두고 정부, 법 집행 기관, 정책 입안자, 산업, 시민 사회, 교육자, 의료 전문가 및 기타 사람들을 교육하고 기술을 제공해준다.
- 주요 이해 관계자와 협력을 추진하고 있으며, 특히 인터넷으로 인한 아동 피해의 위기가 악화됨에 따라 아동을 보호하는 데 협력을 하고 있다. 시민 사회, 정부 및 민간 산업과 전 세계적으로 협력하여 파트너십을 구축하고 활동을 조율하도록 하고 있다.

그림 19 ICMEC 홈페이지

*출처: https://www.icmec.org/ 2022.8.7.

2. 세계 실종아동 네트워크 활동

1) 소개

세계 실종아동 네트워크(GLOBAL MISSING CHILDREN'S NETWORK)는 1998년에 설립되어 국제적으로 실종된 아동을 찾아주는 협력망이다. 1998년에 시작된 GMCN(Global Missing Children's Network)은 5개 대륙의 30개 회원국이 모여 실종 및 납치된 어린이의 복귀를 도와주고 있다.[20]

---

20) https://www.icmec.org/global-missing-childrens-center/gmcn/ 2022.8.7.

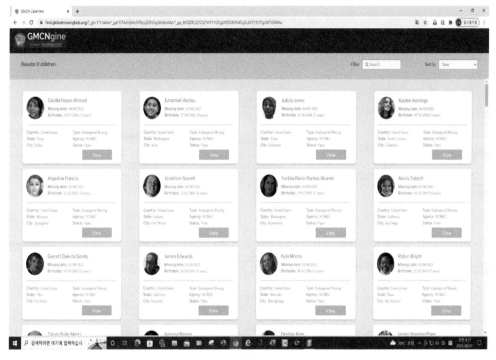

그림 20 실종아동찾기 엔진 화면

*출처: https://find.globalmissingkids.org/?_gl=1*r1akim*_ga*OTAxNjMxNTkyLjE2NDg5MzkxMzl.*_ga_
8KQDFLQTCQ*MTY1OTgzMDE4MS45LjEuMTY1OTgzMTl0Mi4w 2022.8.7.

GMCN은 아동 보호 분야에서 일하는 비슷한 생각을 가진 전문가들을 한자리에 모아 세계 공동체를 통합하여 실종 아동을 찾는 것을 목표로 한다. 또한, GMCN은 실종 아동을 찾기 위해 글로벌 커뮤니티를 통합하고 동원하는 역할을 한다. GMCN은 이 목표를 달성하기 위해 다음과 같은 방법을 사용하고 있다.

- GMCN 회원은 실종아동 문제에 대해 지역 및 글로벌 커뮤니티를 구축하고 인식을 제고 한다.
- 실종아동 정보를 GMCN 웹사이트를 통해 일반 대중에게 공개한다.
- GMCN 회원들은 미아 및 아동 납치와 관련된 경험, 모범 사례, 도구, 연구 및 동향을 적극적으로 협력하고 공유한다.
- GMCN은 회원들에게 현장에서 일하는 다른 전문가와 문제에 대해 일하는 국제 전문가에 대한 접근방법을 제공한다.
- GMCN 회원은 Rapid Emergency Child Alert Systems(앰버경보)와 같은 모범 사례를 개발, 개선, 구현 및 적용하도록 협력한다.
- 1년에 한 번 회원들은 연례 GMCN 회의에서 직접 만나 실종 아동 및 납치 아동에 대한 대응을 강화하는 방법을 논의 한다.

- GMCN 회원은 실종 및 납치 아동에 대한 정보와 사진을 업로드할 수 있는 다국어 무료 플랫폼인 GMCNgine TM** 에 접속할 수 있다. 플랫폼에 대한 액세스는 회원들에게 인공 지능을 제공하여 실종 및 납치된 아동의 행방에 대한 단서를 만들어 준다. 회원들은 실종아동 포스터 배포를 신속하게 할 수 있다.
- GMCN 회원 및 기타 사람들은 실종 아동과 발견 아동을 기억하기 위해 매년 5월 25일(세계 실종아동의 날)을 기념하는 행사를 함께 하고 있다.

2) 실송아동찾기 엔진

실종아동찾기 엔진(GMCngine)은 전 세계에서 실종 아동을 찾고 회복하기 위해 논스톱으로 접속하고 찾아볼 수 있는 혁신적인 기술이다.[21] 회원국가들의 실종아동 정보를 검색하고 정력하여 분석이 가능하도록 사진과 인적사항 등을 게시해주고 있다. 한국의 실종아동 중에도 이 엔진에 공개된 사례가 있다. 'song'으로 검색한 결과를 예로 보면 송혜희가 보인다.[22]

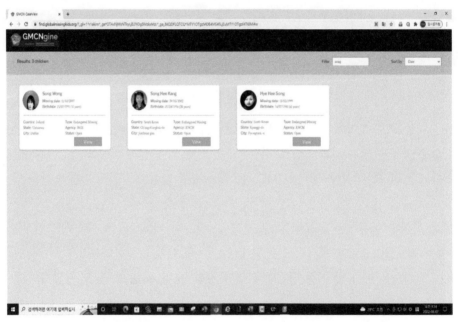

그림 21 **실종아동찾기 엔진(GMCngine)에서 'song'으로 검색한 결과**
*출처: https://find.globalmissingkids.org/?_gl=1*r1akim*_ga*OTAxNjMxNTkyLjE2NDg5MzkxMzI.*_ga_
8KQDFLQTCQ*MTY1OTgzMDE4MS45LjEuMTY1OTgzMTI0Mi4w 2022.8.7.

---

21) https://www.icmec.org/global-missing-childrens-center/gmcn/ 2022.8.7.

22) https://find.globalmissingkids.org/?_gl=1*r1akim*_ga*OTAxNjMxNTkyLjE2NDg5MzkxMzI.*_ga_8K
QDFLQTCQ*MTY1OTgzMDE4MS45LjEuMTY1OTgzMTI0Mi4w 2022.8.7.

3. 인터폴의 아동 대상 범죄 대응활동

인터폴은 범죄자 아동을 착취하지 못하도록 하기 위해 국경과 부문을 초월하여 일할 수 있도록 돕고 있다. 주요 활동은 경찰이 인터넷이나 압수된 장치에서 발견된 사진과 비디오를 분석하여 아동 성 착취의 피해자를 식별하도록 돕는 것이다. 인터폴의 이미지 데이터베이스는 전문가가 사용할 수 있으며 경찰조사를 지원해주고 있다. 또한, 전문가가 기술과 네트워크를 강화하여 보다 효과적인 조사를 수행할 수 있는 기회를 제공한다.[23]

1) 피해자 확인 식별

성적 학대 자료에 묘사된 어린 희생자를 식별하는 것은 가해자를 찾는 데 도움이 될 수 있기 때문에 법 집행 기관의 최우선 과제이다. 핵심은 피해자와 장소를 연결하기 위해 정교한 이미지 비교 소프트웨어를 사용하는 '국제 아동 성 착취 이미지 데이터베이스'라고 할 수 있다.

2) 아동 성학대 자료 유포 방지

아동 자료에 대한 온라인 접근 방지는 조사 작업을 보완하며 학대 아동의 재희생을 차단한다. 인터폴은 인터넷 서비스 제공업체와 긴밀히 협력하여 온라인에서 아동 학대 자료에 대한 접근을 차단하고 있다.

3) 포르노에 대한 적절한 대체 용어 사용 권장

인터폴은 국제 전문가와 함께 아동 성적 학대 또는 성적 착취를 설명하는 적절한 용어를 사용하는 것을 권장한다. 룩셈부르크 가이드라인(The Luxembourg Guidelines)은 이러한 용어에 대한 참조 자료로서 만들어졌다.

4) 훈련

이 분야의 전문 전문가의 핵심 기능은 회원국 경찰이 아동 성 착취를 수사할 수 있는 역량을 구축하도록 지원한다. 인터폴은 전 세계의 모든 지역에서 아동 성적 학대 조사의 전체 범위를 다루는 다음과 같은 교육 과정을 구축하고 있다.

---

23) https://www.interpol.int/Crimes/Crimes-against-children/Our-response-to-crimes-against-children 2022.7.28.

- 온라인 환경에서 조사 수행
- INTERPOL의 국제 아동 성 착취 데이터베이스 사용
- 피해자 식별 방법
- 피해자 및 가해자 인터뷰 기술
- 아동 성적 학대 자료의 범위 및 분류

많은 국가에서 아동 보호 및 특별 피해자 부서가 있지만 온라인 아동 성적 학대 사례를 조사하거나 피해자 식별을 수행할 수 있는 전문 직원이 있는 경우는 거의 없다. 인터폴 전문가가 피해자 식별 부서를 설정하는 방법에 대해 국가에 대해 조언하고 국가기관에 맞춤형 지원을 제공할 수 있다.

그림 22 **인터폴의 아동대상범죄 대응**

*출처: https://www.interpol.int/Crimes/Crimes-against-children/Our-response-to-crimes-against-children
2022.8.7.

5) 아동범죄전문가그룹

인터폴 아동범죄 전문가 그룹(Specialists Group on Crimes Against Children)은 아동 성범죄 수사를 촉진하고 강화하기 위해 매년 모임을 갖고 있다. 법 집행 기관, 지역 및 국제 조직, NGO, 민간 부문 및 학계가 모여서 이 그룹은 새로운 경향과 기술을 식별하고 모범 사례를 선정한다.

SGCAC는 새로운 문제에 주의를 기울이고 혁신적인 대응을 추진하는 데 도움을 준다. 암호화(범죄 자가 불법 온라인 활동을 은폐하기 위해 사용)의 경우 SGCAC는 온라인 성 착취로부터 아동을 보호하

기 위한 결의안 초안 작성을 주도했으며, 이 결의안은 2021년 제89차 인터폴 총회에서 만장일치로 채택되었다.

가장 최근의 2022년 3월 SGCAC 38차 운영 회의에서는 전 세계 법 집행 기관의 전문가와 파트너가 INTERPOL에 모여 집단적인 글로벌 대응을 강화하기로 하였다. 54개국에서 온 약 100명의 참가자는 온라인 아동 성적 학대 조사를 지원하고 피해자와 공격자를 식별하며 학대 콘텐츠 제작 및 유포와 관련된 범죄 네트워크를 차단하기 위한 전 세계적인 노력과 기술적 솔루션에 대해 논의했다.

6) 여행 성범죄자

일부 성범죄자들은 국경을 넘어 아동을 학대하여 아동이 가정 보호자 눈에 띄지 않게 하고 감시 없이 아동에게 접근할 수 있게 만든다.

INTERPOL은 아동에 대한 위협으로 간주되는 개인의 범죄 활동에 대해 경고하기 위해 녹색경보 Green Notice를 발행하거나 범죄와 관련된 개인의 신원, 위치 또는 활동에 대한 정보를 수집하기 위해 파란색 경보 Blue Notice를 발행하기도 한다.

7) 실종, 납치, 인신매매된 아동

회원국의 요청에 따라 실종자, 특히 미성년자를 찾는 데 도움이 되는 황색 통지서 Yellow Notice를 발행할 수 있다. 이러한 통지는 국제적으로 배포되며 실종 및 납치 아동 데이터베이스에 기록된다.

또한 인터폴은 회원 국가 및 파트너와 긴밀히 협력하여 미성년자가 노동 착취 및 인신매매를 당하지 않도록 보호해주고 있다.

8) 파트너

인터폴은 성범죄자에 대해 검거망을 최대한 넓히기 위해 여러 분야를 넘나드는 파트너들과의 관계를 만들어가고 있다. 예를 들면, 다음과 같은 파트너들이 포함되어 있다.

- ECPAT
- Human Dignity Foundation
- INHOPE
- International Justice Mission
- Internet Watch Foundation
- WeProtect Global Alliance
- Virtual Global Taskforce
- National Center for Missing and Exploited Children

- Regional law enforcement organizations
- THORN

금융기관, 인터넷 서비스 제공업체 및 소프트웨어 개발자와 같은 민간 부문 파트너도 아동 성적 학대 자료를 추적하고 불법 유통 채널을 차단하는 데 중요한 역할을 하고 있다.

9) 인터폴, 어린이 인신매매로부터 구출 사례[24]

최근에 있었던 사례를 하나로 살펴보면 인터폴 활동을 알 수 있다.

INTERPOL을 통한 경찰 협력으로 토고 경찰은 성적 착취를 당한 소녀가 부르키나파소에서 가족과 재회할 수 있게 하였다. 17세 여학생은 지난 1월 와가두구(OUAGADOUGOU)의 집에서 실종됐다. 그녀는 지난 달 인터폴이 주도한 전 세계 44개국 인신매매와 이민자 밀입국 범죄 조직에 대한 작전 Weka II에서 잠재적인 인신매매 피해자로 선정되었다.

토고 경찰은 납치된 소녀를 구출한 후 그녀를 로메에 있는 인터폴 중앙사무국(NCB)으로 데려가 부르키나파소로 돌아갈 수 있도록 준비했다. 로메 경찰은 토고 NCB가 있는 경찰 본부에서 7월 8일 금요일에 부르키나 파소 비행탑승까지 소녀를 동행하여 주었다.

소녀는 부르키나 파소에 도착하자마자 NCB Ouagadougou 직원을 만났다. NCB Ouagadougou 직원은 Burkina Faso에 도착하자마자 구조된 소녀와 가족을 만나기 위해 동행해 주었다. 그 소녀는 납치범의 휴대전화 중 하나를 사용하여 비밀리에 부모에게 전화를 걸었으며, 부모는 부르키나파소 당국에 실종된 딸이 납치되었으며 토고에 있는 번호로 전화를 걸었다고 알렸다. 납치에 연루된 것으로 생각되는 용의자가 미성년자를 성 착취한 혐의로 토고에서 체포되었다.

이 사건의 해결로 인신매매 및 이민자 밀수 부서의 NCB Ouagadougou와 INTERPOL 사무국 동료들에게 큰 성공을 가져다 주었다. 인터폴 서아프리카 팀이 전문가 교육을 제공하여 이를 가능하게 했다.

---

24) https://www.interpol.int/News-and-Events/News/2022/Human-trafficking-kidnapped-teenager
-reunited-with-family-after-INTERPOL-operation 2022.7.26.

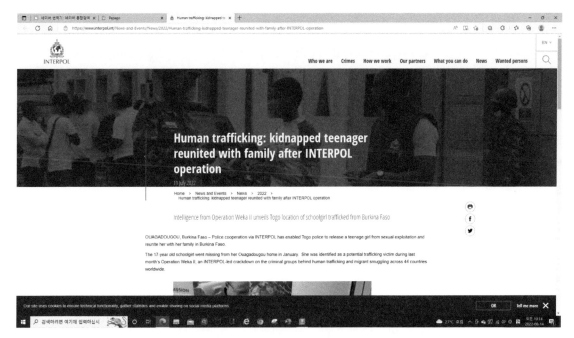

그림 23 인터폴의 10대 어린이 납치 인신매매 사건 해결

*출처: https://www.interpol.int/News-and-Events/News/2022/Human-trafficking-kidnapped-teenager-reunited-with-family-after-INTERPOL-operation 2022.8.14.

4. 유럽 앰버 경보(AMBER ALERT EUROPE)

1) 소개

유럽 앰버 경보의 미션은 실종아동 제로화(#ZEROMISSINGKIDS)이다. 매년 300,000명의 어린이가 유럽에서 실종되고 있다. 유럽 앰버 경보는 아동에게 권한을 부여하고, 아동보호를 개선하고, 실종아동 문제에 대한 인식을 제고하는 활동을 하고 있다.[25] 나아가 NGO, 법 집행 파트너, 정부 및 기업으로 구성된 네트워크 내에서 유럽 전역에서 실종아동의 수색 및 보호를 개선하기 위해 협력하고 있다. 실종아동 예방 및 인식 제고, 전문가 교육, 연구활동, 국가 및 국제 수준의 파트너 및 이해 관계자와의 협력 등을 추진하고 있다. 실종아동 문제를 해결하기 위해 유럽 차원의 모든 이해 관계자의 공동 노력과 적절한 조치가 취해지도록 하는데 주안점을 두고 있다. 2022년 8월 현재 28개 국가, 44개 기관, 80명 이상의 법집행 전문가들이 참여하고 있다.

---

25) https://www.amberalert.eu/ 2022.8.14.

2) 실종자 경찰 전문가 네트워크 PEN-MP

실종자 경찰 전문가 네트워크 PEN-MP(Police Expert Network on Missing Persons)는 유럽 전역의 실종자 분야 경찰 전문가로 구성된 공식 유럽 실종자 경찰 네트워크다. 이 네트워크는 AMBER Alert Europe 재단에 의해 시작되었으며, 현재 유럽 연합 이사회의 LEWP(Law Enforcement Working Party)와 공식적으로 제휴하고 있다. PEN-MP는 34개 EU 및 비EU 국가에서 80명 이상의 법 집행 전문가를 모았다. PEN-MP의 목표는 실종자 분야의 법 집행 전문가를 모으는 것입니다. PEN-MP는 실종사건에서 법 집행 전문가 긴의 빠르고 식섭적인 국경 간 협력과 의사소통을 가능하게 해준다. 또한, 참여하는 법 집행 기관에 전문가 지원, 조언 및 교육을 제공해주고 있다.[26]

3) 실종아동 및 실종자를 위한 유럽 공통 접근법

실종아동 및 실종자를 위한 유럽 공통 접근법(Common European Approach on Missing Children - Missing Persons)은 매년, 60만 명의 사람들이 유럽에서 실종되고, 그들 중 절반은 어린 이들이라는 문제에 대응하기 위해 유럽공통의 접근방법을 추구하고 있다. 실종문제를 EU 의제로 정하고, 실종자에 대한 경찰 전문가 네트워크와 함께, 공통의 유럽 접근 방식을 고안했다. 실종 아동 및 실종자(CEA)에 대해 유럽 전역의 접근 방식을 통해 어린이가 실종되는 것을 방지하고 어린이가 실종되는 경우 적절한 조치를 취하도록 한다.[27]

4) 'THINK BEFORE YOU SHARE' 캠페인[28]

유럽의 경우, 10대 어린이 3명 중에서 1명은 동의 없이 누드를 공유한 경험이 있다고 한다. 국제 실종아동의 날을 맞아 앰버 경보 유럽, 아동보호 분야 비정부기구(NGO), 전 세계 28개국 법 집행관 들이 'THINK BEEPHORE YOU SHARE'를 모토로 새로운 캠페인을 시작했다. 이 캠페인은 지난 몇 년 동안 미성년자들에게 점점 더 이슈가 되고 있는 주제에 대한 인식을 높이기 위해 헌신하고 있다. 소셜 미디어 플랫폼의 지속적인 성장과 함께 COVID-19 팬데믹은 매일 온라인으로 업로드되고 공유 되는 자체 생성 나체 십대 사진의 양을 증가시켰다. '인터넷 감시 재단(IWF)'에 따르면, 2019년 이후 77% 증가되었다. 젊은 세대들 사이에서 10대 3명 중에서 1명이 동의 없이 누드를 공유한 것을 본 적이 있다고 인정했다고 한다.

---

26) https://www.amberalert.eu/ 2022.8.14.
27) https://www.amberalert.eu/wp-content/uploads/2022/05/Annual_and_Financial_Report_2021.pdf 2022.8.14.
28) https://www.amberalert.eu/news/think-before-you-share 2022.8.14.

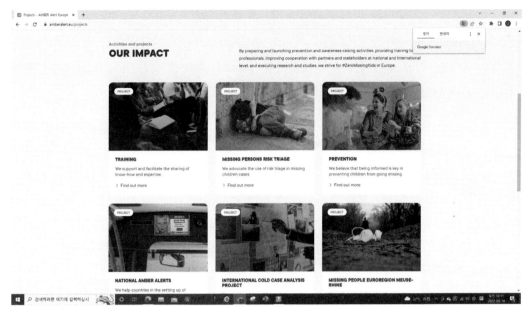

그림 24 **유럽 앰버 경보의 활동들**

*출처: https://www.amberalert.eu/projects 2022.8.14.

5. 미국 NCMEC

1) 소개

미국의 '실종 및 착취된 아동을 위한 센터 NCMEC(National Center for Missing & Exploited Children)는 아동 피해 예방 및 복귀와 관련된 모든 문제에 대한 미국의 비영리 정보 센터이면서 통합신고센터로서 납치, 학대 및 착취에 대한 대응을 주도하고 있다. 뉴욕, 텍사스, 플로리다에 지사를 두고 있다.[29] 실종 아동을 찾고 아동 성 착취를 줄이며 아동 피해를 예방하는 것을 사명으로 하고 있다. 또한, NCMEC는 가족, 피해자, 민간 산업체, 법 집행 기관 및 시민과 협력하여 아동 납치 방지, 실종아동 복귀, 아동 성착취 방지 및 퇴치를 위한 서비스 제공을 지원하고 있다.[30]

2) 역사

1984년에 John과 Revé Walsh 및 기타 아동 옹호자들은 국가 정보 교환소 역할을 하고 실종 및 착취당한 아동들에 관련된 문제에 대해 조정된 국가적 대응을 하기 위해 민간 비영리 조직으로 National Center for Missing & Exploited Children을 설립했다.[31]

---

29) https://www.missingkids.org/HOME 2022.8.18.
30) https://www.missingkids.org/footer/about 2022.8.18.

1998년에 아동의 온라인 성 착취와 관련된 신고가 증가하기 시작하자 NCMEC는 CyberTipline을 만들었다. CyberTipline은 공공 및 전자 서비스 제공자(ESP)가 의심되는 아동 성 착취 사건을 신고할 수 있는 온라인 메커니즘을 말한다. NCMEC의 CyberTipline은 출범 이후 아동 범죄에 관한 수백만 건의 신고를 받았다.[32]

3) 미국 실종 아동의 날

1979년 5월 25일, 6세 Etan Patz가 스쿨버스를 타고 가다가 뉴욕 거리에서 사라졌다. 미국은 매년 Etan의 실종 기념일을 실종아동의 날로 기념하고 있다. NCMEC는 30년이 넘는 기간 동안 Etan과 같은 아동을 찾는 데 계속 도움을 주고 있다. 미국 실종아동의 날은 모든 어린이가 안전한 어린 시절을 보낼 자격이 있음을 부모, 보호자, 가족 및 지역 사회에 상기시켜주고 있다.[33]

4) 성과

37년 동안 전국 무료 핫라인 1-800-THE-LOST를 운영하여 500만 건 이상의 전화를 받았다. 또한, 수십억 장의 실종아동 사진을 배포했다. 376,000명 이상 실종아동의 복귀을 위해 법 집행 기관을 도와 왔다.[34]

하루 24시간 연중무휴로 실종아동 신고, 실종아동 목격에 대한 조언, 아동 성 착취 의심 신고를 온라인으로 접수하고 있으며, 2021년 NCMEC의 콜센터는 94,428 건의 전화를 받았다.[35]

아동이 법 집행 기관에 실종된 것으로 보고되면 연방법에 따라 NCIC라고도 하는 FBI의 국가 범죄 정보센터에 아동을 입력한다. FBI에 따르면 2021년에 337,195건을 NCIC에 실종아동으로 등록했다. 2020년에 NCIC에 등록된 총 실종아동 수는 365,348명이라고 한다.[36]

---

31) https://www.missingkids.org/footer/about/history 2022.8.18.
32) https://www.missingkids.org/footer/about/history 2022.8.18.
33) https://www.missingkids.org/footer/about/history 2022.8.18.
34) https://www.missingkids.org/ourwork/impact 2022.8.18.
35) https://www.missingkids.org/ourwork/impact#findmissingchildren 2022.8.18.
36) https://www.missingkids.org/ourwork/impact#findmissingchildren 2022.8.18.

03 찾기 사례

정부는 아동의 실종 예방과 장기 실종아동의 조속한 발견을 위해 다양한 제도를 운영하고 있으며, 그 결과 최근 5년간 실종아동등 발견율은 99% 이상으로 대부분 조기에 발견되고 있다고 하고 있다. 실종아동 신고접수 건수는 ('18) 21,980건 → ('20) 19,146건 → ('22. 4월) 7,580건으로 감소하고 있다. 또한, 실종아동 발견율은 ('19) 99.4% → ('20) 99.5% → ('22. 4월) 99.8%로 매우 높은 수준이라고 할 수 있다.[37] 높은 발견율은 새로운 제도의 도입, 민간기업이나 시민의 협력이 중요한 기여를 하고 있기 때문에 가능하다. 앞으로도 새로운 제도와 기술 및 민간기업이나 시민의 협력 방안을 개발하고 활용할 필요가 있다. 실종아동등의 정보를 문자메시지로 전송, 국민제보를 통해 실종아동등을 발견하는 '실종경보 문자제도'를 비롯하여 미리 등록한 신상정보를 통해 실종자를 신속히 발견·

---

[37] https://www.korea.kr/news/pressReleaseView.do?newsId=156508802 2022.7.24.

2022년 제22회 실종아동의 날, 〈보건복지부장관 표창 주요 수상사례〉를 보면, 정부의 노력과 민관협력사업이 실종아동찾기에 많은 기여를 하고 있음을 나타내주고 있다.

① (목포아동원 원장 김미자) '08년부터 현재까지 14년 동안 실종아동 일시보호센터를 운영하면서 입소 된 85명의 실종아동에게 생활 지원, 후원자 결연 등 실종아동 보호에 기여

② (국립과학수사연구원 보건연구사 김주영) 국과수 법과학부 유전자과 소속으로 실종아동등 찾기 디엔에이(DNA) 정보 검색시스템(3만여 건의 유전정보) 및 불상변사자 시스템(4,463건) 구축 등 실종아동 등의 신원확인 등 실종아동찾기 사업에 기여

③ (경찰청 경감 이영원) '17년부터 아동청소년과에 배치받아 실종법령을 개정하여 실종경보 문자 제도 운영근거를 마련하고 송출시스템 구축 및 지침서 제작 등 실종 예방 및 실종아동찾기 사업에 기여

④ (사단법인 실종아동찾기협회 양홍선) '17년부터 9년간 인터넷방송, 거리 공연, 국악 퓨전 공연을 지원하여 실종아동등의 가족을 위로하고 실종아동찾기에 기여

⑤ (파이낸셜 뉴스신문(주)) '03년부터 현재까지 19년간 '잃어버린 가족찾기' 캠페인을 통해 격주간 실종아동등 잃어버린 가족의 사진과 사연 등을 꾸준히 연재하는 등 실종아동 찾기에 기여

*출처: 경찰청 보도자료, 2022.5.25. '사라진 아이, 유전자 검사로 만드는 만남의 기적'

보호자에게 인계하는 '지문등 사전등록제도', 무연고 아동 등과 실종자 가족의 유전자를 대조하여 가족을 찾는 '유전자 분석사업' 등 다양한 기술이 활용되고 있다. 다음과 같은 실종아동 찾기활동 사례들을 살펴보면, 앞으로 정보통신기술, 드론 기술 등 새로운 기술을 활용하는 것이 바람직하다고 하겠다.

1. 유전자 등록 분석으로 실종 43년 된 딸을 찾은 사례

1) 43년 전 외출 후 실종된 딸 경찰 도움으로 만나[38]

경북 경주경찰서에 따르면 A(49)씨는 여섯 살이던 1979년 3월 대구에서 아버지와 외출했다가 길을 잃었다. 이후 A씨는 한 보육시설에서 자랐다.

A씨의 어머니 B씨는 전국 방방곡곡을 돌며 딸을 찾았다. 대구 화재 참사 등 큰 사건·사고 현장에도 혹시 잃어버린 딸을 찾을까 싶어 다녔다. A씨 역시 부모를 찾으려고 했지만 어릴 때 헤어져 남은 기억이 전혀 없어 가족 찾기를 거의 포기한 상태였다. 그러던 중 A씨는 지난해 11월 방송에서 경찰을 통해 장기실종자 가족이 만난 사연을 봤다. 이후 마지막 희망을 품고 경주경찰서를 방문해 유전자 채취를 맡겼다. 경찰은 이후 실종아동전문센터에 분석을 의뢰해 비슷한 실종 신고를 검색했다.

그 결과 B씨가 2013년 대구지역 경찰에 "오래 전 남편과 외출 후 돌아오지 못한 딸을 찾는다. 현재는 남편이 사망해 어떤 실마리를 찾을 수 없다"고 신고한 사연을 발견했다. 이에 경찰은 A씨와 B씨 사연이 비슷하다는 사실을 확인해 유전자 분석을 통해 두 사람 관계가 모녀란 사실을 확인했다.

2) 유전자 등록 활용하여 실종 43년 만에 가족 품으로

서울 노원구에 살던 A 씨는 만 3살이던 1979년 4월 29일 실종됐다. 그리고 43년이 흐른 2022년 4월 4일, 기적처럼 다시 가족을 만났다. 하루아침에 가족을 잃었던 3살 어린이는 법의학자가 돼 스웨덴에 살고 있었다. 가족들은 2018년, 경찰서에 실종자를 찾기 위한 유전자 등록을 했다. 하지만 1년이 넘도록 유전자가 일치하는 사람을 찾았다는 연락은 오지 않았다. 그렇게 1년이 지나 사건은 서울지방경찰청 장기실종수사팀으로 이첩됐다. 그런데 얼마 뒤 가족들에게 A 씨로 추정되는 사람을 찾은 것 같다는 전화가 걸려왔다. 전화를 건 사람은 담당자 윤종천 경위였다. A 씨로 추정되는 아이가 국내의 입양기관에 머무를 때 찍은 사진이 보여주고 윤 경위는 사진을 들여다보는 A 씨 언니를 보자마자 닮았다는 걸 직감했다. 이후 국내의 아동 입양기관 등을 통해 A 씨가 스웨덴으로 입양됐다는 사실을 확인했다. 2019년 10월, 한국으로 보낸 유전자 샘플을 감정한 결과 99.9999%의 확률로 친자 관계가 성립된다는 결과가 나왔다.[39]

---

38) https://www.yna.co.kr/view/AKR20220315081600053?input=1195m 2022.4.10.

39) https://news.kbs.co.kr/news/view.do?ncd=5444691&ref=A 2022.5.4.

2. 실종경보 활용 찾은 사례

실종경보제도는 실종아동등이 발생 했을 때 국민의 적극적 제보가 활성화 되도록 실종자의 정보를 휴대전화 문자메시지**로 전송하는 제도다. 대상은 실종된 18세 미만 아동, 지적·자폐성·정신장애인, 치매환자 등이다. 문자전송은 CBS(Cell Broadcasting Service) 방식을 이용한다. 이동통신사 무선 기지국에서 라디오 전파처럼 쏘아내 기지국 수신 범위 내의 휴대폰 가입자들이 동시에 메시지 수신된다. 실종경보 문자는 문자송출 기관명과 실종아동등의 실종경위와 신상정보, 사진을 확인할 수 있는 웹주소(URL) 등 정보를 포함하고 지역주민에게 재난문자와 같은 방식으로 발송된다. 2021년 6월 9일부터 시행중이다. 2020년 12월 실종아동법이 개정됨에 따라 실종경보 문자 제도의 운영 근거를 마련하고 이후 통신사 협의를 거쳐 송출시스템을 구축했다. 2021년 6월 9일, 개정법률 시행일에 맞춰 실종경보 문자 제도를 시행했다. 제도 시행 5개월간 (2021.6~10월) 297건의 실종경보 문자를 송출해 실종아동 등 288명을 발견했다. 문자가 직접 발견에 도움이 된 경우는 110명(38%)이다. 실종경보 문자제도는 실종자 발견에 기여함과 더불어 실종사건은 경찰 뿐 아니라 국민의 관심이 필수적이라는 사회적 패러다임 전환에도 기여하고 있다.[40]

1) 인천 '실종 경보 문자' 첫 활용사례

경찰이 실종 아동과 치매 환자를 신속히 찾기 위해 2021년 6월 9일부터 '실종 경보 문자 제도'를 도입한 가운데 인천에서도 첫 실종 경보 문자 활용 사례가 나왔다. 인천연수경찰서에 따르면 경찰은 초등학생 A(11)군이 지난 20일 오전 11시쯤 연수구 자택을 나간 지 30시간여 만인 전날 오후 6시40분쯤 A군의 소재를 파악했다. 경찰은 전날 오후 공개 수사로 전환한 뒤 같은 날 오후 5시43분쯤 인천 시민을 대상으로 '인천 연수구에서 실종된 A군을 찾고 있다'는 내용의 재난문자를 발송했다. 해당 문자에는 A군의 실명과 나이, 키, 몸무게, 인상착의 등 신상 정보가 담겨 있었다. 경찰은 A군의 소재를 파악한 뒤 '시민 여러분의 관심과 제보로 A군을 안전하게 발견했다'는 내용의 재난문자를 발송했다.[41]

---

40) https://www.korea.kr/special/policyCurationView.do?newsId=148897041 2022.7.24.

41) http://www.incheonilbo.com/news/articleView.html?idxno=1101945 2022.5.4.

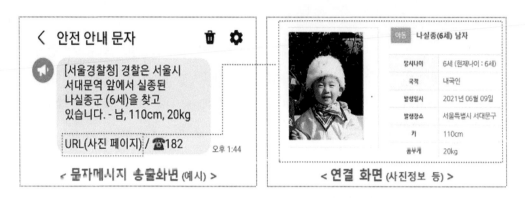

그림 25 실종경보 문자제도 안내

*출처: https://www.korea.kr/special/policyCurationView.do?newsId=148897041 2022.7.24.

'실종 경보 문자'로 광주·전남 실종자 94명 찾아

'실종 경보 문자'는 아동과 지적 장애인, 치매 환자 등이 사라졌을 때, 실종자의 정보를 문자로 발송하는 제돕니다. 지난해 6월에 도입됐는데, 이 문자를 통해 광주 전남에서만 실종자 37명을 찾았습니다.

[김동은/광주경찰청 아동청소년계 경사 : "전단지를 돌리거나 이랬을 때보다는 훨씬 더 제보가 많이 들어오고 있고요. 여러분들의 신속한 제보로 실종자의 신속한 발견에 많은 도움이 되고 있습니다."]

하지만 실제 활용도는 낮습니다. 지난해 6월 이후 광주 전남에서 접수된 실종 신고는 2천 건이 넘지만, 실종경보문자는 94건에 불과합니다. 실종 신고 대비 약 4%입니다.

보호자의 요청을 받아 일선 경찰서에서 시·도 경찰청으로, 또, 실종아동찾기센터를 거쳐 행안부 재난문자 송출시스템으로 복잡한 절차에다 실종경보문자로 인한 피로감을 호소하는 시민들도 많아 활용도가 낮은 겁니다.

[이웅혁/건국대 경찰학과 교수 : "문자 경보뿐만이 아니고 원칙적으로 보면 방송에서도 송출하고 이러한 대형 전광판에도 알리고... 결국은 대폭적인 확대가 필요한 상황이죠."] 작년 한 해 아동이나 장애인, 노인 등의 실종 건수는 4만 천 여 건이고, 이 중 백여 명은 여전히 실종 상태입니다.

KBS 뉴스 민소운

촬영기자:정현덕

*출처: https://news.kbs.co.kr/news/view.do?ncd=5439661 2022.4.14.

3. 코드 아담 활용 모의훈련

'코드아담'은 '실종아동등의 보호 및 지원에 관한 법률'에 규정된, 일정 규모 이상의 다중이용시설에서 실종아동 발생 시 신속한 발견을 위해 경보발령 및 실종아동 수색을 하도록 의무화된 시스템이다. 광명도시공사는, 2022년 7월 15일, 광명동굴에서 임직원과 시민이 참여한 가운데 실종아동 발생 상황을 가정한 코드아담 모의훈련을 실시했다. 다중이용시설인 광명동굴에서 "광명동굴에서 아이가 사라졌다"라는 부모의 신고에 따라 경보를 발령하고, 자체 대응 매뉴얼에 따라 미아 발생 접수, 경보발령 및 안내방송 송출, 실종아동 수색 및 CCTV 모니터링까지 실제상황과 동일하게 진행됐다. 방문한 관람객들이 참여하여 실종아동 찾기의 골든타임을 알고, 실종 상황이 발생했을 때 대응하는 방법을 익히는 등 실종아동 보호를 위해 시민과 공사가 함께 한 훈련이다.[42]

4. 딥페이크 실종자 포스터[43]

딥페이크는 특정 인물의 얼굴 등을 인공지능(AI) 기술을 이용해 특정 영상에 합성한 편집물을 가리키는 기술이다.

1) 한국의 사례

모영광 군은 2003년 10월 10일, 어린이집에 등원한 지 5일째 되던 날 부산의 한 사찰로 소풍을 갔다가 감쪽같이 사라졌다. 19년의 시간이 흘렀지만 모영광 군의 가족들은 아직도 애타게 아들을 기다리고 있다. 2022년 7월 SBS '그것이 알고싶다'는 2003년 실종된 아동 모영광 군의 깜빡이는 눈과 고갯짓, 그리고 목소리까지 데이터를 통해 만들어내 많은 사람들에게 제보를 요청했다. 딥페이크로 만들어진 움직이는 실종자 포스터는 종이 전단지, 플래카드와 다르게 사람들의 주목도를 높이는 효과를 만들어냈다.

---

42) https://www.kgnews.co.kr/news/article.html?no=710282 2022.7.23.
43) https://www.dailian.co.kr/news/view/1134771/ 2022.7.22.

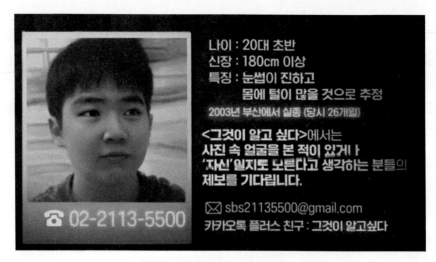

그림 26 **딥페이크 사진/ 배우 이시언이 공유한 사진**
*출처: https://news.sbs.co.kr/news/endPage.do?news_id=N1006826320 2022.7.23.

2) 영국의 사례

영국에서 딥페이크를 활용한 옥외 광고로 실종아동 찾기 캠페인을 진행했다. 광고 스크린 속 실종아동은 행인들이 지나갈 때마다 눈을 깜빡이거나 고개를 움직이며 눈을 맞춘다.[44]

그림 27 **영국의 실종아동 찾기 딥페이크 사례**
*출처: https://youtu.be/vdyTs8RdW2c?t=45 2022.7.24.

---

44) https://www.youtube.com/watch?v=vdyTs8RdW2c 2022.7.24.
   https://youtu.be/vdyTs8RdW2c?t=45

5. 얼굴 나이 변환 기술 활용

얼굴 나이 변환 기술은 2015년 KIST(한국과학기술연구원)가 부모의 유전자 정보 등을 통해 주름, 피부 노화까지 나타나도록 개발한 기술이다.[45] 실종 후 시간이 지나면서 성장하는 아동들의 얼굴을 나이 변화에 따라 변환시켜서 그림이나 영상으로 표현한다. 이를 이용해 실종아동을 찾기 위한 홍보물을 만들고 배포하여 신고와 제보를 하도록 하면 발견확률을 높여주게 된다.

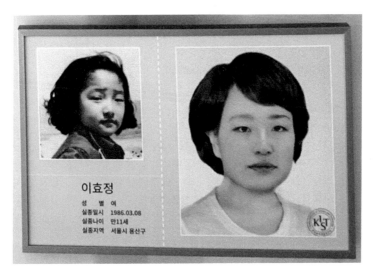

그림 28 **얼굴 나이 변환 사진**

*출처: https://www.korea.kr/newsWeb/resources/attaches/2021.05/24/DSC03928.
JPG 2022.7.24.

6. 복합인지기술 활용

정부가 한국과학기술연구원과 협업으로 복합인지기술을 활용해 '실종신고 10년 이상 미해제 실종아동의 사진'과 '무연고 아동의 얼굴사진'을 대조하는 유사아동 확인사업을 추진하고 있다. 2021년 5월 실종아동등 39명과 무연고 아동 유사 얼굴로 추정된 203명을 확인 중에 있었다. 복합인지기술은 실종자의 얼굴 모습을 포함한 변화하는 모든 정보를 종합적으로 인식하고 CCTV를 통해 실종자의 경로를 예측하여 위치를 추적하는 기술을 말한다.[46]

---

45) https://www.korea.kr/news/reporterView.do?newsId=148887721 2022.7.24.

46) https://www.korea.kr/news/pressReleaseView.do?newsId=156452956 2022.7.24.

7. 해외입양인 유전자 등록

한국에서 6.25 전쟁 후, 60여 년간 해외 14개국으로 입양된 아동은 약 17만 명이며, 이 중 유기 등에 의한 무연고 아동(친부모 정보가 남아있지 않은 경우)은 약 3만 명으로 추정된다. 가족찾기를 희망하는 해외입양인이 한국에 직접 방문하지 않고도 현지에서 간편하게 유전자 검사를 받을 수 있도록 하였다. 아동권리보장원에 '입양정보공개청구'를 신청(familysearch@ncrc.or.kr, 02-6943-2654~6, 2638)하고, 이를 통해 친부모 정보가 남아있지 않다는 '확인서'를 받은 경우, 재외공관에서 유전자 검사를 받을 수 있다. 재외공관에서 유전자 검사를 통해 채취된 검체는 외교행낭을 통해 경찰청으로 송부돼 실종자 가족 유전자 정보와 대조된다. 일치되는 유전자가 발견될 경우 2차 확인을 거쳐 아동권리보장원 지원 하에 상봉 절차를 진행하게 된다.[47]

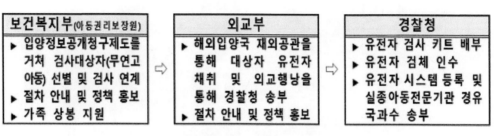

그림 29 해외입양자 유전자 검사 확인 절차

*출처: https://www.korea.kr/newsWeb/resources/attaches/2019.12/19/555555.jpg 2022.7.24.

8. 드론 활용

드론은 사람보다 높은 곳에서 사람의 발과 눈이 닿지 않는 곳에서 실종자를 찾아내는 능력을 가지고 있다. 곽창섭 경위(57·전북 전주덕진경찰서)는 실종아동과 치매환자, 장기실종자 등 지금까지 250명을 찾아 가족의 품에 돌려보냈다. 발품을 파는 건 기본이고 드론까지 요청하여 동원하는 적극적인 작전의 성과다.[48] 드론은 경찰이나 소방관 등 수색요원과 효과적으로 협업을 지원해주는 역할을 한다. 그러나 드론에만 의존한다면 오히려 수색이 성과를 내지 못할 수도 있으므로[49] 역할분담을 하고 전문가가 조종하여 수색을 하는 것이 바람직하다.

---

47) https://www.korea.kr/news/policyNewsView.do?newsId=148867711 2022.7.24.

48) https://www.donga.com/news/article/all/20210524/107091318/1 2022.8.7.

49) https://www.hani.co.kr/arti/international/japan/857939.html 2022.8.7.

04 실종아동 예방 안내 활동

제1절 한국 실종아동등 예방 안내

1. 경찰청 예방 안내

아동을 유인하는 방법에는 과자를 사 주거나 돈을 주는 방법, 부모가 병원에 입원했다고 거짓말하거나, 물건을 들어주거나, 주워달라고 하거나, 한적한 골목으로 유인하는 방법, 길 안내를 부탁한다거나 기타 강제적인 납치 등으로 유괴하고 금품을 요구하기도 한다. 아래 예방방법은 경찰청 안전드림센터의 안내를 참고로 타인에 의해 유인당하여 실종되는 것을 예방하기위한 방안과 보호자를 잃고 있는 사람을 발견했을 때 대처하는 방안을 정리한 것이다.[50]

1) 아이의 지문 등 사전정보를 미리 등록한다.

아이의 지문과 사진 등 신상정보를 경찰시스템에 미리 등록해서 실종 발생시 신속한 신원확인으로 보호자에게 인계하게 한다. 방법은 모바일 안전드림 앱을 통하여 사진, 지문 등을 집에서 등록하거나 가까운 경찰관서에 방문하여 등록한다.

---

50) https://www.safe182.go.kr/cont/homeLogContents.do?contentsNm=182_abduct_main 2022.8.6.

2) 자녀를 집에 혼자 두지 않는다.

잠시 외출한다고 아이를 혼자 두고 다니는 것을 주의한다. 특히 아이가 잠든 틈에 외출하는 것을 주의하여야 하는데, 아이가 집을 나와 엄마를 찾으러 다닐 수 있기 때문이다. 외출할 때 친척이나 이웃에게 자녀를 돌봐 주도록 부탁해 본다.

3) 자녀와 함께 다닌다.

이츨히어 밖에 있을 때 아이를 혼자 두지 않는 것이 좋다. 특히, 가까운 백화점, 슈퍼, 시장, 쇼핑몰, 영화관, 공원, 공중화장실 등 다중이용시설에서 주의해야 한다.

4) 실종아동 예방용품을 활용해본다,

아이가 말을 잘 못하는 경우 아동의 신원을 확인할 수 있는 실종아동 예방용품(팔찌, 목걸이 등)을 착용하게 한다.

이름표 등을 착용하게 하고, 아이의 이름과 연락처 등을 적어 두며, 옷 안쪽이나 신발 밑창 등에도 새겨주면 좋다. 낯선 사람이 접근해 유괴에 활용되기도 하기 때문이다.

5) 자녀에 관한 정보를 기억해 둔다.

자녀의 키, 몸무게, 생년월일, 신체특징, 버릇 등을 상세하게 메모해 두거나 기억해 두면 조기발견에 도움이 된다. 매일 자녀가 어떤 옷을 입었는지 기억해 두고 아이의 인적사항을 적어둔 카드를 집에 비치해 두는 것이 좋다.

6) 자녀의 하루 일과와 친한 친구들을 알아둔다.

아이가 나갔다가 오지 않는 경우 수소문해 볼 수 있게 한다. 아이가 외출할 때 누구와 가는지, 언제 돌아오는지, 어디로 가는지 등을 물어서 확인해 보는 것도 좋은 방안이다.

7) 아이들에게 이름, 나이, 주소, 전화번호, 부모의 이름 등을 기억하게 한다.

반복해서 알려주고 기억하게 하여야 당황하더라도 잊지 않을 수 있다.

만약 길을 잃거나 하면 무작정 길을 걷지 말고 그 자리에 멈춰 서서 기다리게 하고, 주위 어른이나 경찰에게 도움을 요청하게 하는 연습을 해본다.

아이가 전화를 할 수 있다면 근처 가게에 들어가 전화하게 하거나 112 또는 182에 전화하도록 한다.

8) 밖에 나갈 때 누구와 어디에 가는지 알려주게 한다.

밖에 놀러 나갈 때 누구와 어디에 가는지 말하고 가도록 한다. 언제 돌아오는지 예정시간을 약속하고 가도록 하는 습관을 들이면 좋다. 가능한 친구들과 함께 다니도록 하며, 특히 다중이용시설에 갈 때 친구나 믿을만한 어른과 같이 가게 알려준다.

9) 낯선 사람을 따라가지 않도록 한다.

아동이 처음 보거나 잘 알지 못하는 사람을 따라가지 않게 주의시킨다. 막연히 낯선 사람을 경계하기보다 구체적 사례를 들어 알려준다. 예를 들면, 길을 물어보며 차에 태우거나, 엄마의 친구를 사칭하거나, 강아지를 함께 찾아달라는 등 도움을 요청하는 때 거부하고 따라가지 않도록 하는 방법이다.

만약 낯선 사람이 자신의 이름을 부르며 데려가려 하면, 크게 소리를 질러 주위 사람에게 도움을 요청하도록 알려준다.

2. 경찰청의 실종발생시 대처방법 안내

만약 길을 잃은 아이를 발견했을 때, 실종아동등을 조기에 발견하여 집으로 돌아가게 해주기 위해서 필요한 내용이다. 평소 똑똑한 아이도 길을 잃고 겁에 질리게 되면 묻는 말에도 제대로 대답할 수가 없으므로 아이의 불안한 마음상태를 이해하고 달래주어야 하며 다음과 같은 방법으로 대처하는 것이 중요하다.[51]

먼저 경찰청 실종아동 찾기센터(국번없이 182)로 신고한다.

아이가 있는 장소에 그대로 서서 일단은 아이의 부모를 기다린다. 아이가 잠깐 한눈을 팔거나 부모의 부주의로 아이와 떨어진 경우 아이의 부모는 가까운 장소에 있을 가능성이 높기 때문이다.

아이에게 이름과 사는 곳, 전화번호 등을 물어본다. 이름을 불러주면서 달래주고, 아이가 집에 간다고 혼자서 가버리게 내버려 두면 안 된다.

아이의 옷이나 신발, 소지품 등을 확인해 본다. 유괴방지를 위해서 아이의 이름이나 집전화번호 등을 보이지 않는 곳에 새겨두는 경우가 있기 때문이다.

백화점이나 쇼핑센터의 경우 안내데스크나 방송실에 요청하면, 실종아동 찾기 안내 방송을 해주기도 하므로 활용해본다.

아이를 실종아동 보호센터나 경찰서, 파출소 등에 데려다주는 경우에, 아이를 발견한 사람의 이름, 연락처와 주소 등은 남겨주어야 나중에 필요한 경우 연락할 수 있을 것이다.

---

51) https://www.safe182.go.kr/cont/homeLogContents.do?contentsNm=182_abduct_main 2022.8.6.

3. 아동권리보장원의 '우리 아이 찾기 가이드'

아동권리보장원에서도 아이를 잃어 버렸을 경우 찾는 가이드를 제공하고 있다.[52]

Step 01 주변을 샅샅이 찾아보기

Step 02 즉시 신고하기

신고처 : 경찰서 실종아동찾기센터(국번없이 112)

신고 후 가까운 경찰서에 주변 수색/ 탐문을 요청하세요.

Step 03 아동과 관련된 증거를 보존하기(의류, 침구, 개인물품 등)

Step 04 친구, 이웃을 통해 정보파악하기

Step 05 실종아동전문기관에 접수하기

Step 06 일시보호시설에 아이가 있는지 실종아동전문기관과 함께 확인하기

실종아동등이 발견되면 일시보호시설에서 우선 보호합니다.

Step 07 실종아동전문기관 홈페이지에서 보호시설에 있는 아동자료를 확인하기

단, 보호자가 확인되지 않은 아동자료만 확인할 수 있어요.

Step 08 경찰에 유전자 검사를 요청하기

시설에서 성장하고 있는 보호자가 확인되지 않은 아동, 장애인의 유전정보와 부모의 유전정보를 대조하여 실종아동등을 찾을 수 있어요.

4. 아동권리보장원의 온라인 교육

아동권리보장원의 실종아동전문기관은 실종아동을 위한 교육을 온라인으로 제공하고 있으며 중요한 콘텐츠를 홈페이지에 게재하고 있어서 경찰이나 부모, 교사 등이 편리하게 활용할 수 있다.

1) 실종신고요령

경찰 112 전화로 실종신고를 할 때 신고자가 유의해야 할 사항들이다. 자칫 서두르다 중요한 내용을 놓치면 찾기가 늦어질 수 있다. 아이에 대한 많은 적절한 정보를 경찰청 실종아동센터에 제공하는 것이 중요하다. 예를 들면, 다음과 같은 정보들이다.[53]

① 아이의 이름

② 아이의 나이(생년월일)

---

[52] https://www.missingchild.or.kr/CMSPage/CMSPage.cshtml 2022.9.20.

[53] https://www.missingchild.or.kr/MCPEdu/CMS/CMS.cshtml?1=1&menuIdx=90&ptop=205 2022.9.23.

③ 잃어버린 일시와 장소

④ 잃어버리게 된 자세한 경위

⑤ 실종발생당시 아이가 입고 있던 옷차림과 신발, 소품, 그리고 신체특징
   (얼굴모양, 머리모양, 흉터나 점 등의 여부, 안경착용 여부, 키와 몸무게 등)

⑥ 아이의 최근 사진(가능한 다른 모습이 담긴 최근 사진)

⑦ 부모 이름 및 언제라도 연락이 가능한 연락처, 주소

2) 실종예방지침

아동권리보장원은 부르고 기억하기 쉬운 아이 이름 꼭꼭이를 예로 하여 미아예방 3단계 구호를 만들어 길을 잃거나 부모 등 보호자와 멀어졌을 때 해보도록 하게 하고 있다.[54]

1단계 멈추기

아이가 일단 길을 잃거나 부모와 헤어지면 제자리에 서서 부모를 기다리게 합니다. 부모님 역시 자녀가 사라지면 왔던길을 되짚어 갑니다. 아이가 당황하지 않고 자리에 잘 있어 준다면 아이를 쉽게 찾을 수 있을 것입니다.

2단계 생각하기

혼자 부모님을 기다리며 서 있기란 쉬운 일이 아니지만 자신의 이름과 연락처 등을 생각하고 기다리게 합니다.

평소 자신의 이름과 부모님 이름, 부모님 연락처, 주소 등을 잘 외우고 있는 아이라 할지라도 일이 발생되면 쉽게 기억하지 못할 수도 있습니다.

2단계는 자신이 신상명세를 기억하도록 노력하는 단계입니다. 10번씩 외우며 기다리도록 하고 부모는 빠른시간 내에 자녀를 찾아가야 합니다. 평소에 자녀와 함께 연습해서 익숙해 져야 하는 부분입니다.

3단계 도와주세요

부모님이 찾으러 갈 수 없을 때나 자녀가 길을 잃었을 경우 주위에 있는 아주머니(아이와 함께 있는)에게 도움을 요청하도록 교육합니다. 또한 가까운 곳에 공중전화를 찾아 '긴급통화-112'를 눌러 경찰에게 도움을 요청하게 합니다.

공중전화는 위치추적이 가능하며 더불어 노점을 하는 어른보다는 신분이 확인될 수 있는 건물 안 가게에 들어가 도움을 구하도록 교육 하는 것이 좋습니다.

---

54) https://www.missingchild.or.kr/MCPEdu/CMS/CMS.cshtml?1=1&menuIdx=86&ptop=205 2022.9.23.

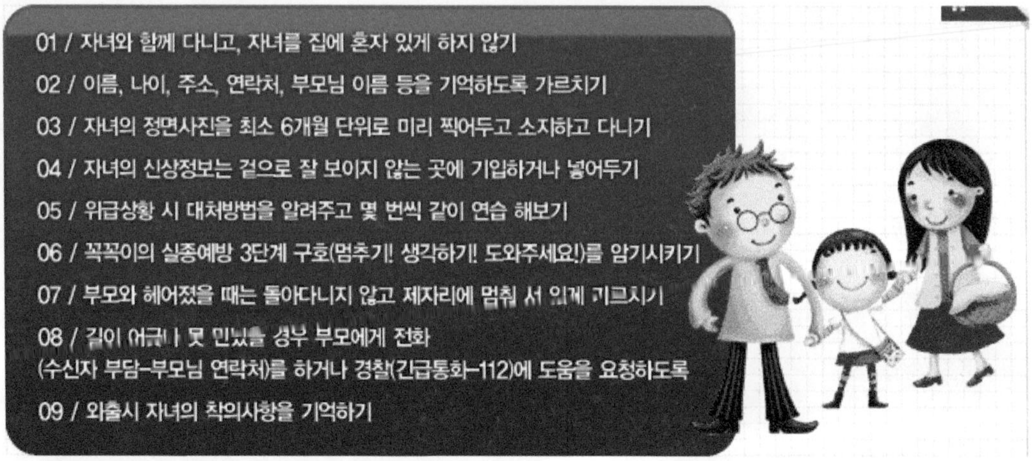

01 / 자녀와 함께 다니고, 자녀를 집에 혼자 있게 하지 않기

02 / 이름, 나이, 주소, 연락처, 부모님 이름 등을 기억하도록 가르치기

03 / 자녀의 정면사진을 최소 6개월 단위로 미리 찍어두고 소지하고 다니기

04 / 자녀의 신상정보는 겉으로 잘 보이지 않는 곳에 기입하거나 넣어두기

05 / 위급상황 시 대처방법을 알려주고 몇 번씩 같이 연습 해보기

06 / 꼭꼭이의 실종예방 3단계 구호(멈추기! 생각하기! 도와주세요!)를 암기시키기

07 / 부모와 헤어졌을 때는 돌아다니지 않고 제자리에 멈춰 서 있게 가르치기

08 / 길이 어긋나 못 만났을 경우 부모에게 전화
(수신자 부담-부모님 연락처)를 하거나 경찰(긴급통화-112)에 도움을 요청하도록

09 / 외출시 자녀의 착의사항을 기억하기

그림 30 **부모님 수칙**

01 절대 아이를 다른 곳으로 데려가거나 자신의 집으로 데려가지 않기

02 겁먹은 아이를 잘 달래어 진정시켜 주기

03 그 자리에 서서 아이의 부모를 함께 기다리기

04 아이의 이름과 연락처 등을 물어보기

05 안내방송이나 주위에 도움 요청하기

06 경찰청 182에 신고하고 인근 지구대에 데려다주기

07 실종아동 발견 당시 상황을 정확히 설명하기

그림 31 **일반인 수칙**

3) 유괴예방지침

아동권리보장원에서 유괴예방교육을 위한 팁을 제공하고 있으며, 낯선 사람이 다가와 이야기할 때 주의하며 어떻게 도움을 구해야 하는지 연습을 하도록 하고 있다. 강제로 데려가려고 하는 경우에는 "안돼요! 싫어요!"하고 크게 외치도록 하여 주위의 도움을 받는게 중요하다.[55]

---

55) https://www.missingchild.or.kr/MCPEdu/CMS/CMS.cshtml?1=1&menuIdx=87&ptop=205 2022.9.23.

유괴예방교육

유괴범들의 접근 방식에 대해 상황을 직접 재연하여 역할 놀이를 통한 교육이 필요합니다.

유괴범들은 험상궂게 생기거나 행동하기 보다는 오히려 친절하게 접근한다는 점을 강조하여야 합니다.

낯선 사람이든, 아는 사람이든 부모의 허락없이 따라가지 않도록 교육해야 합니다.

강제로 데려가려 하면 분명하고 완강하게 저항하도록 평소에 훈련시켜야 합니다.

그러나 소리치는 것이 생명에 위협이 될지도 모르는 상황인지를 분별하는 것이 필요합니다.

만약 유괴를 당했다면 …

격리된 공간에 유괴범과 단둘이 있을 때는 울음을 참고 고분고분할 것

고개를 숙이고, 유괴범의 얼굴을 가급적 보지 말 것

음식을 주면 먹기 싫더라도 꼭 먹을것

묻는 말에 대답을 잘하고 대화에 적극적으로 참여할 것

01 비상시를 대비하여 자녀의 친구나 그 가족들, 주변 사람들을 미리 알아 두세요.

02 자녀의 이름, 주소, 전화번호 등은 눈에 띄는 곳에 적어놓지 마시고 옷 안, 신발 안, 가방 안 등 보이지 않는 곳에 써 주세요.

03 부모의 허락 없이는 낯선 차를 타거나 아는 사람의 차라도 타지 않도록 교육하세요

04 혼자 있게 하지 마세요.(차 안, 유모차, 공중 화장실 갈 때 등)

05 낯선 차가 접근하면 차량 근처로 가지 않게 하세요.

06 누군가 억지로 데려가려고 할 때 "안돼요!싫어요!" 라고 외치게 하세요.

07 자녀들이 어디에 있는지 항상 관심을 갖고 지켜보세요.

08 자녀들이 자신을 스스로 보호할 수 있도록 수칙들을 반복해서 연습시키세요

그림 32 **부모님 수칙**

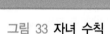

> 01 누군가 강제로 데려가려 하며 "안돼요!싫어요!" 라고 소리치며 발버둥쳐요.
>   그리고 아는 사람이 있는지, 안전한 곳이 있는지, 밝은 사람이 많은 곳으로 뛰어가
>   도움을 청해요.
> 02 밝고 환한 곳에서 친구들과 함께 놀아요.
> 03 낯선 사람이 이름, 사는 곳, 전화번호를 물어보면 절대 알려주면 안돼요.
> 04 아는 사람이 같이 가자고 해도 따라가지 말고 부모님께 먼저 말씀 드리고 허락을
>   받으세요.
> 05 만약 집에 혼자 있을 때에는 문과 창문을 꼭 잠그고 있어요.
> 06 만약 집에 혼자 있을 때 누군가 찾아오면 "쉿!" 하고 없는 척을 해요.
> 07 만약 말을 하게 되면 부모님이 바쁘시니 나중에 오시라고 전해요.
> 08 하루 어떤 일들이 있었는지 엄마, 아빠와 얘기해 보아요.

그림 33 자녀 수칙

제2절 외국의 실종 예방 방법 안내

1. 국제실종아동센터(ICMEC)의 실종아동 예방 안내

이 센터에서 제공하는 아동안전수칙에는 다음과 같은 내용이 포함되어 있다.[56]

- 낯선 사람에게 문을 열지 않거나 선물을 받지 말자.
- 전화나 인터넷을 통해 개인정보를 제공하지 말자.
- 거리에서 차량에 접근하지 말자.
- 자녀가 이름과 집 주소, 부모의 전체 이름 및 연락처 정보를 외울 수 있도록 하자.
- 이름, 집주소, 전화번호 등을 외우게 하고, 가방 등에 넣어주자.
- 매년 사진을 찍어서 보관하는 것을 습관화하자. 사진찍을 때 화장을 하지 말고, 얼굴전면이 나오게 한다.
- 군중 속에 있을 때 주의하여야 하며, 만남의 장소를 지정해 실종되었을 때 돌아와 만나도록 한다.
- 소셜미디어 안전 사용을 하도록 하고, 주소나 개인정보를 노출하지 않도록 한다.
- 불편하거나 위험하다고 말하는 아이의 말을 경청하고 원인을 물어서 대응하도록 한다.

---

56) https://www.icmec.org/global-missing-childrens-center/missing-children-prevention/ 2022.5.19.

International Centre
FOR MISSING & EXPLOITED CHILDREN

Every day, all around the world, children go missing. In partnership with others, we work to protect children around the world from going missing or being abducted by providing resources on prevention as well as the appropriate actions to take in the event a child does go missing.

Tips for Parents & Caregivers

Our Global Missing Children's Center aims to protect children around the world from going missing or being abducted by providing resources on prevention as well as the appropriate actions to take in the event a child does go missing.

Teach them their number.

Make sure your child knows his or her full name, home address and telephone number. Include this contact information in their backpack, coat, etc. Teach your child not to share this information with anyone he or she does not know without your permission.

Take a picture.

Get into the habit of taking an updated picture of your child each year. This should be a head and shoulder forward-facing photograph with the hair down and no makeup or face paint.

Be prepared when in crowds.

It is important to be prepared when going into crowded places. Dress your child in bright, recognizable clothing that is easily seen if he or she should get separated, and be sure to designate a central location where your child knows to meet you if he or she gets lost.

Practice safe social media.

Talk to your children about the risks of sharing too much information on social media. Explain how "checking in" on social netoworks and sharing location informatoin or routines can have negative consequences.

Listen and ask questions.

Listen if your child says someone makes him or her feel uncomfortable. Ask questions to better understand why . It is important for children to learn to trust their instincts.

Learn more by visiting us online at www.icmec.org

그림 34 국제실종아동센터의 부모와 보호자를 위한 실종예방 팁

*출처: https://www.icmec.org/wp-content/uploads/2017/02/MissingTips.pdf 2022.5.19.

2. NCMEC의 예방 안내

미국의 국립 실종 및 착취된 아동을 위한 센터는 9,900건 이상의 납치 시도에 대해 분석하여 부모들에게 납치예방을 위한 팁을 제공하고 있다.[57] 그리고 자녀가 실종된 경우 즉시 지역 법 집행 기관에 연락하도록 하고, 그런 다음에는 국립 실종 및 착취된 아동을 위한 센터(National Center for Missing & Exploited Children®)에 보고하도록 권장하고 있다.

부모들에게 납치예방을 위한 팁을 제공하는 이유는 아이들에게 납치 안전에 대해 가르치는 것도 중요하지만 궁극적인 책임은 신뢰할 수 있는 어른들에게 있기 때문이라고 하고 있다.

부모들이 납치에 대해 자세히 알아보고 자녀를 더 잘 보호하는 방법을 알아보려면 아래 팁을 사용하도록 권장한다.

납치를 시도하는 행위들에는 1) 태워주겠다고 유인하기, 2) 캔디나 사탕을 주겠다고 유인하기, 3) 모르는 것을 알려달라고 요청하기, 4) 돈을 주겠다고 유인하기, 5) 애완동물을 주거나, 찾아달라고 하거나 보여주면서 유인하기 등이 가장 많았다고 한다. 이러한 유인과 납치에 대해 부모가 자녀에게 알려주고 가르쳐야 한다고 하면서 다음과 같은 예방 팁을 권장한다.

- 자녀가 가는 경로를 알아둔다.

  특히 학교에 가거나 집으로 돌아오는 때 함께 경로를 걷는 연습을 하면서 그들이 피해야 할 장소를 알게 하고 도움을 요청할 수 있는 곳을 알려주도록 한다.

- 자녀의 학교나 탁아소와 상의한다.

  아이를 데려가고 데려오는 방법에 대해 학교나 돌봄센터 등에 알려주어야 한다. 부모 없이 허가 없이 아이를 데리러 가지 않도록 한다. 허가 없이 아이를 데려가려는 경우 즉시 연락하도록 요청한다.

- 역할극 시나리오를 사용하여 어린이의 학습을 돕는다.

  아이가 위험한 상황을 인식하고 대응하는 방법을 가르쳐 준다. 예를 들어, 모르는 사람이 잡거나 접근하는 때에 아이들이 소리지르는 연습을 하게 하고, 발로 차거나 잡아당기거나 끌어당기는 행위를 연습하게 한다.

- 납치범이 사용하는 방법에 대해 자녀에게 가르친다.

  납치하려는 속임수나 유인행동에 대해 "아니오"라고 대답하고 계속 걸어가고, 신뢰할만한 어른에게 얘기하도록 연습시킨다.

---

57) https://www.missingkids.org/content/dam/kidsmartz/pdfs/KidSmartz_Preventing_Abduction.pdf 2022.9.14.

- 함께 있지 않을 때 아이들이 행동할 수 있도록 준비시킨다.

  그들의 전체 이름, 집 주소와 전화번호, 911에 전화를 거는 방법을 알려준다.
- 아동 식별 키트를 보관한다.

  자녀의 최근 컬러 사진과 나이, 키와 같은 설명 세부 사항, 몸무게, 출생에 대한 자세한 기록물을 담은 상자(키트)를 보관해두고 실종이 발생하면 찾기에 활용한다.

PART

06

UN 선언 등 자료

01 UN 강제실종으로부터 모든 사람의 보호에 관한 선언[1]

UN총회는 유엔헌장과 기본적 인권보호 및 자유를 존중하고 강제실종으로부터 아동등을 보호하기 위하여 '강제실종으로부터 모든 사람의 보호에 관한 선언(Declaration on the Protection of All Persons from Enforced Disappearance)'을 1992년에 선포하였다. 서문에 나타난 이 선언의 배경과 목적을 보면 다음과 같다.

유엔총회는,

- 유엔 헌장 및 기타 국제 문서에 선언된 원칙에 따라 인류 가족의 모든 구성원의 고유한 존엄성과 평등하고 양도할 수 없는 권리에 대한 인식이 자유, 정의 및 평화의 기초임을 고려하면서,
- 인권과 기본적 자유에 대한 보편적인 존중과 준수를 증진해야 하는 헌장, 특히 제55조에 따른 국가의 의무를 염두에 두고,
- 많은 국가에서 사람들이 자신의 의지에 반해 체포, 구금 또는 납치되거나 정부의 여러 부서나 수준의 공무원에 의해 자유를 박탈당하는 의미에서 종종 지속적인 방식으로 강제실종이 발생하고 있음을, 혹은 정부의 직접적 또는 간접적인 동의 또는 묵인 내지는 지원을 받아 활동하는 그룹 또는 개인이 관련자의 운명이나 소재를 공개하는 것을 거부하거나 자유의 박탈을 인정하는 것을 거부하여 그러한 사람들을 법의 보호 밖에 두는 것을 심히 우려하며,
- 강제실종은 법치, 인권 및 기본적 자유를 존중하는 모든 사회의 가장 깊은 가치를 훼손하고 그러

---

1) Declaration on the Protection of All Persons from Enforced Disappearance ADOPTED 18 December 1992 BY General Assembly resolution 47/133 https://www.ohchr.org/en/instruments-mechanisms/instruments/declaration-protection-all-persons-enforced-disappearance 2022.4.24.

한 행위의 조직적인 관행이 반인도적 범죄의 성격을 띠고 있음을 고려하고,

- 1978년 12월 22일 유엔총회 결의 33/173을 상기해보면, 그 결의에서는 강제 또는 비자발적 실종에 관한 세계 여러 지역의 보고에서 그러한 실종으로 인한 고통과 슬픔에 대해 우려를 표명하고 있고, 정부가 강제 또는 비자발적 실종으로 이어질 수 있는 법적으로 책임을 져야 할 과도한 법집행기관 및 보안군을 제지하도록 하고 있음을 상기하면서

- 또한 1949년 8월 12일의 제네바 협약과 1977년의 추가 의정서에 의해 무력 충돌의 희생자에게 부여된 보호를 상기하며,

- 특히 생명권, 개인의 자유 및 안전, 고문을 받지 않을 권리, 법 앞에 인간으로 인정받을 권리를 보호하는 세계인권선언문과 시민적 및 정치적 권리에 관한 국제규약의 관련 조항과 관련하여,

- 고문 및 기타 잔혹하고 비인간적이거나 굴욕적인 대우 또는 처벌에 대한 금지협약에서 당사국이 고문 행위를 예방하고 처벌하기 위한 효과적인 조치를 취해야 한다고 한 것과 관련하여,

- 법 집행 공무원 행동 강령, 법 집행 공무원의 무력 및 총기 사용에 관한 기본 원칙, 범죄 및 권력 남용 피해자에 대한 정의의 기본 원칙 선언 및 교도소수용자 처우에 대한 표준 최소 규칙을 염두에 두면서,

- 강제실종을 방지하기 위해 1988년 12월 9일 결의 43/173의 부속서에 포함된 모든 형태의 구금 또는 구금하에 있는 모든 사람의 보호를 위한 원칙의 엄격한 준수를 보장할 필요가 있음을 확인하고, 그리고 1989년 5월 24일 경제사회이사회 결의안 1989/65 부속서에 명시되어 있고, 1989년 12월 15일 총회 결의 44/162에서 승인한 초법적, 자의적 및 약식 처형의 효과적인 예방 및 조사에 관한 원칙을 명심하면서,

- 강제실종을 구성하는 행위가 앞서 언급한 국제 문서에서 볼 수 있는 금지를 위반하는 것이지만, 사람을 강제로 실종시키는 모든 행위를 매우 심각한 범죄로 규정하고 그들의 범행을 처벌하고 예방하는 문서를 고안하는 것이 중요하다는 점을 염두에 두면서,

   1. 모든 강제실종으로부터 모든 사람의 보호에 관한 이 선언을 모든 국가의 원칙으로 선언한다.
   2. 선언문이 널리 알려지고 존중될 수 있도록 모든 노력을 기울일 것을 촉구한다.

서문 다음에 이 선언의 내용이 법조문 형식으로 제정되어 있다. 강제실종으로부터 사람을 보호하기 위한 국가의 의무을 규정하고 구체적인 실행방법에 대해 나열하고 있으며, 효과적인 추진을 위한 체계적 노력을 촉구하고 있다.

여기에 그 중요한 내용들을 원문의 의미에 충실하게 정리해서 옮겨보면 다음과 같다. 조문형식으로 정리하기 위해 Article = 제0조로 표기하였다. 그리고 내용 이해의 편의를 위해 조문의 내용을 요약해서 보여주는 표제를 저자가 첨가하였다.

| Article 1 | 제1조/ 강제실종은 인간 존엄성 침해 행위임 |

1. 강제실종은 인간의 존엄성을 침해하는 행위다. 이는 유엔 헌장의 목적을 부정하는 것으로, 세계 인권선언문에서 선언되고 이 분야의 국제 문서에서 재확인되고 발전된 인권과 기본적 자유에 대한 중대하고 노골적인 침해로 규탄된다.

2. 강제실종 행위는 피해자를 법의 보호를 받지 못하게 하고 그와 그 가족에게 심각한 고통을 가한다. 이는 특히 법 앞에서 사람으로 인정받을 권리, 고문 및 기타 잔혹하며 비인도적인 또는 굴욕적인 대우 또는 처벌로부터의 자유와 안전에 대한 권리를 보장하는 국제규범위반이나. 또한 생명권에 대한 중대한 위협이다.

| Article 2 | 제2조/ 강제실종 차단은 국가의 책무 |

1. 어떤 국가도 강제실종을 실행, 허용 또는 용인하지 않아야 한다.

2. 국가는 국가적 및 지역적 차원에서 그리고 국제연합과 협력하여 강제실종을 예방하고 근절하기 위해 모든 수단을 동원하여 실행해야 한다.

| Article 3 | 제3조/ 국가의 강제실종 방지조치 의무 |

각 국가는 관할 구역 내에서 강제실종 행위를 방지하고 종료하기 위해 효과적인 입법, 행정, 사법 또는 기타 조치를 취해야 한다.

| Article 4 | 제4조/ 강제실종 범죄에 형벌 부과 |

1. 모든 강제실종 행위는 극도의 심각성을 고려해 적절한 처벌을 받을 수 있도록 형법에 의해 처벌되는 범죄행위로 규정되어야 한다.

2. 강제실종에 가담한 사람이 피해자를 생존하게 하거나 강제실종 사건들을 밝히는 데 도움이 되는 정보를 자발적으로 제공한 사람에 대한 정상참작 상황을 국내법에 규정할 수 있다.

| Article 5 | 제5조/ 강제실종 범죄가담자 민사책임 부과 |

적용 가능한 형사 처벌 외에, 강제실종 가해자와 그러한 실종을 조직, 묵인 또는 묵인하는 국가 또는 국가기관이 국제법의 원칙에 따라 해당 국가의 국제적 책임을 태만하지 않으면서 민법에 따라 책임을 지도록 해야 한다.

Article 6	제6조/ 강제실종 거부 권리와 의무

1. 공공 기관, 민간인, 군대 또는 기타 기관의 명령이나 지시는 강제실종을 정당화할 수 없다. 그러한 명령이나 지시를 받은 사람은 이에 따르지 않을 권리와 의무가 있다.
2. 각 국가는 강제실종을 지시, 승인 또는 조장하는 명령이나 지시가 금지되도록 보장한다.
3. 법 집행 공무원의 훈련은 이 조 1항과 2항의 규정을 강조해야 한다.

Article 7	제7조/ 강제실종 정당화 불가

전쟁 위협, 전쟁 상태, 내부 정치적 불안정 또는 기타 공공 비상 사태를 막론하고 어떠한 상황도 강제실종을 정당화하기 위해 쓰일 수 없다.

Article 8	제8조/ 강제실종 위험 국가로 추방 등 금지

1. 어떤 국가도 강제실종의 위험이 있다고 믿을만한 상당한 근거가 있는 다른 국가로 사람을 추방, 송환(재송환)하거나 인도할 수 없다.
2. 그러한 근거가 있는지 여부를 결정하기 위해 권한 있는 당국은 적용 가능한 경우 관련 국가에서 지속적으로 심각하거나 악명높거나 대규모의 인권 침해가 발생하는지를 포함하여 모든 관련 사항을 고려해야 한다.

Article 9	제9조/ 사법적 구제를 위해 해당기관에게 접근 권한 부여

1. 자유를 박탈당한 사람의 소재나 건강 상태를 확인하고 자유 박탈을 명령하거나 수행하는 당국을 식별하는 수단으로써 신속하고 효과적인 사법적 구제를 받을 권리는, 모든 상황에서, 위의 7조에 언급된 상황을 포함하여, 강제실종을 방지하는 데 필요하다.
2. 그러한 절차진행과정에서, 권한 있는 국가 당국은 자유를 박탈당한 사람이 구금되어 있는 모든 장소와 그러한 장소의 각 부분 및 그러한 사람이 발견될 수 있다고 믿을 만한 근거가 있는 모든 장소에 접근할 수 있어야 한다.
3. 국가의 법률 또는 국가가 당사자인 국제법적 문서에 따라 권한이 부여된 기타 권한 있는 당국도 그러한 장소에 접근할 수 있어야 한다.

Article 10	제10조/ 구금된 자 신속재판 및 정보 통지

1. 자유를 박탈당한 사람은 공식적으로 인정된 구금 장소에 구금되어야 하며, 국내법에 따라 구금 후 즉시 사법기관에 회부되어야 한다.

2. 이송을 포함하여 그러한 사람의 구금 및 구금 장소에 대한 정확한 정보는 가족, 변호인 또는 정보에 정당한 이해관계자에게, 해당 이해관계자가 반대의사표시를 하지 않았다면, 즉시 제공되어야 한다.

3. 자유를 박탈당한 모든 사람의 최신 공식 등록부는 모든 구금 장소에 유지되어야 합니다. 또한 각 국가는 유사한 중앙 집중식 등록부를 유지하기 위한 조치를 취해야 한다. 이 등록부에 포함된 정보는 앞 단락에 언급된 사람, 사법 또는 기타 권한 있고 독립적인 국가 기관 및 관련 국가의 법 또는 구금자의 소재를 추적하려는 해당국이 가입한 국제법적 문서에 따라 권한이 있는 기관에서 사용알 수 있어야 한다.

| Article 11 | 제11조/ 석방 검증 절차 |

자유를 박탈당한 모든 사람은 실제로 석방되었으며, 나아가, 신체적 완전성과 권리를 충분히 행사할 수 있는 능력이 보장되는 조건에서 석방되었다는 것을 신뢰할 만한 검증을 허용하는 방식으로 석방되어야 한다.

| Article 12 | 제12조/ 자유박탈 집행 공무원 지정 |

1. 각 국가는 자국법에 따라 자유박탈을 명령할 권한이 있는 공무원을 명시하고, 그러한 명령이 내려질 수 있는 조건을 설정하고, 법적 정당성 없이 구금에 대한 정보제공을 거부하는 공무원에 대한 처벌을 규정해야 한다.

2. 각 국가는 체포, 구속, 구류, 구금, 이송 및 수감에 책임이 있는 모든 법집행 공무원과 공권력 및 총기 사용 권한이 법률에 의해 승인된 기타 공무원에 대한 명확한 지휘체계 및 엄격한 감독을 보장해야 한다.

| Article 13 | 제13조/ 강제실종 신속, 공정, 철저한 조사 |

1. 각 국가는 누군가가 강제실종을 당했다고 주장하는 정당한 이해관계가 있거나 알고 있는 사람이 권한 있고 독립적인 국가 당국에 불만을 제기할 권리가 있고 그 기관에 의해 해당 불만을 신속하고 철저하며 공정하게 조사받을 수 있도록 보장해야 한다. 강제실종을 저질렀다고 믿을 만한 합리적인 근거가 있을 때마다 국가는 정식 진정이 없더라도 즉시 해당 기관에 해당 문제를 회부하여 조사를 받도록 해야 한다. 조사를 축소하거나 방해하는 조치를 취하지 않아야 한다.

2. 각 국가는 권한 있는 당국이 증인 출석 및 관련 문서 제출을 강제하고 즉각적인 현장 방문을 할 권한을 포함하여, 조사를 효과적으로 수행하는 데 필요한 권한과 자원을 갖도록 보장해야 한다.

3. 고소인, 변호인, 증인 및 조사를 수행하는 사람을 포함하여 조사에 관련된 모든 사람이 학대, 협박 또는 보복으로부터 보호되도록 조치를 취해야 한다.

4. 그러한 조사의 결과는 진행 중인 범죄 수사를 위태롭게 하지 않는 한 모든 관련자에게 요청 시 제공되어야 합니다.

5. 고소장을 접수하거나 조사과정에서 부당대우, 협박, 보복, 기타 형태의 간섭을 하는 경우 적절한 처벌을 받을 수 있도록 조치해야 한다.

6. 강제실종 피해자의 행방이 불명확한 한 위와 같은 절차에 따라 수사를 진행할 수 있어야 한다.

| Article 14 | 제14조/ 강제실종 혐의자 재판회부 의무 |

특정 국가에서 강제실종 행위를 저지른 혐의를 받는 사람은 공식 조사에 의해 공개된 사실이 정당한 경우, 그가 인도되지 않는 한 기소 및 재판을 위해 유효한 관련 국제 협정에 따라 관할권을 행사하고 자 하는 다른 국가의 해당 권한 있는 민사 당국에 회부되어야 한다. 모든 국가는 관할권 내에 있거나 통제하에 있는 것으로 밝혀진 강제실종 행위에 책임이 있다고 추정되는 모든 사람을 재판에 회부하기 위해 이용할 수 있는 모든 적법하고 적절한 조치를 취해야 한다.

| Article 15 | 제15조/ 강제실종 혐의자 망명허가시 고려 |

동기에 관계 없이 위의 제4조 제1항에 언급된 것과 같은 매우 심각한 성격의 행위에 사람이 가담했다고 믿을 만한 근거가 있다는 사실은 관할 당국이 망명허가를 결정할 때 고려되어야 한다.

| Article 16 | 제16조/ 강제실종 혐의자 조사받는 기간 동안 공무정지 |

1. 위의 제4조 제1항에 언급된 행위를 저지른 것으로 의심되는 사람은 위의 제13조에 언급된 조사 기간 동안 공무가 정지된다.

2. 재판은 각 국가의 관할 일반 법원에서만 재판을 받으며, 다른 특별 재판소, 특히 군사법원에서는 재판을 받지 않는다.

3. 외교 관계에 관한 비엔나 협약에 포함된 규정을 침해하지 않는 한, 그러한 재판에서 어떠한 특권, 면제 또는 특별 면제도 허용되지 않는다.

4. 그러한 행위에 책임이 있는 것으로 추정되는 사람은 조사 및 최종 기소 및 재판의 모든 단계에서 시행 중인 세계인권선언문 및 기타 관련 국제협약의 관련 조항에 따라 공정한 대우를 보장받아야 한다.

제17조/ 포괄적 계속범죄 간주

1. 강제실종을 구성하는 행위는 가해자가 실종자의 운명과 소재를 계속 은폐하고 이러한 사실이 불분명하게 남아 있는 한 계속범죄로 간주되어야 한다.

2. 시민적 및 정치적 권리에 관한 국제규약 제2조에 규정된 구제가 더 이상 유효하지 않은 경우, 강제실종 행위에 관한 공소시효는 이러한 구제가 회복될 때까지 정지되어야 한다.

3. 강제실종 행위와 관련된 공소시효가 있는 경우 범죄의 극도의 심각성에 실질적이고 상응해야 한다.

Article 18 | 제18조/ 사면이나 면죄 금지

1. 위의 제4조 제1항에 언급된 범죄를 저질렀거나 범했다고 의심되는 사람은 특별 사면법 또는 형사 소송 또는 제재로부터 면제되는 효과를 가질 수 있는 유사한 조치의 혜택을 받아서는 안 된다.

2. 사면권을 행사함에 있어 강제실종 행위의 극도의 심각성을 고려하여야 한다.

Article 19 | 제19조/ 손해배상과 손실보상 권리부여

강제실종 행위의 희생자와 그 가족은 배상을 받아야 하며 가능한 한 완전한 재활 수단을 포함하여 적절한 보상을 받을 권리가 있다. 강제실종 행위로 인해 피해자가 사망한 경우, 그 피부양자도 보상을 받을 자격이 주어져야 한다.

Article 20 | 제20조/ 강제실종 중 출산자 보호

1. 국가는 강제실종된 부모의 아동과 강제실종 중에 있는 어머니에게서 태어난 아동의 납치를 방지 및 억제하며, 그러한 아동의 수색 및 신원 확인 및 출생 가족에게 아동의 반환 노력을 기울여야 한다.

2. 전항에 언급된 아동의 최선의 이익을 보호할 필요성을 고려하여, 입양 제도를 인정하는 국가에서는 그러한 아동의 입양의 재검토, 특히 입양 취소를 검토할 기회가 있어야 한다. 강제실종에서 비롯된 입양이더라도, 검토 당시 아동의 가장 가까운 친척의 동의가 있는 경우, 계속 유효해야 한다.

3. 강제실종된 부모의 아동 또는 강제실종 중인 어머니로부터 태어난 아동을 유괴하거나 그 사실을 증명하는 서류를 변조 또는 은닉하는 행위는 중범죄에 해당하여 처벌해야 한다.

4. 이러한 목적을 위해 국가는 적절한 경우 양자 및 다자 협정을 체결해야 한다.

Article 21 | 제21조/ 세계인권선언 불가침

이 선언의 조항은 세계인권선언 또는 기타 국제 문서에 명시된 조항을 침해하지 않으며, 그러한 조항을 제한하거나 폄하하는 것으로 해석되어서는 안 된다.

02 UN 강제실종으로부터 모든 사람의 보호를 위한 국제협약

유엔은 1992년 12월 18일 유엔 총회 결의 47/133에서 채택된 '강제실종으로부터 모든 사람의 보호에 관한 선언'(Declaration on the Protection of All Persons from Enforced Disappearance)을 통해 강제실종을 예방하고, 강제실종 가해자에 대해 민형사 처벌을 하며, 강제실종된 자의 보호를 위해 노력해 왔다. 국가간 협력이 중요하기 때문에 강제실종으로부터 모든 사람을 보호하기 위해 국가들 사이의 협력을 촉진하기 위해 국가 간에 공동으로 가입하기 위한 '강제실종으로부터 모든 사람의 보호를 위한 국제협약(International Convention for the Protection of All Persons from Enforced Disappearance)'을 만들었으며, 2010년 12월 23일 발효되었다. 우리나라는 아직 비준 또는 가입을 하지 않고 있다. 하지만 이 국제협약에 담겨 있는 본인의 의사와 다르게 강제로 실종된 사람들을 보호하려는 이념과 목적은 우리가 실종자를 예방하고 보호하기 위해 심각하게 고려해야 할 내용들이다. 다음은 이 국제협약의 내용을 본래의 의미를 살려서 정리한 것이다. 더 확인하고 싶은 사람들은 원문을 찾아서 보기 바란다. 내용의 체계적 이해와 앞뒤 내용의 연결을 위해 'Article=제0조'로 표기하였다. 또한, 내용의 이해를 돕기 위해 조문의 내용을 요약해서 핵심을 보여주도록 표제를 달았다.

전문:

이 협약의 당사국들은
- 인권과 기본적 자유에 대한 보편적인 존중과 준수를 증진할 유엔 헌장에 따른 국가의 의무를 고려하면서,
- 세계인권선언문과 관련된,

- 경제적, 사회적 및 문화적 권리에 관한 국제규약, 시민적 및 정치적 권리에 관한 국제규약 및 인권, 인권법 및 국제 형법 분야의 기타 관련 국제 문서를 상기하며,
- 또한 1992년 12월 18일 유엔 총회 결의 47/133에서 채택된 '강제실종으로부터 모든 사람의 보호에 관한 선언'(Declaration on the Protection of All Persons from Enforced Disappearance)을 상기하며,
- 범죄행위에 해당하고, 국제법에 정의된 특정 상황에서는 인간의 권리에 반하는 범죄를 구성하는, 강제실종의 극도의 심각성을 인식하고,
- 상제실송 방지 및 강제실종 범죄에 대한 미처벌과의 전쟁 결의를 다지며,
- 강제실종을 당하지 않을 인간의 권리, 정의와 배상을 받을 피해자의 권리를 고려하여,
- 강제실종 상황과 실종자의 운명에 대한 진실을 알 권리와 이를 위해 정보를 찾고, 받고, 전달할 자유에 대한 권리를 확인하며,

다음 조항들에 동의하였다.

Part Ⅰ

| Article 1 | 제1조/ 모든 강제실종의 거부 선언 |

1. 누구도 강제실종을 당해서는 안 된다.
2. 전쟁 상태 또는 전쟁 위협, 내부 정치적 불안정 또는 기타 공공 비상 사태를 막론하고 어떠한 예외적인 상황도 강제실종을 정당화할 수 없다.

| Article 2 | 제2조/ '강제실종'의 정의 |

이 협약의 목적상 '강제실종'은 국가의 대리인이나 국가의 승인, 지원 또는 묵인을 받아 행동하는 개인이나 집단에 의한 체포, 구금, 납치 또는 기타 형태의 자유 박탈을 의미하며, 강제실종 이후 국가가 자유의 박탈을 인정하는 것을 거부하거나 실종된 사람의 생사여부나 소재를 은폐하여 그러한 사람이 법의 보호를 받지 못하게 하는 것도 포함한다.

| Article 3 | 제3조/ 국가의 조사 및 재판회부 책무 |

각 당사국은 국가의 승인, 지원 또는 묵인 없이 행동하는 개인 또는 집단이 저지른 제2조에 정의된 행위를 조사하고 책임자를 재판에 회부하기 위해 적절한 조치를 취해야 한다.

| Article 4 | 제4조/ 강제실종을 범죄행위로 입법 |

각 당사국은 강제실종이 자국 형법에 따른 범죄임을 보장하기 위해 필요한 조치를 취해야 한다.

| Article 5 | 제5조/ 강제실종은 국제법상 반인도적 범죄 |

강제실종에 대한 광범위하거나 체계적인 관행은 해당 국제법에 정의된 반인도적 범죄를 구성하며 해당 국제법에 따라 규정된 결과를 초래할 것이다.

| Article 6 | 제6조/ 형사처벌되는 행위자들 |

1. 각 당사국은 최소한 다음과 같은 형사책임을 지도록 필요한 조치를 취한다.
   (a) 강제실종을 저지르거나, 명령하거나, 권유하거나, 유인하거나, 저지르려고 시도하는 사람은 공범 또는 방조자;
   (b) 다음과 같은 상급자:
      (i) 자신의 효과적인 권한과 통제하에 있는 부하 직원이 강제실종 범죄를 저지르거나 저지르려고 한다는 사실을 알았거나 이를 명백히 나타내는 정보를 의식적으로 무시한 경우
      (ii) 강제실종 범죄와 관련된 활동에 대한 효과적인 책임과 통제를 행사한 경우
      (iii) 강제실종을 방지 또는 억제하기 위해 권한 내에서 필요한 모든 합리적인 조치를 취하지 않거나 해당 문제를 수사 및 기소를 위해 권한 있는 당국에 제출하지 않은 경우
   (c) 위의 (b) 항은 관련 국제법에 따라 군지휘관 또는 군지휘관으로 실질적으로 활동하는 사람에게 적용되는 더 높은 책임기준을 침해하지 못한다.
2. 공공기관, 민간인, 군대 또는 기타 기관의 명령이나 지시는 강제실종 범죄를 정당화할 수 없다.

| Article 7 | 제7조/ 형사처벌과 정상참작 사유 |

1. 각 당사국은 강제실종 범죄를 극도의 심각성을 고려하여 적절한 형벌로 처벌할 수 있도록 한다.
2. 각 당사국은 다음 상황을 설정할 수 있다.
   (a) 정상참작 상황을 설정할 수 있다. 특히 강제실종 범행에 연루된 사람이 실종자를 생존시키는 데 효과적으로 기여하거나 강제실종 사례를 명확히 하거나 강제실종 가해자를 식별할 수 있도록 하는 사람의 경우에 설정할 수 있다.
   (b) 정상참작 상황은 다른 형사 절차에 영향을 미치지 못한다. 특히 실종자가 사망하거나 임산부, 미성년자, 장애인 또는 기타 특히 취약한 사람에 대한 강제실종이 발생한 경우, 가중처벌에 영향을 미치지 못한다.

| Article 8 | 제8조/ 공소시효 |

제5조를 침해하지 않고,

1. 강제실종과 관련하여 공소시효를 적용하는 당사국은 형사절차의 공소시효를 보장하기 위해 필요한 조치를 취해야 한다.

   (a) 공소시효는 기간이 길고 이 범죄의 극도의 심각성에 비례하는 것이어야 한다.

   (b) 강제실종의 지속적인 성격을 고려하여 공소시효는 강제실종 범죄가 중단되는 순간부터 시작되어야 한다.

2. 각 당사국은 강제실종 피해자가 공소시효 기간 동안 효과적인 구제를 받을 권리를 보장한다.

| Article 9 | 제9조/ 국가 관할권 및 국제형사재판소 |

1. 각 당사국은 강제실종 범죄에 대한 관할권을 행사할 권한을 확립하기 위해 필요한 조치를 취해야 한다.

   (a) 범죄가 자국의 관할 하에 있는 영토에서 또는 그 국가에 등록된 선박이나 항공기에서 행해진 경우

   (b) 피의자가 그 국민인 경우

   (c) 실종자가 자국민이고 당사국이 적절하다고 인정하는 경우

2. 범죄인을 다른 국가로 추방하거나 인도하지 않거나 국제 의무에 따라 관할권을 인정한 국제형사재판소에 그를 인도하지 않는다면, 각 당사국은 범죄혐의자가 자국 관할 영역에 있는 경우 강제실종 범죄에 대한 관할권을 확립하기 위해 필요한 조치를 취해야 한다.

3. 이 협약은 국내법에 따라 행사되는 추가 형사관할권을 배제하지 않는다.

| Article 10 | 제10조/ 강제실종범죄 혐의자 조치 |

1. 이용 가능한 정보를 조사한 후 상황이 정당하다고 판단되면 강제실종 범죄를 저지른 혐의가 있는 자가 있는 당사국은 그를 구금하거나 그의 존재를 보장하는 데 필요한 기타 법적 조치를 해야 한다. 구금 및 기타 법적 조치는 해당 당사국의 법률에 규정된 대로 유지되어야 하지만 범죄, 추방 또는 인도 절차에서 그 사람의 출석을 보장하는 데 필요한 기간 동안만 유지될 수 있다.

2. 이 조 제1항에 언급된 조치를 취한 당사국은 사실을 확인하기 위한 예비 조사 또는 조사를 즉시 수행해야 한다. 구금 및 구금을 정당화하는 상황을 포함하여 이 조 제1항에 따라 취한 조치와 예비 조사 또는 조사의 결과를 제9조 제1항에 언급된 당사국에 관할권을 행사할 것인지 여부를 명시하여 통보한다.

3. 이 조 제1항에 따라 구금된 사람은 자신이 국민인 국가의 가장 가까운 적절한 대표와 즉시 연락

할 수 있으며, 무국적자인 경우 그 또는 그녀가 일반적으로 거주하는 곳에 해당 국가의 대표와 연락할 수 있다.

Article 11 제11조/ 강제실종범죄 혐의자 재판

1. 강제실종 범죄를 저지른 혐의가 있는 사람이 발견된 관할 구역의 당사국은 그 사람을 인도하지 않거나 국제 의무에 따라 다른 국가에 인도하거나 관할권을 인정한 국제형사재판소에 사건을 제출하지 않는다면, 사건을 기소 목적으로 관할 당국에 제출한다.

2. 사건을 제출받은 이러한 당국들은 당사국의 법에 따른 중대한 성격의 일반 범죄의 경우와 동일한 방식으로 결정을 내린다. 제9조 2항에 언급된 경우, 기소 및 유죄판결에 필요한 증거의 기준은 제9조 1항에 언급된 경우에 적용되는 기준보다 결코 적지 않다.

3. 강제실종 범죄와 관련하여 소송이 제기된 사람은 소송의 모든 단계에서 공정한 대우가 보장되어야 한다. 강제실종 범죄로 재판을 받은 사람은 법에 의해 설립된 관할권이 있고 독립적이며 공정한 법원이나 재판소에서 공정한 재판을 받아야 한다.

Article 12 제12조/ 강제실종 피해자의 신고, 수사, 보호

1. 각 당사국은 개인이 강제실종을 당했다고 주장하는 모든 개인이 사실을 권한 있는 당국에 신고할 권리를 갖도록 보장하며, 권한 있는 당국은 해당 주장을 신속하고 공정하게 조사하고 필요한 경우 지체 없이 철저하고 공정한 수사를 해야 한다. 필요한 경우 고소인, 증인, 실종자의 친척과 변호인, 조사에 참여하는 사람들이 진정이나 제시된 어떤 증거로 인한 모든 부당대우나 위협으로부터 보호되도록 적절한 조치를 취해야 한다.

2. 어떤 사람이 강제실종을 당했다고 믿을 만한 합리적인 근거가 있는 경우, 정식 진정이 없더라도, 이 조 제1항에 언급된 당국은 조사를 착수해야 한다.

3. 각 당사국은 이 조 제1항에 언급된 당국이 다음 사항을 수행하도록 보장한다.

    (a) 수사와 관련된 문서 및 기타 정보에 대한 접근을 포함하여 조사를 효과적으로 수행하는 데 필요한 권한과 자원을 보유하도록 한다.

    (b) 필요한 경우 해당 사건에 대해 신속하게 판결할 사법기관의 사전 승인을 받아 구금 장소 또는 실종자가 있을 수 있다고 믿을 만한 합리적인 근거가 있는 기타 장소에 접근할 수 있도록 한다.

4. 각 당사국은 조사 수행을 방해하는 행위를 방지하고 제재하기 위해 필요한 조치를 취한다. 특히 강제실종 범죄를 저지른 혐의가 있는 사람이 고소인, 증인, 실종자의 친척, 또는 그들의 변호인 또는 조사에 참여하는 사람을 대상으로 한 압력이나 협박 또는 보복을 통해 수사 진행에 영향을 미칠 수 있는 위치에 있지 않도록 보장해야 한다.

Article 13	제13조/ 강제실종범죄자의 범죄인 인도

1. 당사국 간의 범죄인 인도를 위해 강제실종 범죄는 정치적 범죄 또는 정치적 범죄와 관련된 범죄 또는 정치적 동기에 따른 범죄로 간주되지 아니한다. 따라서 이러한 범죄에 근거한 인도청구는 이러한 사유만으로는 거부될 수 없다.

2. 강제실종 범죄는 이 협약이 발효되기 전에 당사국 간에 존재하는 범죄인 인도조약에 인도할 수 있는 범죄로 포함된 것으로 간주된다.

3. 당사국은 이후에 체결될 범죄인 인도 조약에 강제실종 범죄를 인도 범죄로 포함하도록 한다.

4. 범죄인 인도를 조약의 존재를 조건으로 하는 당사국이 범죄인 인도 조약이 없는 다른 당사국으로부터 범죄인 인도 요청을 받는 경우, 이 협약을 강제실종 범죄와 관련하여 범죄인 인도를 위한 필요한 법적 근거로 고려할 수 있다.

5. 조약의 존재를 범죄인 인도의 조건으로 하지 않는 당사국은 강제실종 범죄를 그들 사이에 인도할 수 있는 범죄로 인정한다.

6. 모든 경우에 범죄인 인도는 특히 범죄인 인도를 위한 최소 형벌 요건 및 범죄인 인도를 위한 근거와 관련된 조건을 포함하여 피요청당사국의 법 또는 적용 가능한 범죄인 인도 조약에 의해 규정된 조건의 적용을 받아야 한다. 피요청당사국은 범죄인 인도를 거부하거나 특정 조건에 따라 인도할 수 있다.

7. 이 협약의 어떠한 규정도 피청구국이 범죄인 인도 요청이 그 사람의 성별, 인종, 종교, 국적, 민족, 정치적 견해 또는 특정 사회 집단의 구성원 자격을 이유로 하였거나, 또는 요청을 수락하면 이러한 이유 중 하나로 인해 해당 사람에게 해를 끼칠 수 있는 경우로써, 그 사람을 기소하거나 처벌할 목적으로 이루어졌다고 믿을 상당한 근거가 있는 경우 인도 의무를 부과하는 것으로 해석되지 않아야 한다.

Article 14	제14조/ 당사국 사이의 공조

1. 당사국은 절차에 필요한 모든 증거의 제공을 포함하여 강제실종 범죄와 관련하여 제기된 형사소송과 관련하여 서로에게 최대한의 법적 공조를 해야 한다.

2. 그러한 공조는 특히 피요청당사국이 다음과 같은 근거와 관련된 조건을 포함하여 피요청당사국의 국내법 또는 공조에 관한 적용 가능한 조약에 의해 규정된 조건의 적용을 받으며, 상호 법률 지원을 거부하거나 조건을 따르게 할 수 있다.

제15조/ 강제실종 피해자 지원 및 수사 등 협력

당사국은 강제실종 피해자를 지원하고 실종자를 수색, 위치 확인 및 석방하고 사망한 경우 발굴 및 신원 확인, 유해송환을 위해 서로 협력하고 최대한의 상호 지원을 제공해야 한다.

Article 16 제16조/ 강제실종 피해자 추방 등 금지

1. 어떠한 당사국도 강제실종을 당할 위험이 있다고 믿을 만한 상당한 근거가 있는 다른 국가로 사람을 추방, 송환, 인도 또는 추방하지 않는다.
2. 그러한 근거가 있는지 여부를 결정하기 위해 권한 있는 당국은 적용 가능한 경우 관련 국가에서 지속적으로 심각하며 노골적인 대규모의 인권 침해가 발생하거나 심각한 국제인도법 위반이 있는지를 참작해야 한다.

Article 17 제17조/ 비밀 구금금지 및 자유박탈 적법절차

1. 누구도 비밀리에 구금되어서는 안 된다.
2. 자유의 박탈에 관한 당사국의 다른 국제적 의무를 침해함이 없이, 각 당사국은 자국의 입법으로 다음을 수행한다.
   (a) 자유 박탈 명령이 내려질 수 있는 조건을 설정한다.
   (b) 자유 박탈을 명령할 권한이 있는 당국을 표시한다.
   (c) 자유를 박탈당한 사람은 공식적으로 인정되고 감독되는 자유 박탈 장소에만 구금되어야 함을 보장한다.
   (d) 자유를 박탈당한 사람은 법률에 의해 설정된 조건에 의거하여 자신의 가족, 변호인 또는 자신이 선택한 기타 사람과 연락하고 방문할 권한이 있음을 보장한다. 또는, 그가 외국인이라면 적용가능한 국제법에 따라 그의 영사 당국과 의사소통하게 해야 한다.
   (e) 필요한 경우 사법 당국의 사전 승인을 받아, 개인의 자유가 박탈된 장소에 대한 권한 있고 법적으로 권한이 부여된 당국 및 기관의 접근을 보장한다.
   (f) 강제실종사건 혐의자로 자유를 박탈당한 사람은 그들의 대리인 또는 변호인은 어떠한 경우에도 법원에 소송을 제기할 권리가 있고, 법원은 자유 박탈의 합법성을 지체 없이 결정하고 그러한 자유 박탈이 불법인 경우 석방을 명령할 수 있다.
3. 각 당사국은 하나 이상의 자유를 박탈당한 자의 공식 등록부 또는 기록을 문서화하고 최신내용으로 유지하도록 보장하며, 사법 또는 기타 권한 있는 당국 또는 관련 당사국의 법 또는 관련 국가가 당사국인 관련 국제법 문서에 의해 그러한 목적을 위해 승인된 기관이 요청하는 경우에 신속히 이용가능하게 해야 하며, 최소한 다음 정보를 포함해야 한다.

(a) 자유를 박탈당한 사람의 신원

(b) 개인이 자유를 박탈당한 날짜, 시간 및 장소, 개인의 자유를 박탈한 기관의 신원

(c) 자유 박탈을 명령한 당국 및 자유 박탈 근거

(d) 자유 박탈을 감독할 책임이 있는 당국

(e) 자유가 박탈된 장소, 자유가 박탈된 장소에 입장한 날짜와 시간, 그리고 그 장소에 책임이 있는 기관

(f) 자유를 박탈당한 사람의 건강 상태와 관련된 요소

(g) 자유가 박탈된 상태에서 사망한 경우, 사망 상황과 원인, 유해의 목적지

(h) 석방 또는 다른 구금 장소로 이송된 날짜 및 시간, 이송을 책임지는 목적지 및 당국.

Article 18 | 제18조/ 자유박탈된 자의 정보에 접근보장 및 보호

1. 제19조 및 제20조를 조건으로, 각 당사국은 자유를 박탈당한 사람의 친척, 그들의 대리인 또는 변호인과 같이 이 정보에 대해 정당한 이해관계가 있는 모든 사람에게 최소한 다음 정보에 대한 접근을 보장한다.

(a) 자유의 박탈을 명령한 당국;

(b) 그 사람이 자유를 박탈당하고 자유 박탈 장소에 수용된 날짜, 시간 및 장소;

(c) 자유의 박탈을 감독할 책임이 있는 당국

(d) 자유가 박탈된 사람의 소재(다른 자유가 박탈된 장소로 이송되는 경우 목적지 및 이송을 책임지는 당국)

(e) 석방된 날짜, 시간 및 장소

(f) 자유를 박탈당한 사람의 건강 상태와 관련된 요소

(g) 자유가 박탈된 상태에서 사망한 경우, 사망 상황과 원인, 유해의 목적지.

2. 자유를 박탈당한 사람에 관련한 정보 조사의 결과로 발생하는 부당대우, 협박 또는 제재로부터 이 조 제1항에 언급된 사람과 조사에 참여하는 사람을 보호하기 위해 필요한 경우 적절한 조치가 취해져야 한다.

Article 19 | 제19조/ 개인정보 보호

1. 실종자 수색의 틀 내에서 수집 및 전송된 의료 및 유전정보를 포함한 개인정보는 실종자 수색 이외의 목적으로 사용 또는 제공되지 않아야 한다. 이는 강제실종 범죄 또는 배상을 받을 권리 행사와 관련된 형사소송에서 그러한 정보를 사용하는 것을 방해하지 않는다.

2. 의료 및 유전정보를 포함한 개인정보의 수집, 처리, 이용 및 보관은 개인의 인권, 기본적 자유 또는 인간의 존엄성을 침해하거나 침해하는 효과가 있어서는 안 된다.

제20조/ 정보접근 제한 사유

1. 개인이 법의 보호하에 있고 자유의 박탈이 사법적 통제의 대상인 경우에만 엄격하게 필요하고 법이 규정하는 경우 예외적으로 제18조에 언급된 정보에 대한 권리가 제한될 수 있다. 그리고 정보의 전송이, 개인의 사생활이나 안전에 부정적인 영향을 미치거나 범죄수사를 방해하는 경우, 또는 법률에 따라, 그리고 적용 가능한 국제법과 이 협약의 목적에 따라 동등한 이유로 제한될 수 있다. 어떠한 경우에도 제2조에 정의된 행위를 구성하거나 제17조 제1항을 위반할 수 있는 18조에 언급된 정보에 대한 권리에 제한이 있어서는 안 된다.

2. 개인의 자유 박탈의 합법성에 대한 고려를 침해함이 없이, 당사국은 제18조 제1항에 언급된 사람들에게 지체 없이 18조 1항에 언급된 정보를 얻는 수단으로서 신속하고 효과적인 사법적 구제를 받을 권리를 보장한다. 구제에 대한 이 권리는 어떤 상황에서도 정지되거나 제한될 수 없다.

Article 21 제21조/ 석방시의 조치의무

각 당사국은 자유를 박탈당한 사람들이 실제로 석방되었음을 신뢰할 수 있는 방식으로 석방하도록 보장하기 위해 필요한 조치를 취한다. 각 당사국은 또한 그러한 사람이 국내법에 따라 부과될 수 있는 의무를 침해하지 않으면서, 석방 시 그러한 사람의 신체적 완전성과 그들의 권리를 완전히 행사할 수 있는 능력을 보장하기 위해 필요한 조치를 취해야 한다.

Article 22 제22조/ 절차위반행위 제재

제6조를 침해하지 않으면서, 각 당사국은 다음 행위를 방지하고 제재를 부과하기 위해 필요한 조치를 취해야 한다.

(a) 제17조 제2항 f호 및 제20조 제2항에 언급된 구제를 지연 또는 방해하는 행위

(b) 개인의 자유 박탈을 기록하지 않거나 공식등록을 담당하는 공무원이 부정확하다고 알았거나 알았어야 하는 정보를 기록하지 않은 경우

(c) 정보제공에 대한 법적 요건이 충족되었음에도 불구하고 개인의 자유 박탈정보 제공의 거부 또는 부정확한 정보제공

Article 23 제23조/ 관련 담당자 교육훈련

1. 각 당사국은 자유를 박탈당한 자의 구금 또는 치료에 연루될 수 있는 법 집행 요원, 민간인 또는 군인, 의료 요원, 공무원 및 기타 사람의 훈련에 다음 사항에 관한 필요한 교육 및 정보가 포함되도록 해야 한다. 이를 위해:

(a) 강제실종에 그러한 공무원이 연루되는 것을 방지한다.

(b) 강제실종과 관련한 예방 및 수사의 중요성을 강조한다.

(c) 강제실종 사건을 해결해야 할 긴급한 필요성이 인식되도록 한다.

2. 각 당사국은 강제실종을 처방, 승인 또는 조장하는 명령이나 지시가 금지되도록 보장한다. 각 당사국은 그러한 명령에 따르기를 거부하는 자를 처벌하지 않을 것을 보장한다.

3. 각 당사국은 이 조 제1항에 언급된 사람이 강제실종이 발생했거나 계획되어 있다고 믿을 만한 이유가 있는 사람이 그 문제를 상관에게 보고하고 필요한 경우 검토 또는 구제 권한이 부여된 적절한 당국 또는 기관에 보고하도록 한다.

| Article 24 | 제24조/ 피해자의 권리 및 보상 |

1. 이 협약의 목적상 "피해자"란 실종자와 강제실종의 직접적인 결과로 피해를 입은 모든 개인을 의미한다.

2. 각 피해자는 강제실종 경위, 수사의 진행 및 결과, 행방불명자의 생사에 관한 진실을 알 권리가 있다. 각 당사국은 이와 관련하여 적절한 조치를 취한다.

3. 각 당사국은 실종자를 수색, 위치 확인 및 석방하고, 사망한 경우 시신의 위치를 파악, 존중 및 반환하기 위한 모든 적절한 조치를 취한다.

4. 각 당사국은 강제실종 피해자가 배상과 신속하고 공정하며 적절한 보상을 받을 권리가 있음을 법적 제도에서 보장한다.

5. 이 조 제4항에 언급된 배상을 받을 권리는 물질적, 도덕적 손해, 그리고 적절한 경우 다음과 같은 기타 형태의 배상을 포함한다.

(a) 배상

(b) 재활

(c) 존엄성과 평판의 회복을 포함한 만족

(d) 재발방지 보장

6. 실종자의 생사가 밝혀질 때까지 조사를 계속해야 할 의무를 침해함이 없이, 각 당사국은 생사가 명확하지 않은 실종자와 그 친족의 법적 상황과 관련하여 사회 복지, 재정 문제, 가정법 및 재산권과 같은 분야에서 적절한 조치를 취한다.

7. 각 당사국은 강제실종 상황과 실종자의 생사를 규명하고 강제실종 피해자를 지원하기 위한 시도와 관련된 조직 및 협회를 자유롭게 결성하고 참여할 권리를 보장한다.

| Article 25 | 제25조/ 강제실종 피해아동 보호 |

1. 각 당사국은 자국 형법에 따라 다음 사항을 방지하고 처벌하기 위해 필요한 조치를 취한다.

   (a) 자신이 강제실종된 아동, 아버지나 어머니 또는 법적 보호자가 강제실종된 아동, 또는 강제
   실종된 어머니가 포로기간 중에 태어난 아동의 부당한 이동

   (b) 상기 (a)에 언급된 아동의 진정한 신분을 증명하는 문서의 위조, 은닉 또는 파기

2. 각 당사국은 법적 절차 및 적용 가능한 국제 협정에 따라 이 조 제1항 (a)에 언급된 아동을 수색
및 식별하고 그들을 출신 가족에게 송환하기 위해 필요한 조치를 취한다.

3. 당사국은 이 조 1항 (a)에 언급된 아동을 검색, 식별 및 위치를 찾는 데 있어 서로 지원해야
한다.

4. 이 조 제1항 (a)에 언급된 아동의 최선의 이익을 보호할 필요성과 인정된 대로 국적, 이름 및 가족
관계를 포함하여 아동의 신원을 보존하거나 재설정할 권리를 감안할 때, 법에 따라 입양 또는 기타
형태의 아동배치시스템을 인정하는 당사국은 입양 또는 배치 절차를 검토하고, 적절한 경우 강제
실종 중에 발생한 아동의 입양 또는 배치취소를 검토하기 위한 법적 절차를 마련해야 한다.

5. 모든 경우, 특히 이 조와 관련된 모든 문제에서 아동의 최선의 이익이 우선적으로 고려되어야
하며, 자신의 견해를 형성할 수 있는 아동은 이러한 견해를 표현할 권리가 부여되어야 하며, 아동
의 나이와 성숙도에 따라 아동의 견해에 합당한 가중치가 부여되어야 한다.

Part II Committee on Enforced Disappearances 강제실종위원회

| Article 26 | 제26조/ UN 강제실종위원회 설치 및 협력 |

이 협약에 규정된 기능을 수행하기 위하여 강제실종위원회(이하 "위원회"라 한다)를 설치한다. 위
원회는 높은 도덕성과 인권 분야에서 인정된 능력을 갖춘 10명의 전문가로 구성되며, 이들은 개인
적 자격으로 봉사하고 독립적이고 공정해야 한다. 위원회 위원은 공평한 지리적 분포에 따라 당사국
에 의해 선출된다. 관련 법률 경험이 있고 균형 잡힌 성별 대표성을 가진 사람들이 위원회 작업에
참여하는 것이 유용하다는 점을 적절히 고려한다.

국제연합 사무총장은 위원회의 기능을 효과적으로 수행하기 위해 필요한 수단, 직원 및 시설을 위원
회에 제공한다. 국제연합 사무총장은 위원회의 초기 회의를 소집한다.

위원회 위원은 국제연합의 특권과 면제에 관한 협약의 관련 조항에 규정된 바와 같이 국제연합 임무
를 수행하는 전문가의 편의, 특권 및 면제를 받을 자격이 있다.

각 당사국은 당사국이 수락한 위원회의 기능 범위 내에서 위원회와 협력하고 위원이 임무를 완수하
도록 지원한다.

CHAPTER

03 UN 실종자 찾기 원칙

유엔은 실종자 찾기를 국제적으로 공조하면서 또한 각 국가가 효율적으로 실종자를 수색하여 찾아주기 위해서 '실종자 찾기 원칙(Guiding principles for the search for disappeared persons)'을 제정하였다. 2019년 5월 8일 출판되었으며, 2019년 8월 28일 재발행하였다.[2] 강제 그리고 비자발적 실종에 초점을 두고 제정된 유엔의 법적 표준과 가이드라인이다. 핵심만 요약하여 정리하면 다음과 같다.

배경

실종자 찾기에 대한 선도원칙은 강제실종으로부터 모든 사람을 보호하기 위한 국제협약 및 기타 관련 국제 문서를 기반으로 한다. 그 선도원칙은 또한 다른 국제기구와 전 세계 다양한 국가의 경험을 반영하고 있다. 그 선도원칙은 실종자 찾기에 대한 법적 의무를 수행하기 위한 메커니즘, 절차 및 방법을 분명히 하고 있다

이 선도원칙은 국가의 찾기 의무로부터 출발하여 실종자를 효과적으로 찾는 모범 사례를 통합하려는 것이다. 그 선도원칙들은 특히 최종 관찰(29조)과 긴급 조치(30조)에서 처음 8년 동안 위원회의 축적된 경험을 기반으로 개발되었다. 선도원칙은 많은 피해자 조직, 시민 사회, 전문가, 정부 간 조직 및 국가와의 대화와 광범위한 협의를 통해 개발되었다.

---

2) https://www.ohchr.org/en/documents/legal-standards-and-guidelines/guiding-principles-search-disappeared-persons 2022.4.26.

유엔의 실종자 찾기 원칙은 16개이며 그 내용을 번역하고 요약해서 정리해보면 다음과 같다.

1. 실종자 찾기는 실종자가 생존해 있다는 가정하에 수행되어야 한다.
2. 실종자 찾기는 인간의 존엄성을 존중해야 한다.
3. 실종자 찾기는 공공 정책에 따라 통합되어야 한다.
4. 실종자 찾기는 차등적 접근 방식을 따라야 한다.
5. 실종자 찾기는 참여의 권리를 존중해야 한다.
6. 실종자 찾기는 지체 없이 시작되어야 한다.
7. 실종자 찾기는 지속적인 의무다.
8. 실종자 찾기는 포괄적인 전략을 기반으로 수행되어야 한다.
9. 실종자 찾기는 이민자들의 특별한 취약성을 고려해야 한다.
10. 실종자 찾기는 효율적으로 조직되어야 한다.
11. 실종자 찾기는 적절한 방식으로 정보를 사용해야 한다.
12. 실종자 찾기는 조정되어야 한다.
13. 실종자 찾기와 범죄수사는 상호 연관되어야 한다.
14. 실종자 찾기는 안전하게 수행되어야 한다.
15. 실종자 찾기는 독립적이고 공정해야 한다.
16. 실종자 찾기는 공식절차에 의해 관리되어야 한다.

실종자 찾기 원칙 해설

원칙 1	실종자 찾기는 실종자가 생존해 있다는 가정하에 수행되어야 한다.

실종자가 살아 있다는 가정 하에 수색을 진행해야 하며, 실종의 상황, 실종된 날짜 및 찾기시작한 시간에 관계 없다.

원칙 2	실종자 찾기는 인간의 존엄성을 존중해야 한다.

1) 피해자의 존엄성에 대한 존중은 모든 단계에서 선도원칙이 되어야 한다.
2) 수색 과정에서 피해자의 존엄성을 위해서는 피해자가 특히 취약하고 위험에 처한 사람이며, 보호받아야 할 권리 보유자로 그리고 실종자찾기효과에 기여할 수 있는 중요한 지식을 소유한 사람으로 인식되어야 한다. 공무원은 차등적 접근방법으로 업무를 수행하도록 교육을 받아야 한다. 공무원은 피해자의 권리를 보장하기 위해 근무하고 있음을 알아야 하며, 희생자들을 위해 모든 일을 해야 한다.
3) 당국은 가족을 포함한 피해자가 낙인 및 기타 도덕적 학대 또는 명예를 훼손하는 비방의 대상이

되지 않게 할 의무가 있다. 또한, 인간으로서의 존엄, 명성, 명예 또는 실종된 사랑하는 사람의 명예. 필요한 경우, 명예훼손 공격으로부터 피해자의 존엄성을 유지하기 위한 조치를 취해야 한다.

4) 실종자의 시신 또는 유해는 유족에게 가족의 문화적 규범과 관습에 따라 적절한 조건하에서 인도되어야 한다. 그것은 물건이 아니라 사람의 유골이라는 사실을 항상 존중하여야 한다. 반환에는 그 가족과 공동체의 소원과 문화 관습에 부합하는 장엄한 장례를 보장하는 데 필요한 수단과 절차도 포함되어야 한다. 필요할 때 그리고 가족 구성원이 원할 경우, 시신이나 유골을 유족이 매장하기 위해 선택한 장소로 옮기는 비용을 국가가 부담해야 한다. 다른 국가로 또는 다른 국가로부터 이전되는 경우에도 마찬가지로 부담해야 한다.

원칙 3	실종자 찾기는 공공 정책에 따라 통합되어야 한다.

1) 검색은 포괄적인 공공 정책의 일환으로 수행되어야 한다. 특히 실종이 빈번하거나 대규모인 상황인 경우 더욱 그렇다. 찾기와 더불어 종합 정책의 목표는 강제실종 예방, 조기실종에 대한 해명, 적절한 가해자 처벌 및 피해자 보호 조치 채택, 강제실종 재발방지를 위한 기타 조치를 하는 것이다.

2) 강제실종에 대한 공공정책은 차등적 접근을 채택해야 한다. 원칙 4에 언급된 모든 운영 프로그램 및 프로젝트에서 뿐만 아니라 취약한 사람이나 피해자에 대한 존중 같은 차등적 접근을 해야 한다.

3) 찾기에 대한 특정 공공 정책은 모든 실종된 사람들 찾기, 위치 확인, 석방, 유해 식별 및 반환 등 국가의 의무에 기초해야 한다. 그 나라에 있는 다양한 형태의 실종 및 범죄패턴을 고려해야 한다.

4) 공공 정책은 포괄적이고 명확하며 투명하고 가시적이며 일관성이 있어야 한다. 모든 국가 기관 및 다른 기관과의 협력을 촉진해야 한다. 적절한 입법, 행정 및 재정 수단 마련, 교유정책, 기타 관련 정책이 병행되어야 한다.

5) 공공 검색 정책의 모든 단계와 측면은 정책의 설계 및 구현에 협력하려는 경험과 의지를 가진 피해자와 모든 사람 및 시민 사회 단체의 참여로 설계하고 구현해야 한다.

6) 공식적 찾기 정책의 주요 목표는 포괄적인 피해자 지원과 보호를 하는 것이어야 한다. 피해자에 대한 심리·사회적 치료와 지원을 포함해야 하며, 피해자의 피해재발 또는 2차 피해를 방지하는 조치가 포함되어야 한다. 이 공식적 찾기 정책은 피해자에 대한 존중을 보장하고 그들에 대한 모든 형태의 낙인을 예방 및 처벌하기 위한 조치를 포함해야 한다.

원칙 4	실종자 찾기는 차등적 접근 방식을 따라야 한다.

1) 취약한 상황에 있는 사람 찾기에는 특별한 절차가 필요하다. 그들의 특정한 필요를 충족시키는

경험과 지식. 차별화된 접근 방식을 취해야 한다. 가족과 같이 수색에 참여하는 사람 및 실종자와 가까운 다른 사람들을 지원하는 데에도 채택되어야 한다. 발견된 실종자의 신원을 확인하고 인도할 때에도 그러한 접근방식으로 해야 한다.

2) 찾기를 담당하는 기관은 실종아동 및 청소년에 대해 특별한 주의를 기울여야 하며, 그리고 그들의 극도의 취약성을 고려하여 수색 활동과 계획을 개발하고 수행해야 한다. 공무원은 검색의 모든 단계에서 아동의 이익 최선의 원칙을 존중해야 한다. 나이가 확인되지 않는 경우, 그 또는 그녀가 아동이라고 가정해야 한다.

3) 청소년기 소녀 및 실종 또는 연루된 여성과 관련된 찾기의 모든 단계는 성별 관점과 직원이 수행해야 하며, 여성직원을 포함시키고, 그들은 적절한 교육을 받은 사람들이어야 한다.

4) 실종자 또는 수색에 참가한 자가 토착민 또는 기타 민족 또는 문화 집단의 구성원인 경우 실종이나 죽음을 다룰 때 특정한 문화적 패턴을 존중할 필요가 있다. 효과적인 검색을 위해 지역사회의 언어와 이중문화 통역인이 포함되어야 한다.

5) 실종된 사람 또는 찾기에 참가한 사람이 레즈비언, 게이, 양성애자, 트랜스젠더 및 인터섹스 커뮤니티의 구성원이거나 장애가 있는 사람이거나, 노인인 사건이라면, 찾기를 담당하는 기관은 그들의 특별한 요구를 반영해야 한다.

| 원칙 5 | 실종자 찾기는 참여의 권리를 존중해야 한다. |

1) 피해자, 그 법정대리인, 변호인 또는 그로부터 위임을 받은 자, 정당한 이익을 가진 사람이나 협회 또는 조직은 실종자 찾기에 참여할 권리가 있다. 이 권리는 찾기 프로세스의 모든 단계에서 범죄수사 또는 찾기 자체의 완전성과 효율성을 보존하기 위해 취한 조치를 침해하지 않으면서 보호되고 보장되어야 한다. 위에 언급된 사람은 찾기 위해 취한 조치 및 진행 상황 및 결과에 대한 정보에 대해 접근할 수 있어야 한다. 그들의 의견, 경험, 대안적 제안, 질문 및 의심은, 찾기 효과 증가에 대한 기여로 보아야 하며 이를 저해하는 형식을 취해서는 안 된다. 위에 언급된 사람들이 참여할 권리를 행사하는 것을 거부하는 행위는 절대로 당국이 수색을 시작 또는 진행하지 않는 이유로 사용하지 말아야 한다.

2) 정보에 대한 접근 보장에는 피해자의 권리와 그러한 권리를 보호하기 위한 메커니즘에 대한 적절한 안내를 피해자에게 제공할 의무가 포함된다. 또한, 찾기 및 수사를 위해 채택된 조치, 찾기의 장애에 대한 정기적 및 비정기적 정보를 제공할 의무를 포함한다. 당국은 피해자의 정보를 언론에 넘기기 전에 피해자에게 사전에 통보하고 협의해야 한다. 찾기를 담당하는 공무원은 차등적 접근 방식을 통한 보호방법과 가족 구성원 및 다른 관련자들과 연민과 존경으로 의사소통하는 방법에 대해 교육을 받아야 하며, 찾기 참여가 피해자 신체적 및 정신적 건강에 미치는 잠재적 영향을 인식하고 민감해야 한다.

| 원칙 6 | 실종자 찾기는 지체 없이 시작되어야 한다. |

1) 권한 있는 당국은 어떤 수단을 통해서든 사람이 실종되었음을 알게 되거나 징후가 있는 경우 즉시 신속하게 찾기를 시작해야 한다. 필요한 경우 찾기 활동에는 관련 사이트 방문이 포함되어야 한다.

2) 찾기에 책임이 있는 당국은 공식적인 불만이나 요청이 없는 경우에도 자발적으로 실종자 찾기를 시작하고 수행해야 한다.

3) 국내법과 권한 있는 당국은 실종자를 찾고 수색하는 활동을 시작할 때 문제가 되는 활동이 즉시 수행될 수 있도록 몇 시간일지라도 대기 기간이 적용되지 않도록 보장해야 한다. 실종자를 찾는 활동을 즉시 개시하지 않는 것을 정당화하기 위해 가족 구성원이나 고소인의 정보 부족을 주장할 수 없다.

4) 비자발적 실종발생 의심이 가는 경우에도 즉시 찾기 시작해야 한다. 실종 가능성을 수사하고 실종자의 생명을 보호하는 데 필요한 모든 가능한 증거를 보존하고 보호해야 한다.

| 원칙 7 | 실종자 찾기는 지속적인 의무다. |

1) 실종자 수색은 생사여부 또는 행방이 확실해질 때까지 계속되어야 한다.

2) 실종자가 생존하여 발견된 경우, 그 사람이 다시 법의 보호를 받는 경우에만 찾기가 완료된 것으로 간주될 수 있다. 그러한 보호는 실종자가 합법적인 구금 시설에서 자유를 박탈당한 경우에도 보장되어야 한다.

3) 실종자가 숨진 채 발견된 경우, 국제기준에 따라 신원이 완전히 확인되어 가족이나 친족에게 품위 있게 인계되면 찾기가 완료된 것으로 본다. 부분적인 유골만 발견되고 확인된 경우, 실종된 유골을 찾고 확인하기 위한 수색을 계속하기로 결정할 때는 더 많은 유골을 식별할 수 있는 실제 기회와 유족이 장례에 관련된 문화적 규범의 맥락에서 표현한 요구를 고려해야 합니다. 수색 중단 결정은 투명하게 내려져야 하며 가족 구성원에게 설명해주어야 하고 사전 동의가 필요하다.

4) 실종된 사람이 발견되지 않았고 그의 생사나 소재가 합리적으로 의심될 정도로 믿을 만한 증거가 있는 경우, 그 사람을 물리적으로 구출하는 것이 불가능하고 획득 가능한 모든 정보가 완전히 분석되었거나 가능한 모든 시나리오를 조사했다면 중단할 수 있다. 이 결정은 투명하게 내려져야 하며 가족이나 실종자와 가까운 사람들의 사전 동의가 필요하다. 증인 진술, 확인되지 않은 진술 또는 진술서는 찾기를 끝내기 위한 충분한 사망 증거로 간주될 수 없다.

5) 어떠한 경우에도 실종자 찾기를 종료한다고 해서 찾기 또는 범죄수사가 종료되어서는 안 된다.

원칙 8	실종자 찾기는 포괄적인 전략을 기반으로 수행되어야 한다.

1) 찾기를 시작할 때 그 사람의 실종에 관한 모든 합리적인 가설을 탐색해야 한다. 가설은 객관적이고 검증 가능한 기준에 따라 뒷받침될 수 없는 경우에만 기각될 수 있다.

2) 실종자에 대한 가설은 친척이나 고소인이 제공한 정보와 과학적, 기술적 기준을 포함하여 모든 이용 가능한 정보에 기초해야 한다. 실종자의 개별 상황과 특성에 대한 선입견에 근거해서는 안 된다.

3) 원하는 경우 피해자와 피해자 조직의 참여로 찾기에 책임이 있는 당국은 모든 과정에서 통합된 방식으로 찾기활동이 수행되도록, 찾기 과정의 모든 단계에, 실종자의 신원 확인, 석방, 발굴 또는 신원 확인을 포함하여, 필요하고 적절한 수단과 절차를 전략적으로 설계해야 한다. 종합 찾기 전략에는 실행 계획과 일정이 포함되어야 하며 주기적으로 평가되어야 한다.

4) 권한 있는 당국은 실종자를 수색하고 위치를 찾는 데 적절한 법의학 방법과 전문적인 경험과 축적된 지식을 활용해야 한다. 또한, 전문가 및 기술 지식을 가진 사람, 법의학 전문가 및 기타 과학자, 시민 사회 단체의 협력을 요청하여 실종에 대한 가설을 세우고 종합적인 전략을 수립하며 수색 활동을 수행할 수 있다.

5) 권한 있는 당국은 자발적으로 실종자를 수색하고 위치를 찾기 위한 적절한 조치를 취해야 하는 의무를 침해하지 않고, 피해자 또는 신고인이 제공한 모든 정보를 고려하고 피해자 및 피해자 조직의 찾기활동 경험을 활용해야 한다.

6) 포괄적인 수색 전략은 맥락 분석을 고려해야 한다. 맥락 분석은 패턴을 결정하고, 가해자의 동기와 행동방식을 명확히 하고, 실종자를 프로파일링하고, 실종을 설명하는 지역적 특성을 정립하는 데 사용할 수 있다. 권한 있는 당국은 개별 사례에 대한 수사에서 수집한 정보에만 기초하지 않고 과학적 기준에 따라 상황 분석을 독립적으로 수행해야 한다. 맥락 분석을 손에 잡히지 않는 수사나 찾기 가설과 일치하지 않는 탐색 가설을 무시하는 구실로 사용되어서는 안 된다.

7) 맥락분석을 수행하고 종합적인 찾기전략을 설계할 때 찾기과정을 담당하는 주체는 실종자가 인권운동가나 사회활동가인 경우 특별한 주의를 기울여야 한다.

8) 신생아 및 영유아에 대한 종합적인 찾기 전략은 신분증명서가 변경되었을 수 있고 가족에게서 빼앗아 거짓 신분으로 아동 시설이나 다른 기관에 인계되었을 수 있다는 사실을 고려해야 한다. 입양 가족. 지금쯤이면 성인이 되어 있을 수 있는 이 어린이와 청소년을 찾아 신원을 확인하고 신원을 회복해야 한다.

실종자 찾기는 이민자들의 특별한 취약성을 고려해야 한다.

1) 정기적으로 또는 비정기적으로 국경을 넘는 사람들, 특히 동반자가 없는 어린이의 특정한 취약성을 감안할 때, 관련 국가는 그러한 맥락에서 실종을 방지하기 위해 구체적으로 조정된 조치를 취해야 한다. 국가는 특히 인신매매, 성노예, 강제 노동의 맥락에서 이주의 결과로 증가하는 강제 실종의 위험에 주의를 기울여야 한다.

2) 이민자와 난민을 보내고 받는 국가는 이민 상황과 관련된 어려움을 고려한 특정 찾기 메기니즘을 채택해야 한다. 이주의 권리와 상세실종에 대해 증언할 수 있는 사람에게 보장과 안전한 조건을 제공해야 한다.

3) 관련 국가는 각 이주 단계에서 실종자 찾기에 효과적인 조정을 허용하기 위해 협력 협정을 개발하고 권한 있는 기관을 설립해야 한다. 출발지, 경유지 및 도착지 국가의 찾기 당국 간의 협력은 경유지 또는 도착지 국가에서 실종자를 찾는 데 도움이 될 수 있는 정보 및 문서의 신속하고 안전한 교환을 보장해야 한다. 강제송환 금지에 관한 국제 표준을 완전히 준수하면서 국가는 국경 통제에 이주민을 등록할 때 모든 입국 신청서에 대한 개별 검토를 포함하여 실종된 경우 효과적인 찾기를 할 수 있도록 해야 한다.

4) 이주 경로에서 실종된 사람과 가까운 사람과 가족 구성원의 거주 국가에서 찾기 절차에 효과적으로 참여할 수 있도록 하는 특정 문서가 필요하다. 이들과 이주민 지원 경험이 있는 조직에 대한 지식은 실종 이주민 찾기를 위한 전략 및 조치 계획에 포함되어야 한다.

5) 국가는 특히 피해자가 여성 및/또는 동반자가 없는 미성년자인 경우 강제실종 피해자의 재피해를 방지하기 위해 이주의 모든 단계에서 피해자 보호를 위한 정책을 채택해야 한다.

실종자 찾기는 효율적으로 조직되어야 한다.

1) 국가의 승인, 지원 또는 묵인 없이 행동하는 개인이나 집단에 의해 강제실종 사건이 발생하거나 실종이 자행된 각 국가에는 실종자 찾기를 할 수 있는 능력을 갖춘 권한 있는 기관이 있어야 한다.

2) 찾기에 책임이 있는 당국은 법적 능력, 필요한 재정 및 기술 자원, 행정 구조 및 예산을 갖추어 필요한 기술적 능력, 보안 및 기밀성을 갖춘 찾기 활동을 신속하게 수행할 수 있어야 한다. 그들은 또한 차등적 접근에 따른 보호훈련을 포함하여 최신 물류, 기술 및 과학적 자원을 갖춘 필요한 모든 분야의 전문 직원을 보유하여 효과적이고 철저한 찾기를 보장해야 한다. 그들은 방문해야 하는 장소로 이동할 수 있는 능력이 있어야 한다. 그들이 필요할 때, 그리고 요청이 있을 경우, 적절한 보호가 제공되어야 한다.

3) 수색 활동을 수행할 권한이 있는 당국은 군, 경찰 시설 및 사유지를 포함하여 실종자가 있을 수

있는 모든 장소에 제한 없이 접근하고 예고 없이 방문할 수 있는 완전한 권한을 가져야 한다. 필요한 경우 수색과 관련된 사이트의 보존을 보장하기 위해 개입할 권한이 있어야 한다.

4) 찾기에 책임이 있는 당국은 국가 안보 데이터베이스, 보안, 군대 및 경찰, 민간 기관의 기록을 포함하여 실종자를 수색하고 위치를 찾는 데 필요하다고 생각하는 모든 정보, 문서, 데이터베이스에 제한 없이 접근할 수 있어야 한다. 필요한 경우 찾기와 관련된 문서의 보존을 보장하기 위해 개입할 권한이 있어야 한다.

| 원칙 11 | 실종자 찾기는 적절한 방식으로 정보를 사용해야 한다. |

1) 수색을 담당하는 당국은 이용 가능 또는 수집된 모든 정보 및 문서를 기반으로 결정을 내려야 한다. 찾기에 대한 정보는 완전하고 철저하며 적절한 방식으로 기록되어야 한다.

2) 국가는 전체 국가 영역을 포괄하고 세부요소로 구분하여 입력하는 실종자 등록부 및 데이터베이스를 구축해야 한다. 세부요소 입력에는 실종 신고, 산 채로 발견, 시신 발굴, 신원 확인, 또는 인도 날짜, 강제실종 여부, 실종 원인을 규명하기 위한 조사 등을 포함하여, 이러한 등록부와 데이터베이스는 지속적으로 업데이트되어야 한다.

3) 찾기 중에 수집된 데이터는 다른 찾기에 사용할 수 있도록 실종자 등록부에 부지런하고 신속하게 입력해야 한다. 찾기 과정에서 얻은 경험도 기록, 분석 및 보존해야 한다.

4) 등록부와 데이터베이스는 찾기가 종료된 후에도, 그 사람의 위치를 파악하고 식별하여 법률의 보호를 받는 경우 또는 그의 유해가 인도되거나 신원이 복원된 후에도, 유지되어야 한다. 완료된 찾기 프로세스와 관련된 정보 및 문서는 찾기 기관이 접근할 수 있는 보관소에 보존되어야 한다.

5) 찾기 당국은 특히 실종자의 수색, 위치 및 신원확인과 관련될 수 있는 출생, 입양, 사망, 이주 및 이민에 관한 정보가 포함된 기타 등록부 및 데이터베이스를 적절히 사용해야 한다. 국가는 찾기를 담당하는 당국이 다른 국가의 등록부 및 데이터베이스에 포함된 정보에 접근할 수 있도록 필요한 조치를 취해야 한다.

6) 전화 통신 및 비디오 녹화와 같이 실종자의 위치를 찾고 그의 생사를 명확히 하는 데 도움이 될 수 있는 모든 데이터 및 획득한 모든 정보의 수집, 보호 및 분석은 처음부터 우선 순위가 있어야 한다. 이러한 데이터를 수집하지 않거나 데이터의 손실 또는 파괴는 책임이 있는 공무원에 의한 심각한 위법 행위로 간주해야 한다.

7) 국가는 신속하게 결과를 얻을 수 있도록 하는 유전자 데이터뱅크 및 상담 시스템을 포함하여 찾기와 관련된 요소가 포함된 데이터베이스를 구축해야 한다. 이러한 데이터베이스는 학제간 접근 방식을 사용하여 설계되어야 하며 상호 호환을 목표로 해야 한다. 유전자 데이터뱅크를 구축할 때 다음 사항이 보장되어야 한다.

(a) 유전자 데이터뱅크의 관리 당국은 소속 기관에 상관없이 순수한 전문적 기준에 기반한 데이

터베이스 운영을 보장하는 적절한 법적 체계를 갖추고 있다.

(b) 실종자 찾기의 일부로 수집 또는 전송된 의료 또는 유전 데이터를 포함한 개인정보는 강제 실종 범죄 또는 배상금 청구권 행사에 관련된 형사소송에서의 사용을 침해하지 않아야 하고 찾기 이외의 목적으로 사용 또는 공개될 수 없다. 의료 및 유전자 데이터를 포함한 개인정보의 수집, 처리, 사용 및 저장은 개인의 인권, 기본적 자유 또는 인간 존엄성을 침해하거나 침해하는 효과가 있어서는 안 된다.

(c) 이러한 데이터베이스와 관리 체계(chain of custody)에 포함된 개인정보는 적절하게 보호되고 기술적으로 보존된다.

8. 국가는 데이터베이스 및 실종자의 등록 관리가 피해자의 사생활과 정보의 비밀성을 존중하도록 해야 한다.

원칙 12	실종자 찾기는 조정되어야 한다.

1) 찾기는 효과적이고 철저하며 신속한 찾기를 위해 협력이 필요한 다른 모든 기관과의 효과적인 조정을 보장하는 권한 있는 기관 아래 중앙 집중화되거나 조정되어야 한다.

2) 어떤 경우에도 한 국가의 분권화된 기관(연방, 자치, 지방 자치 단체 또는 기타 성격의 기관)이 효과적인 찾기를 방해하는 역할을 해서는 안 된다. 국가는 입법과 행정 또는 기타 규정을 통해 모든 기관과 국가의 모든 수준에서 찾기활동이 조정되도록 보장해야 한다.

3) 실종자가 이민자, 난민 또는 인신매매 피해자로서 외국에 있을 수 있다는 징후가 있는 경우, 찾기에 책임이 있는 당국은 가능한 모든 국내 및 국제 협력 메커니즘을 사용하여야 하고 필요한 경우 그러한 메커니즘을 구축해야 한다..

4) 국가는 실종자 찾기 및 유해 확인을 전문으로 하는 국내 및 국제기구를 포함하여 찾기 과정에 필요한 지식과 기술의 이전을 보장하기 위해 필요한 조치를 취해야 한다. 그들의 경험은 찾기 기관의 설립, 절차의 정의 및 직원의 지속적인 교육에 활용되어야 한다.

원칙 13	실종자 찾기와 범죄수사는 상호 연관되어야 한다.

1) 실종자 찾기와 실종 책임자에 대한 범죄수사는 상호 보완되어야 한다. 실종자에 대한 포괄적인 찾기절차는 범죄수사와 동일한 효과를 발휘하여 개시되고 수행되어야 한다.

2) 사법 제도를 구성하는 기관과 무관한 비사법 기관에서 찾기를 하는 경우, 이들 기관과 범죄 수사를 수행하는 책임자 간의 협력, 조정 및 정보 교환을 보장하기 위한 메커니즘 및 절차가 수립되어야 한다. 양측에서 달성한 진행 상황과 결과가 정기적으로 지체 없이 서로에게 전달되도록 보장되어야 한다. 두 기관의 권한은 법률에 의해 명확하게 정의되어 서로 중복 및 간섭을 방지하고

보완할 수 있도록 해야 한다. 행정적, 비사법적 및 기타 기관에 의한 찾기를 위한 메커니즘 및 절차의 존재는 범죄 수사 추구에 대한 장애물이나 대안으로 제기될 수 없다.

3) 찾기 절차에 대한 책임이 범죄수사를 담당하는 기관(검찰청, 검찰총장실 또는 형사법원)의 전문 부서 또는 단위에 있는 경우라도, 찾기에 대해서 동일한 수준의 주의를 기울여야 한다. 범죄 수사, 강제실종 범죄수사를 통해 얻은 정보는 실종자 찾기에 효율적이고 신속하게 활용되어야 하며 그 반대의 경우도 마찬가지다. 훈련된 전문가의 분포는 수색과 조사가 동등한 주의를 요구한다는 사실을 반영해야 한다.

4) 강제실종 범죄를 저질러 유죄 또는 무죄석방이나 강제실종을 이유로 한 행방불명 선언은 찾기활 동의 지속에 장애가 되어서는 안 되며 찾기정지를 정당화하기 위해 사용되어서도 안 된다. 이러한 활동은 행방불명의 정황과 행방불명자의 생사여부 및 소재를 확실히 파악할 수 있을 때까지 계속되어야 한다.

원칙 14   실종자 찾기는 안전하게 수행되어야 한다.

1) 찾기 과정에서 권한 있는 당국은 피해자가 수색에 참여하기로 선택한 수준에 관계 없이 항상 피해자 보호를 보장해야 한다. 찾기 또는 수사 과정에서 증언, 진술 또는 지원을 제공하는 사람은 각 사례에서 특정 요구를 고려한 특정 보호 조치의 혜택을 받아야 한다. 모든 보호 조치는 보호가 필요한 사람의 구체적이고 개별적인 특성을 고려해야 한다.

2) 국가는 가족의 실종으로 인한 가계 소득의 피해와 찾기 중 발생하는 교통, 숙박, 근무시간손실 등의 추가 비용을 염두에 두고 실종자를 찾는 피해자에게 재정적 지원을 제공해야 한다.

3) 찾기를 담당하는 공무원은 수색 과정 전반에 걸쳐 개인과 지역사회가 직면할 수 있는 가족 구성 원의 생사여부를 발견하거나 정보를 발견하지 못한 것에 대한 좌절감에서 비롯된 것과 같은 신체적, 정신적 건강에 대한 위험을 고려해야 한다. 그러한 위험이 확인되면 찾기 초기부터 실종자를 인도한 후에도 관계당국은 피해자와 찾기에 관련된 모든 사람에게 포괄적인 지원을 제공해야 한다. 모든 보호 조치는 수혜자의 프라이버시 권리를 존중해야 한다. 이러한 조치는 수혜자의 사전 동의가 필요하며 수혜자의 요청에 따라 검토될 수 있다. 국가는 비국가적 보호 조치를 허용하고 촉진해야 한다.

4) 국가는 보호 조치를 담당하는 기관 간의 조정을 보장해야 한다.

원칙 15   실종자 찾기는 독립적이고 공정해야 한다.

1) 찾기를 담당하는 주체는 독립적이고 자율적이어야 하며 적법절차의 원칙에 따라 모든 직무를 수행해야 한다. 관리 및 지원 직원을 포함한 모든 직원은 독립성, 공정성, 전문적인 능력 및 차등

적인 접근 방식, 감수성 및 도덕적 청렴성을 사용하여 업무를 수행할 수 있는 능력을 보여주어야
한다.

2) 어떠한 경우에도 찾기에 책임이 있는 기관은 강제실종 사건에 연루될 수 있는 기구, 기관 또는
개인에게 계층적으로 종속되어서는 안 된다.

3) 강제실종에 가담한 것으로 의심되는 사람은 찾기에 가담하거나 찾기 과정에 영향을 미칠 수 있는
위치에 있어서는 안 된다. 찾기업무를 담당하거나 협조하는 기관에 근무하는 자가 그러한 의혹이
있는 때에는 즉시 찾기업무가 면제되어야 한다.

4) 국가는 직무 수행 시 찾기에 책임이 있는 기관이 직간접적으로 어떤 부서로부터 또는 어떤 이유
로든 영향, 유인, 압력, 위협 또는 간섭이 없도록 보장하기 위해 필요한 조치를 취해야 한다.

원칙 16	실종자 찾기는 공식절차에 의해 관리되어야 한다.

1) 찾기 프로토콜(절차 규정)은 찾기의 효율성과 투명성을 보장하는 중요한 도구다. 권한 있는 당
국, 피해자 및 정당한 이해관계가 있는 모든 사람이 프로토콜에 대한 감독을 허용해야 한다. 이
러한 프로토콜은 공개되어야 한다.

2) 빠르고 효율적인 찾기를 위해 때때로 혁신과 창의성이 필요할 수 있으며, 이로 인해 기존 프로토
콜이 변경될 수 있다. 혁신은 합리적이고 투명해야 한다.

3) 처음에 예상하지 못한 교훈, 혁신 및 모범 사례를 통합하기 위해 찾기 프로토콜은 주기적으로
또는 필요할 때마다 수정 및 업데이트되어야 한다. 프로토콜에 대한 모든 업데이트 또는 수정은
합리적이고 투명해야 한다.

4) 찾기를 관장하는 프로토콜 및 기타 규칙의 준수 여부는 관할 기관에서 효율적으로 모니터링해야
한다.

CHAPTER

04 UN 실종에 의해 침해되는 권리

　유엔 인권위원회에서 정리한 강제실종으로 인하여 침해되는 사람과 그 사람의 가족 등의 권리를 정리한 것이다.[3] 강제실종은 세계인권선언에 명시된 권리, 인권에 관한 국제규약, 기타 주요 규약에 담겨 있는 광범위한 인권을 침해한다. 실종과정에서 다음과 같은 시민적 또는 정치적 권리가 침해될 수 있다.[4]

- 법 앞에 사람으로 인정받을 권리;
- 개인의 자유와 안전에 대한 권리;
- 고문 및 기타 잔혹한 행위, 비인간적이거나 굴욕적인 대우 또는 처벌을 당하지 않을 권리,
- 실종자가 사망한 경우 생명권;
- 신원에 대한 권리;
- 공정한 재판과 사법적 보장을 받을 권리;
- 배상 및 보상을 포함하여 효과적 구제를 받을 권리;
- 실종상황에 대한 진실을 알 권리

　실종은 또한 국제협약은 아니더라도 심각한 국제적 성문규범 위반을 수반할 수 있다. 예를 들면, UN 경제사회회의에서 승인한 수감자처우를 위한 최소표준(1957년), 법집행관 행동강령(1979년 승인), 모든 형태의 구금 또는 수감 상태에 있는 모든 사람 보호를 위한 원칙(1988년 승인) 등을 위반하는 것이다.

---

3)　https://www.ohchr.org/sites/default/files/2021-08/FactSheet6Rev3.pdf 2022.4.28. 3-4쪽.
4)　https://www.ohchr.org/sites/default/files/2021-08/FactSheet6Rev3.pdf 2022.4.28. 3-4쪽.

또한 실종은 일반적으로 다양한 경제, 사회 및 문화 권리를 위반한다. 그리고 강제실종은 특히 가족 구성원이 그러한 권리를 향유하는 데 부정적인 영향을 미친다. 그만큼 가족의 주요 생계원의 부재로 인해, 특히 덜 부유한 지역의 많은 사람들 가족을 심각한 곤경에 처하게 되며, 위에서 열거한 경제, 사회, 문화 권리에 관한 국제규약에 열거된 수많은 권리실현이 불가능해진다. 예를 들면, 다음과 같은 권리를 실현할 수 없다.

- 가족을 보호하고 지원할 권리
- 적절한 생활수준에 대한 권리
- 건강에 대한 권리
- 교육을 받을 권리 등

일반적으로 실종에 수반되는 심각한 경제적 어려움의 짐은 여성이 가장 많이 지게 되고, 가족의 실종을 해결하기 위한 투쟁의 최전선에서 가장 빈번하게 싸우는 것도 여성들이다. 이러한 능력으로 그들은 위협, 박해 및 보복에 시달린다. 여성 자신이 실종의 직접적인 피해자일 때, 성적 및 기타 형태의 폭력에 특히 취약하다. 아동도 직간접적으로 피해자가 될 수 있다. 아동의 실종은 UN아동권리협약 여러 조항에 대한 명백한 위반이며, 아동의 신원에 대한 권리의 위반이다. 부모의 실종으로 인한 상실도 심각한 아동 인권 침해에 해당한다.

05 UN 코로나(COVID-19) 상황에서 강제실종에 대한 지침

1. 배경

강제실종 위원회와 강제실종 또는 비자발적 실종에 관한 실무그룹은 모든 상황에서 강제실종을 금지하고 있음을 상기하고 회원국들이 코로나19 팬데믹 기간 동안 계속해서 국제적 의무를 존중할 것을 촉구하는 지침을 2020년 9월 18일 발표하였다.[5] 유엔은 COVID-19 상황에서 관련 조치로 수용 능력이 감소한 것을 우려하고 있다. 실종자를 수색하고 조사하기 위해 필요한 조치를 계속 취하도록 독려하기 위해 만들었다. 당국의 즉각적인 개입이 필요한 경우, 그들을 수색하고 그들의 실종을 조사하기 위한 모든 조치를 중단하지 말아야 한다. 또한, COVID-19가 핑계가 되지 않도록 주의를 촉구하고 있다.

2. 주요지침

강제 또는 비자발적 실종에 관한 실무 그룹과 강제 실종 위원회는 COVID-19 상황에서 국가가 고려해야 할 8가지 주요 지침에 주의를 환기하고 있다.

1) 강제실종은 모든 상황에서 엄격히 금지한다.
2) 강제실종에 대한 수색 및 조사는 중단될 수 없으며 지체 없이 수행되어야 한다.
3) 강제 격리 대상자를 포함하여 자유를 박탈당한 개인에 대한 정보를 가족에게 제공하고 모니터링을 계속해야 한다.

---

[5] https://www.ohchr.org/en/documents/legal-standards-and-guidelines/key-guidelines-enforced-disappearances-context-covid-19 2020.8.7.

4) 고인의 시신은 친척이 식별할 수 있는 방식으로 처리해야 하며 유해는 전통, 종교 및 문화에 따라 처리해야 한다.

5) 정보에 대한 접근이 보장되어야 한다.

6) 실종자의 친척, 그 대리인 및 강제실종 생존 피해자는 지원과 권한을 부여받아야 하며 괴롭힘이나 보복으로부터 보호되어야 한다.

7) 이주민의 강제실종을 방지하고 근절해야 한다.

8) 여성과 구금 상태에서 태어난 아동의 강제실종을 방지하고 근절해야 한다.

홍성삼

• 현) 가천대학교 경찰행정학과 교수

실종아동등 찾기

1판 1쇄 인쇄 2022년 12월 15일
1판 1쇄 발행 2022년 12월 20일
저　　자 홍성삼
발 행 인 이범만
발 행 처 **21세기사** (제406-2004-00015호)
　　　　경기도 파주시 산남로 72-16 (10882)
　　　　Tel. 031-942-7861　　Fax. 031-942-7864
　　　　E-mail : 21cbook@naver.com
　　　　Home-page : www.21cbook.co.kr
　　　　ISBN 979-11-6833-065-8

정가 27,000원

이 책의 일부 혹은 전체 내용을 무단 복사, 복제, 전재하는 것은 저작권법에 저촉됩니다.
저작권법 제136조(권리의침해죄)1항에 따라 침해한 자는 5년 이하의 징역 또는 5천만 원 이하의 벌금에
처하거나 이를 병과(倂科)할 수 있습니다. 파본이나 잘못된 책은 교환해 드립니다.